国家社会科学基金教育学重点项目研究成果
贵州省教育科学规划课题研究成果

我国高校本科生在线学习研究

Reasearch on
Chinese Undergraduate Students' Online Learning

胡小平　著

中国科学技术大学出版社

内 容 简 介

本书以"探究社区理论"和"前提—过程—结果"模型为理论基础,采用混合研究方法中的解释性时序方法,对东、中、西部15所不同类型高校的本科生开展在线学习调研,并开展半结构化访谈。通过量化分析,探讨我国高校本科生在线学习的现状和差异性、在线学习的影响因素及作用机制,并通过质性分析,解释和补充量化研究结果,提出我国高校本科生在线学习的优化路径。本书的研究成果和方法在高校教育管理、教学改革等方面具有重要的实践指导意义,对于高校教育管理者和实践工作者具有一定的借鉴价值。

图书在版编目(CIP)数据

我国高校本科生在线学习研究/胡小平著.—合肥:中国科学技术大学出版社,2024.7

ISBN 978-7-312-05986-5

Ⅰ. 我… Ⅱ. 胡… Ⅲ. 高等学校—网络教学—教学研究—中国 Ⅳ. G642

中国国家版本馆 CIP 数据核字(2024)第 098879 号

我国高校本科生在线学习研究
WOGUO GAOXIAO BENKESHENG ZAIXIAN XUEXI YANJIU

出版	中国科学技术大学出版社
	安徽省合肥市金寨路 96 号,230026
	http://press.ustc.edu.cn
	https://zgkxjsdxcbs.tmall.com
印刷	合肥市宏基印刷有限公司
发行	中国科学技术大学出版社
开本	710 mm×1000 mm 1/16
印张	15.5
字数	311 千
版次	2024 年 7 月第 1 版
印次	2024 年 7 月第 1 次印刷
定价	68.00 元

序　言

十多年来,随着信息技术和互联网的快速发展,在线学习已越来越受到关注。它既是互联网高速发展的产物,也推动着教育模式变革,更改变了人们对"教与学"的认识。由此,海量的研究和讨论不断涌现,专家们的观点纷纭,围绕在线学习的价值与成效的讨论从未平息。特别是在2020年初,受新冠肺炎疫情影响,国内所有高校都暂停了线下教学。为了不影响学生学习进程,教育部提出"停课不停教、停课不停学"的号召。在"应急式"在线教学的推动下,探讨在线学习如何提升学生学习成效已成为时代的必然需求。

当时为了全面了解2020年新冠肺炎疫情期间我国高校的在线教学情况,我带领厦门大学教师发展中心和教育研究院的研究团队兵分三路:一是对在线教学进行了理论探讨;二是收集了这期间国内高校的《在线教学质量报告》和超星平台统计的《在线教学的数据统计报告》;三是编制了《疫情期间线上教学情况调查》的"教师卷""学生卷"和"管理人员卷"。通过分析57所高校的《在线教学质量报告》,超星平台基于福建省70所高校、山东省78所高校的数据所发布的《在线教学的数据统计报告》,以及《疫情期间线上教学情况调查》(全国334所高校、13997名教师和256504名学生参加了此次调查)的结果得知,全国有97%以上的高校教师和学生参加了在线教学和在线学习。可以说,这是我国高等教育史上第一次在全国范围内开展的在线教学和在线学习。

这场新冠肺炎疫情几乎席卷了全世界所有的国家,造成了不可估量的损失。当各个产业和行业都面临或受困于资金和产品"供应链"断裂的时候,令人意想不到的是,我国教育领域尤其是高等教育利用互联网技术迅速实现了线下教学与线上教学的转换和对接,确保了教学活动依然正常运转。如果没有此次疫情,也许开展如此大范围的在线教学尚需时日。新冠肺炎疫情像是一次大考,既检验了全社会和高校的整体治理能力和水平,也倒逼着高校在线教学的发展,带来了高等教育的深刻变革。在从线下到线上的转换过程中,部分教师从"一无所知"到逐步适应,高等院校也从仓促"应战"到"平稳"过渡,许多学生从"痛苦的磨合"到逐渐喜欢,每一所高校都实实在在地感受到了互联网和教育技术的力量,显示出了我国高校强大的教育应急能力和较高的水平。

围绕这一核心主题,我的研究团队在《中国高教研究》《教育发展研究》《华东师范大学学报(教育科学版)》《教育学报》等期刊上发表了一系列文章。这些已刊发的文章中既有理论探讨,也有实证研究,不仅分析了我国高校在线教学的演进过程、疫情期间在线教学的现状及存在的问题,而且探讨了诸多变量间的相关性与因果关系。其中,胡小平发表的《疫情下在线教学的优势与挑战探析》一文得到了学术界的高度评价,成效显著。这期间的研究工作无疑为她理解数字时代本科生在线学习的深层次问题铺平了道路,同时也增强了她探索该领域的信心和决心。

在推进相关研究的过程中,我也不由得开始思考:这次全国范围内推行的在线教学究竟是一次应急式的"赶鸭子上架",还是将成为"常态化"教学的一部分?未来的教学方式会不会变为线上与线下混合式教学?高校的学生们是否已与时俱进,适应了这一新形态教育环境?和线下相比,这些采用在线学习方式学习的学生学习成效如何,哪一种学习方式更好呢?在深入思考的过程中,我意识到,在线学习是深化高校教学改革、实现内涵式发展、提高人才培养质量需要思考的重大问题。因此，我希望有学生将其作为博士学位论文的选题，继续围绕这一主题研究下去。这既是对当前在线教育模式下学生学习行为深度挖掘的实践需要，也是新时代更新高等教育学的理论需要。于是，我指导的 2018 级博士研究生胡小平在团队前期的研究基础上继续搜集并分析全国范围内高校学生在线学习的数据，着手对我国高校本科生的在线学习进行研究。

当胡小平的博士学位论文开题之时，四位指导教师就对这一选题表达了认可："选择这个主题，正当其时。这是一个有价值的、值得深入研究下去的主题。"正是在这样的建议和鼓励下，胡小平顺利完成了她的博士学位论文撰写和答辩工作，她的博士学位论文也是这本书最早的雏形。胡小平依托原始的研究成果，并结合新的实证数据和理论分析，对我国高校本科生在线学习进行了更加细致和全面研究。在深入探讨我国高校本科生在线学习的情况时，她从在线学习的历史梳理入手，探本溯源，将在线学习分为三次浪潮：第一阶段是 19 世纪中叶，西方工业革命带来的巨大技术进步引发的远程学习；第二阶段是 20 世纪 80 年代，基于电子通信产业的发展，推出的电子化学习；第三阶段是 20 世纪末至 21 世纪初，基于互联网技术的发展而出现的在线学习。考虑到在线学习经历了三次浪潮，诸浪潮之中又以 2020 年新冠肺炎疫情发生后的全员在线学习范围最广、影响最大、讨论最多。因此，该书选择了 2020 年以来，尤其是疫情常态化后的数据为研究对象，聚焦我国不同地域、不同类型高校的本科生在线学习情况，通过搜集与分析疫情应急期间和常态化下我国高校本科生在线学习数据，来揭示在线学习的现状特征、差异性表现、变量之间的关系。在深入分析我国高校本科生在线学习情况的过程中，该书并没有局限于表层的教学数据和简单的在线学习经验收集，而是借用了文本分析、问卷调查以及深度访谈等多种研究方法深究那些在管理、教学、学习与评价四个核心环节中影响本科生在线学习效果与满意度的复杂因素。数据分析显示，我国高校本科生在线学习效果和在线学习满意度不仅受到环境支持等外部因素影响，同样与教师教学、师生互动、学生个体因素等微观因素紧密相连。借助量化与质性分析相结合的研究方法,发现我国高校本科生在线学习反映出不同区域、不同类型高校和不同背景学生具有显著差异性的现实情况。进一步分析还发现,因我国高等教育体系并没有完全适应快速发展的信息技术与网络教育的新挑战,存在"教学惯性""新瓶装旧酒"等某些特征,这导致了诸如教学方法与手段僵化、互动交流不完善、学生被动参与学习等问题,而这些问题最终影响了在线学习的效果和满意度。

在线学习,它既简单又复杂。说它简单是因为只需要硬件设备和网络等基础条件就能随时随地开展教学与学习活动;说它复杂是因为它所承载的不仅是教育技术的应用,还涉及教育理念、制度等各个方面的因素。由传统向现代的转型是全方位的,由传统向现代的转型也是交织着矛盾与痛苦的。随着教育技术的不断革新,学生习得知识的方式变得多样,学生在学习中的主体地位越发突出,教师的角色也在悄然发生着改变。这些变化无疑对于教师课堂教学组织提出新的要求,也对大学资源配置(如图书馆线上教学资源)及学习空间提出了新要求。在线学习不仅仅是信息技术和互联网发展的产物,更是受最新教育理论或教育原则影响而不断进化的概念。在研究与讨论我国高校本科生在线学习的过程中,我们必须认识到,狭义上,它专指学生通过网络课程平台实现的知识与技能的获取;广义上,它关乎教育理念的变革、教学方式的创新、教师角色的改变及学生主体能力的发挥。在线学习作为当代教育技术环境下的重要学习形态,对于我国高校本科教育课堂革命具有深远意义。高校只有着力推动课堂革命,才能使教学效果得到实质性的增强。通过建立新的教学场域、教学范式、学习范式、师生关系及教学环境来推动课堂革命,才能真正改变传统课堂面貌,从而增强教学效果。因此,对在线学习或者教育技术的讨论,不能局限于简单的技术应用和在线教学平台的建设,而应将视线投向多元主体、问题本质和更长远的发展。

从教师角度来看,教师要考虑的问题是如何发挥好指导者、促进者、观察者和幕后策划者的新角色,促进学生发挥主体作用,主动对知识进行深度探索,从而实现"教学革命""课堂革命"。现代教育技术下的教学与传统的教学是不同的,需要不同的教学观念与策略。如果教师认识不到这一点,依然用传统的教学方法来驾驭现代教育技术下的教学,结果自然不会好。高等教育所面向的对象是与数字技术距离最近的学生群体,当学生习惯于使用各种技术手段获取知识时,教师如果不改变其教学习惯、教学观念,最终教师可能不是被技术所淘汰,而是被学生所嫌弃。而完成这一"脱胎换骨"的变化,核心是革新自身在教学方面已经养成的"惯性"和"记忆"。如果没有"思想先行"的引领作用,只是简单地将教育技术应用在教学中,根本无法实现真正意义上的改革与进步。

从学生角度来看,在线学习能为学生提供更加独立自主、积极、自由、协作和反思的学习方式,这正是当下课堂革命的落脚点。学习范式的变革并非"断崖式"的一蹴而就,而需要一个渐进式的过程。它既要求技术与教学平台的不断革新,也要求理念层面的深刻变革。高校学生进入社会后的发展空间,很大程度上取决于他们的自主学习能力和高阶学习能力,而当下的课堂革命正是以实现学生由被动学习向主动学习转变,由个人独立学习向个人、社区学习转变为目标。如果在线学习能够帮助学生更加清晰地认清自身的学习责任,调动起学生的学习积极性和主动性,也就能为他们未来的发展增加砝码。在线学习作为培养人才的一种手段,在适应时代变化和满足学生个性化、多样化学习需求方面还有着很大的发展空间。

除传统课堂的革新之外,在线学习也从时间和空间上延展了"课堂"这一概念。其中最为典型的案例就是"我在B站上大学"现象的出现。据网络统计数据,有1.83亿用户在B站学习,这个数字大概是中国在校大学生数量的4.5倍。一方面,数字技术的迅猛发展为学生的课外自主学习提供了平台,随时随地都可以以互联网为课堂、以网络博主为老师开展学习。与此同时,互联网上丰富的内容也为学生提供了更多样化的学习选择。另一方面,"我在B站上大学"这一现象似乎也在提醒我们,目前高校的教学存在一定问题,已经没有办法完全满足学生们的"胃口"。我们应该进一步思考,在线自主学习到底是学生在低质量教学下的无奈之举,是自我学习进度超前的"吃不饱",还是在学校课程与学生实际需求相脱节下学生们的自行补课行为?

在线学习作为高等教育体系中的新兴学习范式,其发展潜力与挑战并存;其普及程度和效果的国内差异性,与中国特有的社会发展状况、教育资源配置、技术基础设施建设以及教学模式创新等多方面因素交织在一起。在憧憬在线教学和在线学习的美好未来时,我们仍需警惕键盘与屏幕背后所潜藏的教学质量隐患,警惕那些光鲜亮丽的课程完成率和通过率统计数字背后可能存在的虚假与"泡沫"。以往研究和实践更为关注在线课程完成率、辍学率等数据和网络环境、平台的优化,但这些数字指标和平台建设只是在线教学最表层的东西,在线学习研究不应该止步于此,应当更深入地挖掘那些能够保证在线教学质量的根本所在,这其中包括在线课程的内容质量、在线学习过程中的互动交流、学生自主学习和深度学习,以及在线学习效果和满意度的真实展示。只有保证在线教学和在线学习的根本,才能确保高等教育在数字化浪潮中不失其根本,真正落实"以学生学习为中心""以学生发展为中心"的理念,培养出能够适应未来社会需要的高素质人才。对于上述问题,胡小平在书稿也进一步提出了改进原则、方法和策略:遵循促进学生主动学习、确保"高质量交互"和促进学生深度学习三个原则;要处理好信息技术与教师教学之间、教学治理与学生学习之间、教师的教与学生的学之间以及学生与在线学习社区之间的关系;从空间、主体、模式和活动四个维度协调组织,创设混合式学习环境、构建混合式学习共同体、使用混合式学习模式和创造有意义的混合式学习经历。最后提出以信息技术促进在线学习,强化高校教学治理多元主体协同合作;将在线学习融入课堂教学,深化高校教师在线教学技能培训;促进高校学生信息素养有效提升,引导其对在线学习的重视等建议。

当在线教学出现时,教学技术发生了变化,教学时空发生了变化,师生互动发生了变化,质量监测发生了变化……即使抛开新冠疫情期间

"突发性"的大规模线上教学活动，常态下的教育技术也对高等教育的管理方式和教学模式产生了深刻的影响。现如今，在线教学已不足为奇。尤其在本书出版之际，社会公众和学术研究的关注点已经聚焦到 ChatGPT、Sora 等人工智能上。回溯我国教育技术演进的轨迹，从 1.0 版本的传统教学、2.0 版本的电化教育、3.0 版本的计算机辅助教学和教育信息化，再到如今以大数据、人工智能应用为代表的 4.0 版本，教育技术更新所带来的课堂革命已经成为一种常态。基于计算机的现代教育技术进入我国大学约有 30 年时间，利用 PPT 组织教学约有 20 年时间，利用互联网开展教学约有 15 年时间，利用智慧教室进行"翻转课堂"教学只有 5 年时间。在教育技术革新周期越来越短的背景之下，传统教学模式的前景是否因此而黯淡，传统课堂教学到底应该以怎样的姿态去面对不断涌现的新技术……这些问题具有延续性，应该成为高等教育研究关注的常态化问题。本书与世人见面，无疑能够在当前的教育技术环境下，引发人们对于推动传统课堂革新的更多思考。

当前，我国高等教育正在集中力量、加大力度实现"世界一流大学和一流学科"的愿景，这种新的学习范式冀望成为我国高等教育"弯道超车"的有效助推器。本书的研究正是立足于理解和推进这一过程，即通过在线学习的研究推进"世界一流大学和一流学科"的建设。教学改革是高等教育改革的深水区，教学方式方法改革更是深水区的重要组成部分。因此，开展在线学习研究反映出国家层面对高等教育的宏观期待，也蕴含着每所高校在内涵发展上的自我探寻。无论是基于外在环境变化的驱动，还是内在内涵式发展的需要，在线学习都揭示了高校教学改革的双重动力。在分析在线学习时既要用宏观的眼光审视整个国家高等教育系统的发展趋势，又要领会微观上各类高校、各学科专业、师生群体对在线教学和在线学习的具体要求。归根结底，开展在线学习是为了满足学生个性发展需要，提高人才培养质量和成效。

图书写作虽已完成，但并不意味着研究的结束，更不意味着在线学习中出现的问题已经得到解决。在线学习的推进涉及技术层面、制度层面、操作层面和理念层面的多重建设,它不仅仅是在技术层面上说到做到,更是在于营造一种追求彻底变革、持续自我完善的教学环境。现如今,教育技术对高等教育的影响仍未停止。在未来,新形式、新样态的教育技术可能会对大学生学习产生新一轮影响。作为胡小平的导师,我希望她继续努力,在大学生学习研究领域取得更多更好的成果,切实为突破我国高等教育改革深水区贡献她的青春力量和创新智慧。

是为序。

邬大光
2024 年 5 月 31 日
于厦大黄宜弘楼

目　　录

序言 ·· (i)

第一章　绪论 ··· (1)
　第一节　问题的提出 ··· (2)
　第二节　核心概念界定 ······································ (7)
　第三节　理论基础 ··· (15)
　第四节　研究意义 ··· (28)

第二章　文献综述 ··· (31)
　第一节　在线学习的历史梳理 ····························· (31)
　第二节　在线学习体验的相关研究 ······················· (39)
　第三节　在线学习结果的相关研究 ······················· (53)
　第四节　现有研究的不足 ··································· (63)

第三章　研究设计与方法 ······································ (68)
　第一节　研究思路 ··· (68)
　第二节　研究设计 ··· (72)
　第三节　研究重难点 ·· (90)

第四章　在线学习的现状及差异性分析 ···················· (92)
　第一节　在线学习的描述性统计 ·························· (92)

第二节　在线学习的差异性分析 …………………………………… (100)

第五章　在线学习的影响因素及作用机制研究 …………………………… (109)
　　第一节　在线学习的相关性分析 …………………………………… (109)
　　第二节　在线学习体验和结果的影响因素分析 …………………… (111)
　　第三节　在线学习变量之间的作用机制分析 ……………………… (118)

第六章　在线学习的质性分析 ……………………………………………… (141)
　　第一节　在线学习差异性的质性分析 ……………………………… (141)
　　第二节　在线学习影响因素及作用机制的质性分析 ……………… (147)

第七章　在线学习的优化策略研究 ………………………………………… (178)
　　第一节　关于在线学习的反思 ……………………………………… (178)
　　第二节　在线学习的优化路径 ……………………………………… (188)

第八章　研究结论、建议与展望 …………………………………………… (197)
　　第一节　主要研究结论 ……………………………………………… (197)
　　第二节　在线学习优化路径的建议 ………………………………… (210)
　　第三节　研究创新与展望 …………………………………………… (218)

附录 …………………………………………………………………………… (221)
　　附录一　我国高校本科生在线学习调查问卷 ……………………… (221)
　　附录二　我国高校本科生在线学习访谈提纲 ……………………… (225)

参考文献 ……………………………………………………………………… (226)

后记 …………………………………………………………………………… (231)

第一章 绪 论

> 疫情前、后将是如同公元前、后的两个不同的时代。[1]
> ——经济学家 托马斯·弗里德曼(Thomas Friedman)

  如果用 2030 年的视角回顾过去,可以看到,21 世纪 20 年代全球高等教育发生了巨大转变,主要源于两股力量的推动,分别是信息技术的进步及突发新型冠状病毒肺炎疫情(以下简称"新冠疫情")带来的危险。[2] 信息技术的进步不仅能够改变高校的管理方式、教师的教学方式,还能够改变学生的学习方式。而突发的新冠疫情在给全球带来紧迫威胁的同时,也为高等教育带来了新的挑战和机遇。新冠疫情期间,学校管理、教师教学及学生学习都发生了革命性的变化。透过信息技术的发展和新冠疫情的突发,高等教育理论界和管理部门可以看到非常现实的教育教学改革进展。本书以"我国高校本科生在线学习"为研究主题,通过聚焦高校本科生的在线学习并开展较为系统的评析,从而深度了解高校本科生在线学习的现状,找到其问题所在,为未来在线学习的开展提供建议和参照。

---

[1] Friedman T. Our New Historical Divide: B. C. and A. C. : the World Before Corona and the World After[N]. New York Times,2020-03-17.
[2] EDUCAUSE. 2020 EDUCAUSE Horizon Report: Teaching and Learning Edition[EB/OL]. (2020-03-02). https://library. educause. edu/-/media/files/library/2020/3/2020_horizon_report_pdf. pdf? la = en&hash = 08A92C17998E8113BCB15DCA7BA1F467F303BA80.

第一节　问题的提出

一、信息技术下的教育变革:推动在线学习的发展

信息技术的发展正在全面深刻地影响着教育变革。有学者总结了信息技术促进教育变革的六个方面,具体表现在:学习方式的变迁与创新、教育资源的开放与共享、学习环境从数字化走向智能化、引领课堂教学变革新风尚等。[①] 其中,信息技术引发学习方式的变迁与创新,是由于信息技术改变了人类活动的时空结构,使得任何人在任何时间、任何地点都可以通过多种渠道接入学习,学习活动不仅仅局限于学校传统课堂。由此,信息技术拓展了学习的时间和空间,其最终目标是利用信息技术创新学习方式,促进学生能够灵活地、方便地开展学习。

在线学习在信息技术发展的背景下被催生出来后,在世界范围内越来越受欢迎。2016年的斯隆报告显示,美国有超过四分之一(28%)的大学生至少上过一门在线课程。[②] 基于对斯隆联盟12年调查报告的分析,在线学习在美国已获得了广大学习者的青睐。[③] 2020年,世界经济论坛(World Economic Forum)发布的报告指出:未来学校要创新教育场域、教学方式、学习范式及学习方法。[④]《教育未来简史》预测了2038年的教育图景,即"学习将通过人工智能、智能设备和大数据的辅助,在虚拟世界和现实世界随时随地发生。学习将满足以学习者为中心的个性化、非线性的学习,并侧重于处理多媒体信息等"[⑤]。信息技术能够支持在线学习的多个方面,如规范学习目标、组织学习材料、参与促进学习及评估学习结果。[⑥] 可以看出,在线学习在受到欢迎的同时也被赋予了极大的期待。融合了信息技术的学

---

① 祝智庭,管珏琪. 教育变革中的技术力量[J]. 中国电化教育,2014(1):1-9.
② Allen E I, Seaman J, Poulin R, et al. Online Report Card: Tracking Online Education in the United States[R]. Newburyport, MA: Babson Survey Research Group,2016.
③ 梁林梅,夏颖越. 美国高校在线教育:现状、阻碍、动因与启示:基于斯隆联盟十二年调查报告的分析[J]. 开放教育研究,2016,22(1):27-36.
④ 王永固,许家奇,丁继红. 教育4.0全球框架:未来学校教育与模式转变:世界经济论坛《未来学校:为第四次工业革命定义新的教育模式》之报告解读[J]. 远程教育杂志,2020,38(3):3-14.
⑤ Jukes I, Schaaf R L. 教育未来简史[M]. 钟希声,译. 北京:教育科学出版社,2020:116.
⑥ Sun J. Multi-Dimensional Alignment Between Online Instruction and Course Technology: a Learner-Centered Perspective[J]. Computers & Education,2016,101(10):102-114.

习方式的变革已经成为中国高等教育乃至世界高等教育教学改革的重要发展方向,在线学习将向"常态化"转变。①

政府、高校、教师及学生等利益相关者各施其能,共同推动在线学习向"常态化"方向发展。从政府角度来看,制定高质量的在线课程教学长期发展战略显得尤为重要。《中国教育现代化2035》②《高等学校人工智能创新行动计划》③等文件指出:要持续推进信息技术的运用,搭建在线课程平台,提供优质的个性化学习体验,满足个性化学习需求。这些文件的推出,从国家政策层面支持并推动着在线学习的发展。从高校角度来看,依托信息技术调整课程体系建设刻不容缓;从教师角度来看,运用信息技术于教学活动中,实现以学生为中心的教学改革更是应有之义;从学生角度来看,将信息技术运用于学习活动中将成为必备技能。通过多方利益相关者共同努力,在线学习才能有效地抵御传统的偏见,并向常态化发展。

信息技术的进一步发展,不断催生在线学习范式推陈出新。美国高等教育信息化协会(EDUCAUSE)发布的《2020年地平线报告(教与学版)》指出:影响未来高等教育教学的信息技术包括人工智能与机器学习、区块链、云计算、大数据、XR(VR、MR、AR)、自适应学习技术、扩展现实技术、学习工程与学习体验设计提升等。这些新兴信息技术将给在线学习带来更加深远的影响。游戏化和密集化的学习体验为新的在线学习打开了大门,沉浸式、参与性、体验性、互动性、探究式和实践性的在线学习将成为可能。④ 通过带领学生进入虚拟、游戏和沉浸性的奇幻世界来吸引学生并使之着迷。因此,信息技术的变革及持续发展为在线学习创造了一个不断完善和创新的场域,使得在线学习成为高等教育教学改革的重点议题之一。

二、新冠疫情背景下的本科教学:凸显在线学习的价值

新冠疫情之前,不论是国内还是国外,推广在线学习面临着不小的压力。2019年,EDUCAUSE对118所美国高校的4万多名学生进行的一项调查显示,多达

---

① 吴岩. 再也不可能、也不应该退回到疫情发生之前的教与学状态[EB/OL]. (2020-05-15). https://www.sohu.com/a/395433849_414933.
② 中华人民共和国教育部. 中国教育现代化2035[EB/OL]. (2019-02-23). http://www.moe.gov.cn/jyb_xwfb/s6052/moe_838/201902/t20190223_370857.html.
③ 中华人民共和国教育部. 教育部关于印发《高等学校人工智能创新行动计划》的通知[EB/OL]. (2018-04-03). http://www.moe.gov.cn/srcsite/A16/s7062/201804/t20180410_332722.html.
④ 杨晓宏,周效章. 我国在线教育现状考察与发展趋向研究:基于网易公开课等16个在线教育平台的分析[J]. 电化教育研究,2017,38(8):63-69,77.

70%的受访者表示喜欢面对面的学习方式。① 而我国高校在新冠疫情之前也有高于56%的学生未开展过在线学习。② 在线学习一直都只是辅助、补充和促进传统课堂面对面教学。③ 显然,在新冠疫情突发之前,对于大多数学生来说,他们并没有体会到在线学习的重要性。

新冠疫情的突发加速了在线学习的发展。在新冠疫情暴发的第二年,世界卫生组织(World Health Organization,WHO)表示,新冠疫情很可能成为一个长期性问题,这预示着在线学习也将迎来新的大发展。④ 不同于2003年SARS疫情、2012年中东呼吸综合征(MERS)疫情及2014年的西非埃博拉疫情,2020年1月起暴发的新冠疫情是近百年来损失最大、死亡人数最多、持续时间最长的疫情。2020年初,为了防止更大规模的传染,各国政府部门要求学生居家或居寝开展在线学习;学校为学生提供了丰富的、各种类型(音频、视频、文字等)的学习资源。事实上,近些年国外已出现过针对突发公共卫生事件而采取的在线学习代替传统课堂学习的案例。例如,2008—2009学年,美国80%的学校因受到H1N1病毒的影响,从而采取了在线学习作为应急对策。各种类型的高等教育机构(州立学院和大学、常春藤盟校、社区学院等)都将课程转移到线上。虽然这些都是不得已而为之的选择,显示出命令式的样态,但这种情况却加速了在线学习的发展。联合国教科文组织(UNESCO)称,截至2020年4月10日,有188个国家在全国范围内关闭了中小学校和高校,影响范围占世界学生总数的91%。学校关闭期间,所有的面对面课程都被迫取消,学生只能开展在线学习。⑤ 2020年2—5月份,我国高校积极响应了教育部部署的"停课不停教、停课不停学"的应急性指示,为学生们提供了丰富的在线课程,保证了学习活动的正常开展。由此观之,顺势而为的行动,加速了在线学习的发展。

突发疫情作为"催化剂",为在线学习的改革与发展带来了一个重要契机。进入21世纪,世界高等教育改革与发展的核心是提高高等教育质量,只有从人才培养这一基本职能入手,才能真正提高高等教育质量。但大学正面临着新的挑战,例

---

① Gierdowski D C. 2019 Study of Undergraduate Students and Information Technology [Z]. 2019.
② 全国高等学校质量保障机构联盟(CIQA),厦门大学教师发展中心.疫情期间高校教师(学生)线上教学调查报告[EB/OL].(2020-04-05). https://mp.weixin.qq.com/s/eplOC9NpJKpXqqZCO3SD2A.
③ 郑静.国内高校混合式教学现状调查与分析[J].黑龙江高教研究,2018,36(12):44-48.
④ 哈佛大学惊人发现:新冠对人类未来影响巨大[EB/OL].(2021-01-11). https://mp.weixin.qq.com/s/SmDbZpeDy6Y_p0vWACLLNg.
⑤ UNESCO. COVID-19 Educational Disruption and Response[EB/OL].(2021-04-10). https://en.unesco.org/covid19/educationresponse.

如,如何使教学满足不同成长背景、不同兴趣爱好、不同学习习惯的大学生的需求。国外一流大学本科教学改革与建设经验表明,使用信息化教学模式、突破教学方法与形式、注重学生自我成长与发展等能够提高高等教育质量。[①] 在线学习这一新的学习方式能够实现教学模式、教学方式及学生自我成长与发展的变革,是提高高等教育质量的有效途径。首先,在线学习突破了传统课堂学习模式。教师使用MOOC、直播、录播等模式来开展教学。这些新的学习模式不仅扩展了学生的学习时间和空间,还有利于培养学生自主学习能力,使其在传统课堂之外能够主动建构自身新的知识体系。其次,在线学习能够改变传统讲授的教学方式。教师通过翻转课堂、组织线上研讨等,有效提升了学生的学习参与度,让学生具有更好的交流能力、批判性思维和团队合作能力。最后,利用信息技术开展的在线学习能够使学生成为真正的知识所有者和实用者。在学习过程中,学生能够有效地发挥他们的自主性去获取和分享知识。这一学习进程有效地满足了学生个性化和多样化的需要,并且能够有效监控和跟踪学生的学习进度,从而作出个性化过程性评价。由此观之,在线学习的价值在疫情背景下的本科教学中得以更加凸显。

联合国教科文组织的"未来教育倡议"强调,在日益复杂、不确定和不稳定的背景下重新构想知识、教育和学习并塑造人类的未来。[②] 世界经济论坛提出了后疫情时期教育创变的4个方略,其中第3个方略就是教授学生面对未来的技能,包括持续学习、灵活性与适应性、创造力与批判性思维、情感智能、韧性及创业技能6个方面。[③] 从这些全球性机构的倡议中我们可以得出,现在即是未来的起点,任何学习者都不应该落后于时代的召唤。如果新冠疫情完全结束之后又恢复到传统课堂学习的方式,那么疫情期间全国范围内所积累的在线学习经验将失去用武之地。当在线学习被搁置边缘,其跨越式发展只会昙花一现。因此,师生不应该简单地回到新冠疫情出现之前的教学和学习实践。全球性的不确定性事件将可能继续把在线学习推到重要位置,成为学生学习方式的一个重要组成部分。

三、课堂革命下的在线学习:关注学生的在线学习体验

尽管我国高校教学改革囊括了很多方面,但一直以来课堂作为教学的主阵地

---

① 别敦荣,齐恬雨. 国外一流大学本科教学改革与建设动向[J]. 中国高教研究,2016(7):7-13.
② UNESCO. Future of Education[EB/OL]. (2021-11-01). https://en.unesco.org/futuresofeducation/.
③ World Economic Forum. 4 Ways COVID-19 Could Change How We Educate Future Generations[EB/OL]. (2020-05-06). https://www.weforum.org/agenda/2020/03/4-ways-covid-19-education-future-generations/.

并没有成为改革的重点,教学效果堪忧。因此,高校只有着力推动课堂革命,才能使教学效果得到实质性的提高。只有建立新的教学场域、教学范式、学习范式、师生关系及教学环境来推动课堂革命,才能真正改变传统课堂面貌,从而增强教学效果。① 课堂革命的推进,需要我们的教育理念由"以教师为中心"向"以学生为中心"转变。因为课堂是为学生建构的,学生是课堂的主人。这就说明,课堂需要转变学生角色,充分发挥其主体性作用,转变学习方式。如此,课堂将实现学生由被动学习向主动学习转变、由个人独立学习向个人、团队和现场学习转变。② 因此,学生应当在课堂上自主学习、完善自我,提高能力水平,从而实现个人社会化的过程。但在现实教学实践中,一直都脱离不了学生接受灌输式教学、学生被动式学习的现状。究其原因,在于传统课堂教学中固定教学场域、陈旧的教学范式对学生学习活动形成了桎梏。

在线学习为推进"以学生为中心"的课堂革命提供了机遇。国外学者梅肯(DonKirk Macon)通过实证研究证明了在线课程学习能够实现由"以教师为中心"向"以学生为中心"转变。③ 美国"全国教育统计中心"(National Center for Education Statistics,NCES)发布的《2019—2020年公立学校信息技术使用到教学》的数据调查显示,当被问及信息技术如何影响学生的学习时,41%的学生表示其可以帮助学生更积极地学习、35%的学生认为仍可以按照自己的节奏学习、33%的学生表示其有助于学生更加独立和自主、30%的学生认为其有助于与同龄人合作学习、27%的学生表示其可以帮助学生批判性地思考。可以看出,在线学习能为学生提供更加独立自主、积极、自由、协作和反思的学习方式。这些表现正是课堂革命的落脚点。

在线学习促进学生认识到自身的学习责任。因为在线学习过程中,只有那些积极主动地参与学习的学生,才会取得更好的学习效果。2020年厦门大学教师发展中心组织的大规模在线教学调查显示,学生对于今后在线学习的改进建议首先是技术支持的改善,其次是自主学习能力的提高,他们希望今后参与在线学习时具有更高的积极性和主动性。高校学生进入社会后的发展空间,将在很大程度上取决于他们的独立自主学习和高阶学习的能力。因此,在线学习让学生更加清晰地认清了自身的学习责任,调动学习积极性和主动性,这些能为他们未来发展增加砝码。

---

① 别敦荣.大学课堂革命的主要任务、重点、难点和突破口[J].中国高教研究,2019(6):1-7.
② 别敦荣.大学教学方法创新与提高高等教育质量[J].清华大学教育研究,2009,30(4):95-101,118.
③ Macon D K. Student Satisfaction with Online Courses Versus Traditional Courses:a Meta-Analysis[D]. Sam Diego:Northcentral University,2011.

学生在线学习实践的积累,他们对在线学习的期待也随之提高。毋庸置疑,在线学习为广大学生提供了更加良好的学习环境,更加丰富的学习资源,但学生也经历了一些不良的体验。例如,线下教学照搬到线上、网络卡顿、感到孤独及效果不佳等。① 由此,随着学生的信息素养不断提高,他们更加期待高质量的在线学习,"隐性疾呼"关注自身的个人体验、学习感受和学习结果。如在线学习的技术设备能够更加顺畅、在线学习的内容能够更好地满足个性化与多元化需求、在线学习的模式能够满足面对面指导与在线学习相结合以及能够收获更多知识和技能,等等。在学生不良的体验和更高的期待之下,政府、教育行政部门、学校、教师及研究者等相关人员需进一步思考,如何将信息技术、课程平台、课程资源、教师教学和学生学习融合起来,为学生提供高质量的在线学习。因此,本书将尝试探析我国高校本科生在线学习的现状及环境支持、在线学习体验与在线学习结果的关系,为更好地为学生提供高质量的在线学习,提高人才培养质量提供更加可行的参考路径。具体而言,本书围绕以下三个方面展开研究:

一是我国高校本科生在线学习的现状如何?不同背景的本科生的在线学习是否存在差异?

二是在线学习体验的影响因素有哪些?在线学习结果的影响因素有哪些?

三是在线学习环境支持、在线学习体验与在线学习结果的作用机制是怎样的?作用路径在不同群体中是否存在差异?

第二节　核心概念界定

一、在线学习及其相关概念的辨析

(一) 在线教育

在线教育(Online Education)是指在网络教学(学习)环境下由教学者、学习者、各级学校、在线教学(学习)平台提供商、在线教学(学习)资源、在线行为活动、在线多元评价体系、在线管理与服务体系所组成,教学者和学习者进行的与教学和学习相关的活动。有学者指出,无论是进行其中一部分、大部分还是全部与教学和

---

① 全国高等学校质量保障机构联盟(CIQA),厦门大学教师发展中心. 疫情期间高校教师(学生)线上教学调查报告[EB/OL]. (2020-04-05). https://mp.weixin.qq.com/s/eplOC9NpJKpXqqZCO3SD2A.

学习相关的活动都可以称为在线教育。① 但在目前所发表的文献中,在线教育与在线学习两个术语是同一涵义,侧重于学习者的在线学习,而忽略了学校、在线学习平台提供商及教学者在其中的行为活动。因此本书认为,在线教育应该是比在线学习内涵更丰富、涉及利益相关者更多的在线活动,包括了教学者的教学活动、学习者的学习活动、学校的管理与服务及在线学习平台提供商的技术支持服务等所有的在线活动。

教学一般是指为了使学习者达成学习目标,教学者所采取的有意义、有计划的活动。在线教学(Online Teaching)的定义包括活动说和教学方式说。例如,有的学者指出在线教学是指教学者在网络环境下为协助学习者达成学习目标,对学习者实施的教学活动;有的学者将在线教学作为实施在线教学活动的一种方式。教学一般包括了教学内容、教学结构、教学流程和教学方法。无论是在线教学还是传统课堂教学,其目的都是为了培养学生树立正确的世界观、人生观和价值观,从而使其具备成长与发展的知识、能力与素质。

随着信息技术的不断发展,人们的生产生活方式不断被重构,其背后蕴含的互联网思维成为各行各业创新发展的重要支持要素。社会形态变革也呼唤教育领域的变革,强调融合以互联网为基础的支持服务和创新的要素,进而构建智能时代新型教育生态。② 这一新型的教育生态需要重塑传统教学内容、重构传统教学结构、再造传统教学流程和创新传统教学方法,还需变革现有教育组织模式、教学模式和服务模式。因此,传统静态化、预设化、固定化的教学方式向在线教学方式转变。但在线教学不是简单的"互联网+传统教学",而是倡导以动态生成、非线性和自组织,激发学习者的主观能动性的新型教学方式。

(二) 在线学习

在线学习(Online Learning)的概念最早出现在美国,现有研究对其概念的界定存在不同的侧重点。总结起来有经验说、工具说、信息系统说、活动说和学习方式说。例如,有的将在线学习描述为通过使用技术媒介获得的学习经验;有的认为在线学习即沟通、互动的工具;有的关注于学习资源的可获取性,将在线学习认定为一种信息系统;有的将在线学习描述为在网络环境下学习者所开展的学习活动;还有的将在线学习定义为一种新的学习方式。③ 洛克(Liam Rourke)等人指出,在线学习是以计算机和互联网等为教学媒介,建立一个高水平的学生、教师和学习内

---

① 杨家兴.在线教学的理论基础与制度选择[J].中国远程教育,2006(7):14-19,78.
② 谢幼如,邱艺,黄瑜玲,等.疫情防控期间"停课不停学"在线教学方式的特征、问题与创新[J].电化教育研究,2020,41(3):20-28.
③ 艾兴,曹雨柔.在线学习的核心要义与转型路向[J].课程·教材·教法,2020,40(11):59-65.

容互动的在线学习社区,从而获得学习支持的学习方式。① 就本书所涉研究而言,主要将在线学习界定为一种学习活动,具体为:在一定的教育理论和学习理论的指导下,为达成一定的学习目标,学习者在网络环境支持下在线参与的学习活动。在在线学习过程中,学习者置身于在线学习环境中,通过在线学习参与及体验,开展在线学习活动,并产出相应的在线学习结果。其中,环境支持是指为了实现在线学习目标,给学习者提供的外部支持;在线学习体验是指学习者在其在线学习过程中,自身对认知层面、情感层面、行为层面的在线学习参与的感知,具体包括认知临场感、自主性临场感、教学临场感和社会临场感;在线学习结果是指学生在整个在线学习历程中所获得的"成果"。在线学习核心概念如图1.1所示。

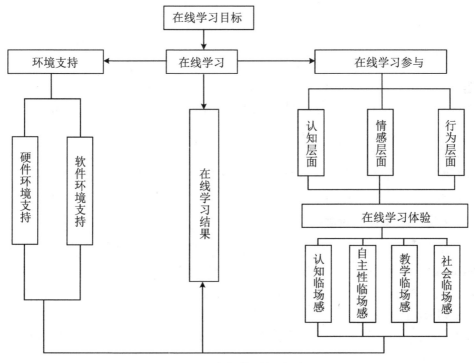

图 1.1 在线学习核心概念

在线学习这一学习活动使用了更新的信息技术,由此带来学习的时空具有更强的延展性,同时开始关注"学习者"的主体性、教育交互的多维度结构,并不断寻求在线学习参与的价值。

---

① Rourke L, Anderson T, et al. Assessing Social Presence in Asynchronous Text-Based Computer Conferencing[J]. Journal of Distance Education,1999,14(2):51-70.

1. 学习的时空具有更强的延展性

通过网络信息技术，学习者的学习空间能够实现物理空间（图书馆、教室、寝室、食堂、家、咖啡室）与虚拟空间（在线学习平台、在线会议室、直播间）有效对接；学习者的学习时间具有较强的方便性和灵活性。当学习者能够在任何时间和任何地点开展学习活动时，他们将减少很多通勤时间，从而能有效安排更多的时间投入到学习中。

2. 使用更新的信息技术，但关注点在于"学习者"的主体性

得益于信息技术的进一步发展，在线学习已经开始使用大数据、人工智能、区块链等新一代信息技术。但学术界一直都在思考技术力量在在线学习中的作用。如果对信息技术过度依赖，在线学习将可能造成机械化学习的风险，从而导致"学习者"的主体性被遮蔽。因此，信息技术仅能作为在线学习的工具，在使用过程中，其通过搭接桥梁使学习活动从传统的物理学习空间转到网络虚拟学习空间。在线学习为学习者发挥其主观能动性提供了机会，使得学习者能更加积极、主动和负责地对待学习。[1][2] 例如，学习者能够选择何时、何地、与谁及何种模式学习；能够根据自己的兴趣以及认知水平参与学习；能够自我调整、监督及控制学习进程；能够根据在线学习的价值评价来决定是否持续性学习；还能够获得更多机会与全球专家合作。[3] 因此，在线学习将更加关注学习过程中学习者的主体性，而不仅仅是信息技术硬件或软件的更新换代。

3. 教育交互的多维度结构

相比于早期的在线学习，现阶段的在线学习的交互表现出多维度的结构。具体表现在，学习者—学习者、学习者—教学者、学习者—学习环境、学习者—学习内容、学习环境—学习内容、个人—社会等多维度网络结构。在线学习的多维网络互动结构的优势改变了传统单向传递、信息模块相对独立的现状。这将有效地引导师生共同营造分布式链接的在线学习社区，通过个人与协作学习实现学习者意义

---

[1] Kim M K, Kim S M, Khera O, et al. The Experience of Three Flipped Classrooms in an Urban University: an Exploration of Design Principles[J]. The Internet and Higher Education, 2014, 22: 37-50.

[2] Siemens G, Gašević D, Dawson S. Preparing for the Digital University: a Review of the History and Current State of Distance, Blended, and Online Learning[R]. 2015: 101.

[3] Abuhassna H, Al-Rahmi W M. Examining Students' Satisfaction and Learning Autonomy Through Web-Based Courses[J]. International Journal of Advanced Trends in Computer Science and Engineering, 2020, 9(1): 356-370.

构建,从而促进所有学习者共同成长。① 这种多维度结构的交互也极大地改变和丰富了在线教学者的角色。

4. 以培养学生的能力和兴趣为导向,寻求在线学习经历的价值

在线学习不仅仅涉及学习内容的演示和传输,学习者的在线学习体验和在线学习结果更应该是在线学习的重点。② 因为将信息技术应用在学习实践中可以使学生在在线学习中获得好的体验和受益③,学习者选择在线学习是因为"我想学习"。在这过程中,学习者对在线学习感兴趣,乐于参与学习,从而收获知识与技能,对在线学习满意。而对在线学习满意是因为学生的能力得到了发展,从而感知到在线学习参与的价值。

二、环境支持

环境支持(Environmental Support)属于物理医学与康复名词,它是指"方便、帮助或有利于人们获得最佳作业活动能力的任何外部因素"。环境支持包括物质的、社会的、文化的和政治的等因素。在线学习是在虚拟空间进行的学习活动,因此,它需要依托一定的外部因素方可实现,例如,网络、在线学习平台等。因此,本书将它界定为:为了实现在线学习目标,给学习者提供的外部支持。它不仅包括网络、平台等硬件,还包括软件。

三、在线学习体验

近年来,关于在线学习体验的研究开始引起高等教育界的重视,但通过文献检索发现,关于在线学习体验概念的表述不多。因此,为了更科学、更全面地界定在线学习体验,有必要从分析"体验"和"学习体验"的内涵及重要性入手来把握这一概念。

何谓"体验"? 体验一词出自《朱子语类》:"讲论自是讲论,须是将来自体验。"《现代汉语词典》对该词有三种解释:一是亲身经历,实地体会;二是通过亲身实践

---

① 肖勉. E-learning 2.0 理念下学习社区平台的设计与开发[D]. 杭州:浙江师范大学,2011.
② Martin F,Polly D,Jokiaho A,et al. Global Standards for Enhancing Quality in Online Learning[J]. Quarterly Review of Distance Education,2017,18(2):1-10.
③ Rellinger B. Online Technologies Enhance the Liberal Arts Learning Experience[EB/OL]. (2013-10-07). https://er. educause. edu/articles/2013/10/online-technologies-enhance-the-liberal-arts-learning-experience.

所获得的经验;三是核查和考察。① 存在主义哲学创始人海德格尔(Martin Heidegger)认为体验具有认知性,即主体亲身实践后,能够获得对客观事物理性的认知结果;体验还表示主体在亲身感受的基础上对客观事物产生情感反应的心理活动。因此,体验既要表示出主体对客观事物的理性认识,也体现出主体情感的主观状态。例如,有学者指出,"体验是个体以身体为中介,以'行或思'为手段作用于客体,在知、情相互作用中对个体产生意义,从而引发并不断生成居身状态"。② 由此看出,体验是个体的实践过程,并且体验离不开刺激对象,不同类型的刺激对象产生不同类型的体验。③ 在教育领域,学习体验即是其中一种。有学者指出,教育在一定意义上是让受教育者获得理论之知,但理论之知的起点是体验之知。如果没有受教育者的学习体验,就不能形成对教育内容的直接经验的唤醒,那么,受教育者很难获得后续的理论之知。④ 爱因斯坦(Albert Einstein)指出,"学习是一种体验,其他一切都只是信息"。⑤

何为"学习体验"? 内莉梅教育基金会(Nellie Mae Education Foundation)认为学习体验是指学生在传统的学术环境(学校、教室)或非传统环境(校外、室外环境)中与教师、课程、教学活动等互动过程中发生学习的经历。⑥ 李英和刘述的研究认为学习体验是一种学习活动过程。⑦⑧ 学者们将研究的注意力集中在学生的学习体验上,是因为教学过程是一个特殊的认知和感受的过程,学生在欣赏中更容易有真切、深刻的感受和体验。⑨ 罗杰斯(Carl Ransom Rogers)强调,通过一种体验将知识学习、个人情感的范围以及基本的生理影响汇集在一起,所有这些构成整个人的重要学习经历。⑩ 专家学者们的论述反映出了学生学习体验的重要性。教

---

① 中国社会科学院语言研究所词典编辑室. 现代汉语词典[M]. 7版. 北京:商务印书馆,2017.
② 张鹏程,卢家楣. 体验的心理机制研究[J]. 心理科学,2013,36(6):1498-1503.
③ 胡永斌,黄荣怀. 智慧学习环境的学习体验:定义、要素与量表开发[J]. 电化教育研究,2016,37(12):67-73.
④ 王卫华. 教育的定义方式及评析[J]. 复旦教育论坛,2019,17(3):11-16.
⑤ Giovannella C. Learning is Experience, Everything Else is Just Information[C]. PLE,2011:1-5.
⑥ Nellie Mae Education Foundation. Learning Experience [EB/OL]. (2013-08-29). https://www.edglossary.org/learning-experience/.
⑦ 刘述. 用户视角下在线学习平台体验研究[J]. 电化教育研究,2019,40(10):47-52.
⑧ 李英. 体验:一种教育学的话语:初探教育学的体验范畴[J]. 教育理论与实践,2001(12):1-5.
⑨ 张楚廷. 教学理论与素质教育[J]. 高等教育研究,2000(6):40-44.
⑩ Rogers C. Bringing Together Ideas and Feelings in Learning[J]. Learning Today,1972,5(2):31-43.

师需要重视学生的亲身参与和独特体验,鼓励他们学会学习,学会解决问题。① 由于学习体验有积极体验和消极体验之分②,使学习者获得积极体验成为教学的目标价值。

在线学习是学习活动的其中一种,因而学习体验的维度和目标价值也体现在在线学习体验中。但在线学习又有其独特的一面。在在线学习时,学习者能够实现生—生、师—生、生—内容、生—计算机等多维度的互动,也能够实现同步与异步、语音及文字等多样化的互动,从而除了获得认知和情感上的经历,还将获得因互动产生的社交经历。在以往的研究中,学者们也强调了这一点。克里斯托弗·温奇指出:"社会性是人的学习首先且必定具备的属性,因为学习是人类生活社会属性的结果。"③帕克(Sanghoon Park)通过分析网络日志和每个学生在线学习体验仪表板来捕获并报告认知、情感和社交方面的丰富信息,以及在线学习者的学习体验的心理维度。④ 但以往的在线学习研究更多地聚焦在在线学习提供的网络环境、在线学习平台和在线课程资源建设等方面,忽略了学习者在在线学习过程中的主观感知。

因此,本书将在线学习体验定义为:学习者在其在线学习过程中,自身对认知层面、情感层面、行为层面的在线学习参与的感知,具体包括认知临场感、自主性临场感、教学临场感和社会临场感。在线学习体验具有主体性、认知性、情感性和社会性特征。

(1) 在线学习体验具有主体性。在线学习体验是从学习者的角度来理解在线学习的过程,学习者的个体特征、先前经历、态度等都会决定其在线学习体验。

(2) 在线学习体验具有认知性。在线学习是学习者的学习实践,是学习者在教学者的指导和促进下具身参与学习和互动后实现意义建构的过程。

(3) 在线学习体验具有情感性。情感本身就是体验的一个重要内涵,而霍耐特更提出,"共感且参与"是学习的本质。⑤ 激发学习者学习的不是所谓的抽象的概念和客观的原理,而是自身与其他学习者的情感程度,以及彼此之间的友谊。⑥ 学习者在亲身经历在线学习时将产生的积极或消极的情感反应。在线学习的目标价值是为了获得高质量的学习结果。因此,积极的在线学习体验将促进学习者更

---

① 曹培杰.高质量教育需要一场结构性变革[J].人民教育,2020(23):55-58.
② 朱琳.小学生课堂学习体验研究[D].长春:东北师范大学,2008.
③ 克里斯托弗·温奇.学习的哲学[M].丁道勇,译.北京:北京师范大学出版社,2022:287.
④ Park S. Analyzing and Comparing Online Learning Experiences Through Micro-Level Analytics[J]. Journal of Educational Technology Development & Exchange, 2016, 8(2):55-80.
⑤ 霍耐特.物化:承认理论的探析[M].罗名珍,译.上海:华东师范大学出版社,2018:35.
⑥ 曹永国.人的学习:认知、意义与社会文化[J].高等教育研究,2023,43(10):31-40.

进一步积极地、主动地参与其中,以帮助获得高质量的在线学习结果。

(4) 在线学习体验具有社会性。不同于早期远程学习和电子化学习,在在线学习过程中,教学者与学习者共同建构出在线学习共同体。这个在线学习共同体为教学者和学习者提供了人际互动、对话沟通、合作交往等社会性实践。学习者社会性存在的学习成为在线学习重要的学习方式。这意味着,在线学习是开放性的学习活动,需要学习者共同学习,需要他者,而非"一个孤立的、个人的学习过程"。①

四、在线学习结果

"结果"在《辞海》中的解释为"植物长出的果实,工作或事件最后完成的情形或结局"。在教育情境中,学习结果(Learning Outcome)是一个常用的概念。梅尔顿(Melton)指出,学习结果是即将实现的教学目标,也可以把学习结果理解为学业的完成情况。那么,在线学习结果可以理解为学生在整个在线学习历程中所获得的"成果"。具体来说,在线学习结果不仅包括学生在知识方面的收获,还包括学生在在线学习期间掌握的技能和态度。因此,本书将在线学习结果界定为学习者经历在线学习,在认知和情感两个方面的收获。认知部分即对知识的掌握和运用,情感部分指学生的满意度等。伊欧姆(Sean B. Eom)指出,可利用在线学习效果和在线学习满意度量表对在线学习结果进行综合评价。②

在线学习效果是指在在线环境中学习者对知识和意义被构建的感知。伊欧姆通过10年的跟踪研究认为,在线学习效果是学习者在经历前后学习之后对知识和技能水平发生的变化的主观感知看法。教育者和教学设计者为了在课程设计、授课、评价等方面提高在线课程的质量,他们必须评估学生的学习效果。因此在线学习效果是在线学习结果的良好预测因子。

所谓在线学习满意度,即指学习者对在线学习的经历和结果进行主观性价值评价的程度。③ 它是衡量学习者在线学习的质量和有效性的一个很好的指标,也

---

① 克里斯托弗·温奇. 学习的哲学[M]. 丁道勇,译. 北京:北京师范大学出版社,2022:35.
② Eom S B, Ashill N. The Determinants of Students' Perceived Learning Outcomes and Satisfaction in University Online Education: an Update[J]. Decision Sciences Journal of Innovative Education,2016,14(2):185-215.
③ Bolliger D, Erichsen E. Student Satisfaction with Blended and Online Courses Based on Personality Type[J]. Canadian Journal of Learning & Technology,2013,39(1):1-23.

是考察学习者是否持续性选择在线学习课程的重要预测因素。[1][2] 美国斯隆联盟提出了五大在线教育质量评估的支柱指标,包括学生满意度、教师满意度、访问权、学习效率和成本效益。学生满意度作为其中一个支柱指标,可见其在在线学习质量中的重要程度。也就是说,在线学习满意度取决于学习者的在线学习经历符合自身期望的程度。[3]

综上,在在线学习结果中,在线学习效果代表了在线学习的认知效果,在线学习满意度代表了在线学习的价值评价。两者是学习者对在线学习作出的良好抑或不良的判断,能够带动学生对在线学习形成更多的期待。

第三节 理论基础

本书选择探究社区理论和"前期—过程—结果"模型作为理论基础。

一、探究社区理论

早期的计算机学习是基于行为主义和认知主义理论来设计的。行为主义认为学习是在环境中受到外部刺激引起的可观察的行为的变化;认知主义则强调更复杂的认知过程,例如思维、语言和概念形成。[4] 但两者忽略了反思在学习中也起着重要的作用。依托建构主义,学习是不断训练分析、评价、创造高级思维的过程。建构主义支持以学习者为中心的体验和行动,并帮助初学者提高学习技能,促进意

---

[1] Chiu C M, Hsu M H, et al. Usability, Quality, Value and E-learning Continuance Decisions[J]. Computers & Education, 2005, 45(4):399-416.

[2] Lee M C. Explaining and Predicting Users' Continuance Intention Toward E-learning: an Extension of the Expectation-confirmation Model[J]. Computers & Education, 2010, 54(2):506-516.

[3] Al-Asfour A. Examining Student Satisfaction of Online Statistics Courses[J]. Journal of College Teaching & Learning, 2012, 9(1):33-38.

[4] Ertmer P A, Newby T J. Behaviorism, Cognitivism, Constructivism: Comparing Critical Features from an Instructional Design Perspective[J]. Performance Improvement Quarterly, 2013, 26(4):43-71.

义建构以及情境学习。①② 意义建构不是信息和知识在头脑中不断积累的过程,而是结构性地理解、反思、重组多样的信息与知识,从而确立新的见解。③ 学习者根据个人体验和信息来解释世界,并通过观察和处理来学习,然后将信息个性化为个人知识。当学习者可以将所学内容进行情境化以立即应用并获得个人意义时,他们将学得最好。

国际教育技术界思想观念的转变要求建构主义要抛弃纯主观主义,坚持以主客观统一的认识论(即主导—主体相结合的教育思想)作为哲学基础。④⑤ 所倡导的不是乔纳森(David H. Jonass)所提出的建立在主观主义认识论和片面地以学生为中心教育思想基础上的极端建构主义⑥,而是建立新型建构主义。这种新型的建构主义强调了学习者之间互动的作用,互动是学习过程中的必要因素。维果茨基(Lev Vygotsky)创造了"最近发展区"(Zone of Proximal Development),用来描述学习者可以自己做一些事情,但他指出,学习者需要额外的支持和互动来进一步发展知识和技能。⑦ 社会互动可以用来增强学习者学习过程中分享想法,也能促进学习者对所学知识的理解,反思学习过程,是一个人的认知发展的必要部分。

在教育技术研究领域,在线学习基于新型建构主义来设计、构建探究社区来实现增强个人学习与组织学习之间联系的需求。探究社区理论(Community of Inquiry,CoI)模型最初是由加里森、安德森和阿彻尔三位加拿大学者于20世纪90年代末提出来的。⑧⑨ 它是基于批判性思维和实践探究的社会(合作)建构主义过程模型,认为学习者是通过社会互动来开展在线学习的。探究和社区是该理论的核

---

① Sakulwichitsintu S, Colbeck D, et al. Online Peer Learning:What Influences the Students Learning Experience[C]. IEEE International Conference on Advanced Learning Technologies,2015:7.
② 克努兹·伊列雷斯,陈伦菊,盛群力.学习理论发展简史:上[J].数字教育,2020,6(1):86-92.
③ 钟启泉.对话型教学的创造[J].教育发展研究,2020,40(4):38-43.
④ 何克抗.关于建构主义的教育思想与哲学基础:对建构主义的反思[J].中国大学教学,2004(7):15-18,23.
⑤ 何克抗.建构主义:革新传统教学的理论基础:上[J].电化教育研究,1997(3):3-9.
⑥ 王永锋.从"建构性学习"到"学生有效参与"[D].长春:东北师范大学,2009.
⑦ Dixson M D. Measuring Student Engagement in the Online Course:the Online Student Engagement Scale[J]. Online Learning,2015,19(4):1-15.
⑧ Garrison D R, Anderson T, Archer W. Critical Inquiry in a Text-Based Environment:Computer Conferencing in Higher Education[J]. The Internet and Higher Education,1999,2(2-3):87-105.
⑨ Garrison D R, Anderson T, Archer W. The Community of Inquiry[EB/OL]. (2020-04-20). https://coi.athabascau.ca/.

心。一方面,探究是在线学习过程的核心,探究本质上也是一种社会活动,学生将承担积极建构和确认意义的责任。另一方面,社区是教学者与学习者组成的共同体。学习者在学习社区中交互、对话和反思。除此之外,社区的存在还会带给学习者一种社区意识。社区意识是成员拥有归属感的一种感觉,一种成员对彼此和对群体很重要的感觉,以及一种共享的信念,即成员尊重个人与集体之间的协作,成员的需求将通过他们在一起的承诺得到满足。① 最终,学习者将个人意义构建和集体意义建构相互统一。

(一) 教学、认知及社会临场感

探究社区理论最初主要是从教学临场感、认知临场感和社会临场感三个方面来关注在线学习的。三者共同作用,从而在在线学习环境中创建和维护能够实现探究和有效学习过程的探究学习社区,以促进高阶思维发展。三个临场感是密切相关的,其反映了在线学习的动态过程,这对提高和保持在线学习的质量很重要。

1. 教学临场感

教学临场感(Teaching Presence)是指学习者在学习过程中,教师通过教学设计促进和指导、监测和管理学习者认知(包括合作和反思)的过程。教学临场感需要发挥教师的教学角色,预先设计好有效的问题,及时发现学生在线学习过程中的问题,由此强调了教学临场感的重要性。② 教师的责任在于通过脚手架、建模或辅导、设计和整合,实现认知临场感和社会临场感。教学临场感的关键组成部分是教学(课程)设计和组织、促进理解和直接指导,使学生能够亲身体验如何让学术思维与自身实践相结合,从而促进学生认知的发展。

教学临场感的设计和组织方面描述了设计、开发和组织教学过程、课程结构、课程评价和课程互动,提供教学过程的技巧和原则。例如,制作 PPT 演示、制作音视频材料、提供个人对课堂材料的见解,以及提供如何有效使用学习媒介的指导。③

促进理解是教师通过使用信息分享、鼓励等方式,促进学习者积极参与与学习活动相关的互动和对话。例如,教师通过分享自己的个人经验向学生解释问题,从而促进教师与学生、学生与学生之间的对话。这种对话不是非学术的,而是一种批

---

① Mcmillan D W,Chavis D M. Sense of Community: a Definiton and Theory[J]. Journal of Community Psychology,1986:14(1):6-23.
② Anderson T,肖俊洪. 探究社区与数字时代的教与学[J]. 中国远程教育,2018(3):34-44,80.
③ Arbaugh J B. Does the Community of Inquiry Framework Predict Outcomes in Online MBA Courses? [J]. International Review of Research in Open & Distance Learning,2008,9(2):1-21.

判性和反思性的对话,目的是协同解决认知冲突,包括信息共享、识别共识与分歧,以及努力达成共识和理解。因此,教师需要去发现有意见和问题的学生,观察互动发生所需的路径以保证讨论高效地运行,吸引更多学生参与其中,但要避免学生个人非学术对话破坏课堂讨论。

直接指导作为教学临场感的最后一个方面,是指教师能够通过教授知识以及解决技术问题从而引导学生,并把学生分组讨论。这个过程决定了教师的智力领导力。例如,为学生提出问题,总结互动讨论的结果,确认学生理解,诊断存在分歧的地方。直接指导侧重于评估讨论和学习过程的有效性,因此教师负责提供评估和反馈。宾特里奇(Pintrich)指出教师对学生的反馈可以改善他们的情感反应,丰富认知技能和知识,并激活元认知。[①]

教学临场感为有意义的学习创造了机会,并确保在合作和反思的目标下进行监督和管理,实现预期的学习结果。理查德森的研究表明,学生感知到在线学习的成功与教师的直接指导促进了学生理解这些教学临场感相关;而不成功与缺乏反馈、不顺畅的课程交流有关。[②] 诚然,如果教师布置的学习任务合适、指导原则清晰、指导方法合适、提供的范例合适、任务完成的时间限制明确、能够给予一定的评价标准并注重在知识构建过程(问题的确定、分析、评估、整合和解决)中激励、指导和反馈,那么在线学习实践将培养出学生的高阶思维能力(即分析、评价和创新能力)。[③] 例如,埃布纳(Rachel J. Ebner)的研究揭示了教师可以通过批判性思维程序的结构化指导来提高学生的自我调节技能,从而实现语言的高阶学习目标。[④]

2. 认知临场感

认知临场感(Cognitive Presence)是指学生在在线学习社区中通过批判性的反思和持续性对话从而实现意义建构的过程。谢伊(Peter Shea)指出,认知临场感是

---

① Pintrich P R, Smith D A, et al. A Manual for the Use of the Motivated Strategies for Learning Questionnaire (MSLQ)[R]. MI: Universityof Michigan: National Center for Research to Improve Postsecondary Teaching and Learning,1991.

② Richardson J C, et al. Instructors' Perceptions of Instructor Presence in Online Learning Environments[J]. International Review of Research in Open and Distributed Learning. 2016,17(4):82-104.

③ Mcloughlin D, Mynard J. An Analysis of Higher Order Thinking in Online Discussions [J]. Innovations in Education and Teaching International,2009,46(2):147-160.

④ Ebner R J, Ehri L C. Teaching Students How to Self-Regulate Their Online Vocabulary Learning by Using a Structured Think-to-Yourself Procedure[J]. Journal of College Reading and Learning,2015,46(1):62-73.

学生在线学习过程的中心,是培养学生高阶认知能力的重要环节。① 学生在在线学习过程中,通过触发事件、探索、整合和解决问题四个环节来实现知识的意义构建,它是学生在线学习效果的决定性因素。

(1) 触发事件:即发现了一个或几个需要解决的问题。它也是教师角色的开始,教师通过促进和指导学生对目标问题的讨论,从而触发他们学习过程循环的开始。

(2) 探索:即学生在学习社区中通过批判性反思和对话来探讨问题,包括进一步查阅资料和讨论,采用头脑风暴、信息交换和提问来进行。

(3) 整合:即学生通过个人反思和集体讨论整合所形成的想法,构建既深刻又有意义的观点。

(4) 解决问题:即通过将知识应用到实践或工作环境中来检测新获得的知识,实现高阶学习目标。在这过程中又会出现新的问题,从而实现学习过程的迭代发展。

认知临场感代表了意义建构的循环,为探究过程中的学习者提供了认知地图。在整个认知阶段,学习者在第三阶段开始整合想法,提供解决问题的见解,并试图构建意义。这可能是一个最困难的阶段,因为这个阶段需要研究人员或教师观察、促进并指导学习者形成高阶思维过程。阿克约尔和加里森认为学生常常只处于在线课程的前两个阶段,要转移到第三和第四阶段显然困难得多。② 但由于认知临场感被理解为学生在在线学习过程中培养批判性思维和解决问题的能力,这种能力将帮助学生以满意的在线学习结果来反映学习过程的有效性。因此,认知临场感是学习者最有效和高质量在线学习的表现。

3. 社会临场感

社会临场感(Social Presence)是指在线学习过程中学习者利用网络沟通媒介在社交和情感方面表现出"真实"的自己的能力。莫纳科(James Monaco)总结出知识传播方式的变化主要分为四个主要阶段:一是依靠人与人之间直接传递的表演阶段;二是依靠语言文字间接传递的表述阶段;三是依靠声音图像记录的影像阶段;四是依靠人与人平等互动的互联网阶段。③ 虚拟学习空间中,依托平等、开放的互联网,学习者更能感受到互动过程的方便、开放、灵活和自由,由此展示出"真

---

① Shea P, Bidjerano T. Measures of Quality in Online Education: an Investigation of the Community of Inquiry Model and the Net Generation[J]. Journal of Educational Computing Research, 2008, 39(4): 339-361.

② Akyol Z, Garrison D R. Assessing Metacognition in an Online Community of Inquiry [J]. The Internet and Higher Education, 2011, 14(3): 183-190.

③ 朱永新. 疫情下的在线教育:最大挑战不是技术,而是"育"[EB/OL]. (2020-02-26). http://www.ailab.cn/html/3635336.html.

实"的自己。在线学习环境中社会临场感由三个主要部分组成,即情感表达、公开交流和集体凝聚力。① 情感表达包括情绪表达、幽默表达和自我披露等;② 公开交流包括持续地对话、提问和称赞;集体凝聚力包括使用合适的称呼、适当的问候语、提到某个小组时使用包含自己在内的代词等。社会临场感中的情感表达和公开交流是在线学习社区最基本的方面。学习者对在线学习环境有舒适感觉的时候,他们就会将讨论发展到更高层次,在线学习社区就会形成集体凝聚力。当学生感到自己是在线学习社区中的一员,他们之间的对话、意义分享以及学习效果都将达到质量最优化。所有这些都将鼓励学习者参与到在线社交互动中。因此,以在线学习社区为基础的交流,如果管理得当,会使学习者感到学习过程中的互动是愉快的和有效的。也就是说,在学习社区中,如果学习者介绍自己的信息越多,与学习同伴之间的了解就越多,彼此之间就建立了信任,那么,他们将会相互寻求学习支持从而达到学习效果最优,并在其中找到满足感。

  社会临场感鼓励学习者积极参与课堂讨论。学生与学生的互动是在线教学中非常重要的互动方式,将激励彼此完成学习任务。因为学习者特别关心学习本身,他们可能把与他人的互动视为实现这一目标的工具。当学习者重视他人的想法、反馈和合作时,增加社会临场感可能也会增加认知临场感,即社会临场感不仅与社会互动有关,还与批判性思维有关。

  社会临场感不仅包括社会互动,它还涉及创建一个学习社区。2009年,加里森修正了最初对社会临场感的定义,将其描述为"学习者创建并认同学习社区,在彼此信任的环境中有目的地沟通,通过映射个性来发展人际关系的能力"。③ 学习者在学习社区中可以探究、表达、提问、协作、共享,并为学习社区作出贡献,从而形成在线学习社区凝聚力。

  社会临场感是认知临场感发生的基础,是在线探究社区的重要元素。它能够间接地促进学习者批判性思维能力的形成,并且直接影响着学习者的学习效果。马斯蒂(Viviana Meschitti)提出,社会临场感对于建立有意义和有效的在线学习至

---

① Akcaoglu M, Lee E. Increasing Social Presence in Online Learning Through Small Group Discussions[J]. International Review of Research in Open and Distance Learning,2016,17(3):1-17.

② Lin S, Hung T C, Lee C T. Revalidate Forms of Presence in Training Effectiveness: Mediating Effect of Self-Efficacy[J]. Journal of Educational Computing Research,2015,53(1):32-54.

③ Garrison D R, Akyol Z. Role of Instructional Technology in the Transformation of Higher Education[J]. Journal of Computing in Higher Education,2009,21(1):19-30.

关重要。① 由此观之,在教学临场感的促进引导下,社会临场感可以建立起认知临场感得以蓬勃发展的社会语境,它需要创造个人但有目的的关系。

探究社区理论将高等教育的在线学习理论化。其基础是在线环境中的教学临场感和支持性社会临场感②,而持续性对话、批判性反思和知识构建是探究社区理论的核心思想。③ 在在线学习环境中,通过同步或异步交流能够促进师生、生生的社会交互和协商,从而实现知识建构。但有学者反思探究社区理论只代表了一种理想,它忽略了一些现实世界的动态和临场感三个方面的断层:教师的"教"与学生的"学"之间,互动过程中集体凝聚力、沟通合作、交流研讨与学生情感认同之间,批判性及探究性等高阶思维能力与学生个体要素之间的断层。④ 这些断层在实践中限制了在线学习实践,即这个最初的探究社区模型没能反映出学习者个体对学习效果的影响。也就是说,作为学习的主体,讨论学习者的角色应该被视为一个单独的因素。因为在线学习中,学生所表现出的学习动机、学习效能、学习策略等与感知到教学临场感中的教学设计、促进理解和直接指导的概念是相当不同的。学习者要对自己的学习负责,他们表现出或多或少具有适应性和有效性的独特行为、动机和策略,这些学习的心理化表现都表明了在线学习过程中存在着独特的自主性临场感。

(二) 自主性临场感

尽管研究者通过实证研究不断完善对探究社区理论模型三种临场感的理解与解释,有学者指出该模型可能需要增加新的因素来增强原有模型对在线学习过程的解释力。⑤ 科赞综述了近20年来探究社区理论中临场感的扩展。研究发现,除了原本的三个临场感之外,学者们还提出增加分布式教学临场感(Distributed Teaching Presence)、情感临场感(Emotional Presence)、教师临场感(Instructor Presence)、教师社会临场感(Instructor Social Presence)、教师投入(Teacher

---

① Meschitti V. Can Peer Learning Support Doctoral Education? Evidence From an Ethnography of a Research Team[J]. Studies in Higher Education,2018:1-13.
② Shea P, Hayes S. Online Learner Self-Regulation: Learning Presence Viewed through Quantitative Content and Social Network Analysis[J]. International Review of Research in Open & Distance Learning,2013,14(3):427-461.
③ Tirado M R, et al. Exploring Social and Cognitive Presences in Communities of Inquiry to Perform Higher Cognitive Tasks[J]. Internet & Higher Education,2016,31(10):122-131.
④ 兰国帅,钟秋菊,郭倩,等. 自我效能、自我调节学习与探究社区模型的关系研究:基于网络学习空间中开展的混合教学实践[J]. 中国电化教育,2020(12):44-54.
⑤ 马志强,刘亚琴,孔丽丽. 网络探究学习社区理论与实证研究发展脉络[J]. 现代远程教育研究,2018,153(3):41-50.

Engagement)等临场感。① 但谢伊指出,以上所提出的这些临场感都和原来的三个临场感及他本人提出的 Learning Presence 有交叉。②

在线学习的有效性不仅取决于外在环境支持、教师教学,同样取决于学习者。在在线学习中,学生自身心理特征比以往任何时候都更加重要,比如自我效能、努力、动机、毅力、自我调节等能够用于正式学习实践,这些成分能够让学生真正参与到学习中。③ 因此,探究社区理论提出 10 年之后,谢伊提出增加 Learning Presence(学习临场感)维度。考虑到"学习"这一概念的内涵就涉及认知、情感、行为方面的不同心理活动,从字面来看,它会与其他临场感产生语义交叉或歧义。因此,本书将 Learning Presence 界定为"自主性临场感",它是指在线学习时,学习者更大程度地发挥自我意识和主观能动性等学习心理过程。它包括了自我效能感和自我调节两个维度。自主性临场感的补充为探究社区理论框架增加了新的解释要素。这将探究社区理论模型发展成为学习模式,更加全面地反映了学习者在线学习过程中的主观能动性。那些元认知、动机和行为等都活跃的学习者更愿意参与到在线学习中。④

自我效能感(Self-Efficacy)的研究始于 20 世纪 70 年代末到 90 年代初。班杜拉(Bandura)指出,自我效能感是一个人组织和执行行动过程以获得既定成就的能力的信念,也就是某人在完成特定任务、活动、行动或挑战时的对自己能力的自信程度。自我效能感不关心一个人拥有什么,而关心一个人利用自己聚集的资源能做什么。高估个人产生行为和结果的能力可能会增强表现,并在面对障碍和困难时激发坚持的动机;而低估个人的能力则相反,这可能会抑制目标达成、坚持和努力。自我效能感和后续表现之间存在着重要的联系。班杜拉认为,自我效能感信念在情绪状态的中介作用下,可以预测个体在特定任务上投入的努力程度、个体在遇到障碍和失败时的坚持程度,以及个体在应对不利后果时的应变能力。高自我效能感的学习者不会把困难的任务当作障碍,而是把它当作一种挑战来发展自己

---

① Kozan K, Caskurlu S. On the Nth Presence for the Community of Inquiry Framework [J]. Computers & Education,2018,122:104-118.

② Shea P, Bidjerano T. Learning Presence:Towards a Theory of Self-Efficacy, Self-Regulation, and the Development of A Communities of Inquiry in Online and Blended Learning Environments[J]. Computers & Education,2010,55(4):1721-1731.

③ Novak K, Anderson M. How to Choose Words that Motivate Students During Online Learning[EB/OL].(2020-09-15). https://www.edutopia.org/article/how-choose-words-motivate-students-during-online-learning.

④ Shea P, et al. Learning Presence:Additional Research on a New Conceptual Element Within the Community of Inquiry (CoI) Framework[J]. Internet & Higher Education, 2012,15(2):89-95.

的技能。他们会为自己设定具有挑战性的目标,并努力实现这些目标,即使他们在任务中失败了,也会很快恢复效力感。最后,压力和焦虑水平降低了,而个人成就感会增加。而低自我效能感的学习者由于缺乏自信不太可能完全投入到在线学习中。因此,自我效能感调查中的指标问题使用的是"能做、可以做"而不是"想做、愿意做",这是对能力的判断而不是对意图的判断。

在线学习自我效能感被理解为个体在在线学习环境中取得成功的信念。但以往涉及在线学习自我效能感的研究多集中在在线学习中某一个技术因素维度上。有研究表明,网络学习环境下的自我效能感受到四个因素的影响:① 先前的在线学习成功经验;② 课程前的培训;③ 教师及时反馈;④ 在线学习技术焦虑程度。因此,自我效能感侧重于计算机自我效能感、网络自我效能感、信息寻求自我效能感、学习管理系统(LMS)自我效能感等方面。虽然在线学习需要计算机技能、互联网技能和信息搜索技能,但它们并没有突出在线学习的学习层面,如学习策略、互动、协作和成功完成课程的信心。而在测量在线学习自我效能感时,这些方面是很重要的。与30年前、20年前甚至10年前的在线学习者相比,新一代的高校在线学习者都出生在21世纪之后。他们正是伴随信息技术迅猛发展而成长起来的"网络原住民",能较快地适应新的信息技术和学习平台的使用。因此,在线学习自我效能感将关注学习层面。郭余春和沃克等学者指出在线学习不仅要求学生能正常开展基于信息技术的学习活动,还需要学生在在线学习过程中参与学习和互动时有信心。那些对在线学习信心较低的学生可能不愿参与学习和互动,从而导致对在线学习不满意。

在线学习自我效能感在预测学生的学习投入、动机和表现方面有重要作用。自我效能感水平越高,完成在线学习的动机越高,学习效果越好。在学习过程中,学生的高动机会激发他们进行批判性思考,而批判性思维过程是认知临场感所拥有的一个维度,因此在线学习的自我效能感会带来在线学习中的认知临场感的感知。

自我调节(Self-Regulation)被定义为学生有意向、有需求并积极地参与学习的过程;通过积极监测和调节自己学习的元认知、动机和行为等方面,成为一个战略学习者的过程。能够自我调节学习的学生不会依靠老师、父母或其他教学助理,而是会主动发起学习和指导自己,通过持续性的努力以获得知识和技能。有学者指出,如果学生想要获得更好的学习结果,那么他们就需要不断改进学习策略和控制学习行为。

信息技术为学生创建了生动的虚拟在线学习环境,为学生主动学习、参与学习、体验真实的学习提供了学习场域。在这个过程中,避免学生"不学习、无学习、假学习"是在线学习的价值追求。因此,在缺失传统课堂学习交流互动的情况下,学习者只有发挥主观能动性,对学习过程自我发起、自我调控、自我激励、自我反思,才能达到与课堂学习实质等效的目的。罗瓦伊(Alfred Rovai)指出,良好的在线学习包括两个方面:它与学生的自我调节相匹配,它使学生能够朝着更大的自我调节方向发展。因此,教师需要鼓励学生进行更自主的学习实践,并指导他们如何管理学习过程,培养学习者学习的独立性和责任感。

自我调节还体现出学生在学习过程中需要自我反思。因为学习过程本身就是一个不断试错和创新的过程。只有在试错、反思、修正错误之后创新才会得到推动。拉贝亨普(Cara Rabe-Hemp)比较了在线学习和传统课堂学习在学生投入、自主学习能力、学习收获、满意度等方面的差异。研究表明,与传统课堂相比,在线学习需要学生花更多的时间去独立准备课程和参与师生之间更多的课堂讨论。又因在线学习过程中与教师的交流互动更多的是采用写作方式,而写作比说出来需要更多的反思过程,所以在线学习还需要学生花更多的时间去自我监督和自我反思。因此,在线学习过程将使学生更善于反思,能增强学生的自我调节学习的能力。

不同水平的学生具有不同的自我调节能力。有学者指出,高水平学习者的自我监测和自我调节显著性水平最高,中等水平学习者次之,而低水平学习者最低。也就是说越能深度学习的学习者,他们的自我调节学习能力越强,越能显著地呈现自我判断和自我反应的循环过程,其具有最强的整体规划能力、反思能力及有效的时间管理能力。

因此,当学习者能够更大程度地支持自我意识,发挥好主体能动性时,他们将更积极地、主动地、自信地投入到在线学习过程中,也会根据学习目标的达成情况来调整学习策略。学习者兼顾"他控"和"自控"之间的相互关系是发挥自我效能感和自我调节的关键所在。[1] 有研究还表明,自主性临场感在教学临场感和社会临场感与认知临场感之间还起到中介作用。[2] 得益于在线学习被更多学习者所使用,也得益于以学生为中心的教学理念的变革,在线学习过程越来越反映出自主性临场感所发挥的重要作用。

(三) 探究社区理论的适用性分析

在线学习不同于早期远程学习阶段假定学生彼此独立地开展学习活动。在线学习实现了学生与教师、学生与学生、学生与学习内容的互动体验可以同步、异步或基于文本的小组讨论。考虑到在线学习中每个学生都承担着使自己的教育体验有意义的责任,并且在学习社区中开展讨论和反思对于达成集体共识至关重要这

---

[1] 高子砚,陆霞. 自我调节学习理论视角下大学生混合学习的质性研究[J]. 中国教育信息化,2020(23):7-13.

[2] 兰国帅. 21世纪在线学习:理论、实践与研究的框架[M]. 北京:中国社会科学出版社,2019:138.

一事实①,本书将选择探究社区理论模型(图1.2)作为理论基础。具体原因有二:

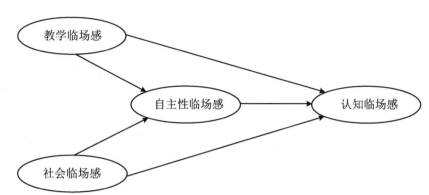

图1.2 探究社区模型

(1) 探究社区理论是从关注学习者的在线学习体验来关注在线学习过程的。它描述了在线学习体验的基本要素。② 尤(Taeho Yu)研究证实了CoI模型能为韩国的研究人员和从业人员在设计和开发在线课程时提供指导,用以衡量学生的在线学习体验,为实现更有意义的在线学习提供一种可靠的工具。③

(2) 探究社区理论模型的稳健性受到国内外学术界的极大认可。它被认为是理解在线学习过程的最流行的理论框架之一,也被广泛接受作为揭示学习者对在线学习体验的认知工具④⑤,为研究人员调查在线学习过程质量提供了坚实的指导。帕克和谢伊对国外过去10年在线学习新兴研究趋势的研究表明,加里森主编的《21世纪的网络学习:研究和实践框架》处于被引用次数较多的出版物的前列。探究社区理论的研究论文在在线学习研究中被频繁应用于指导开发和评估在线课

---

① Siemens G. Connectivism: a learning Theory for the Digital Age[J]. International Journal of Instructional Technology & Distance Learning,2005(1):1-9.
② Castellanos-Reyes D. 20 Years of the Community of Inquiry Framework[J]. Tech Trends,2020,64(4):557-560.
③ Yu T, Richardson J C. Examining Reliability and Validity of a Korean Version of the Community of Inquiry Instrument Using Exploratory and Confirmatory Factor Analysis [J]. The Internet and Higher Education,2015,25:45-52.
④ Garrison D R, Anderson T, Archer W. The First Decade of the Community of Inquiry Framework: a Retrospective[J]. The Internet and Higher Education,2010,13(1-2):5-9.
⑤ Stenbom S. A Systematic Review of the Community of Inquiry Survey[J]. Internet & Higher Education,2018,39:1-25.

程,以及培训教师如何进行在线教学。①

虽然探究社区理论是由西方学者提出来的,但对于我国的在线学习研究依然具有重要的理论和现实价值。具体来说,首先,相比于西方发达国家,我国的工业化进程起步较晚,现代社会建设相对滞后,但信息技术是在全球化背景下发展起来的,在第四次工业革命的进程中,中国与西方发达国家几乎同频共振。我国在线学习的表现形态虽然与西方具有差异,但这个差异仅仅表现在数量和规模上;而在在线学习环境支持方面,几乎都是一致的,甚至在5G技术覆盖方面还胜过西方。其次,这个模型的核心特点是试图从个体的角度来考察在线学习,它关注学习者的在线学习过程参与和体验。从这个意义上讲,探究社区理论对于我国高校本科生在线学习问题的研究具有适用性。

二、"前期—过程—结果"模型

尽管探究社区理论对在线学习体验给出了界定,但同时也忽视了在线学习还需要考虑多样化的学习者个人特征及在线学习的环境支持,更要考虑在线学习的结果。因此,本书选取"前期—过程—结果"模型(Presage-Process-Product,3P)继续作为理论基础(图1.3)。这个模型是比格斯(Biggs)等人于1993年提出来的,在构建大学生学习系统模型过程中提供了重要理论基础。其中,前期变量(Presage)主要为学生的个体特质等变量,决定了学生处理某项学习任务的方式;过程变量(Process)主要为学生的学习方式和学习过程;结果变量(Product)指的是学生的表现和收获。郭建鹏等人指出前期变量、过程变量和结果变量之间交互作用,形成一个动态系统。② 由于在线学习是需要在特殊的环境支持下才能开展的学习活动,因此,本书将环境支持变量作为前期变量。

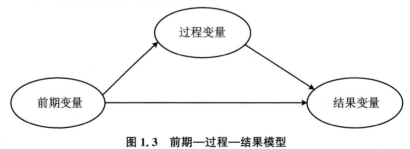

图 1.3 前期—过程—结果模型

---

① Park H, Shea P. A Review of Ten-Year Research Through Co-citation Analysis: Online Learning, Distance Learning, and Blended Learning[J]. Online Learning,2020,24(2):225-244.
② 郭建鹏,计国君.大学生学习体验与学习结果的关系:学生投入的中介作用[J].心理科学,2019,42(4):868-875.

参考探究社区理论和"前期—过程—结果"模型,本书构建了如图 1.4 所示的多重中介模型,所有变量之间不是相互独立存在的,而是具有内在的逻辑联系,在在线学习实践中相互支持和相互影响。具体而言,第一,环境支持作为在线学习的环境特质,可以视作前期变量或输入变量。环境支持是在线学习的基础,没有网络、平台、政策等方面支持,在线学习就难以开展,因而无法发挥学习者主体性作用,也难以达到认知意义建构。但环境支持并不是目标,而只是手段,通过这一手段,实现学习者的学习实践。在线学习环境支持催生学习者主体性发挥及对学习效果和满意度的期待。第二,在线学习体验是学生对在线学习参与的感知,属于过程变量,可作为中介变量。需要注意的是,在线学习体验的 4 个临场感并不是完全并列的关系,教学临场感、社会临场感和自主性临场感对认知临场感也存在一定的影响作用。① 第三,在线学习结果变量是学生在认知方面和情感方面的收获,属于结果变量或产出变量。更好的在线学习效果和在线学习满意度会为学习者的自主性释放出更多的动力,从而会为在线学习提供越来越大的发展空间。反过来,这将引发利益相关者对在线学习平台、在线课程、教学过程、在线学习模式等方面进行相应的丰富和创新。

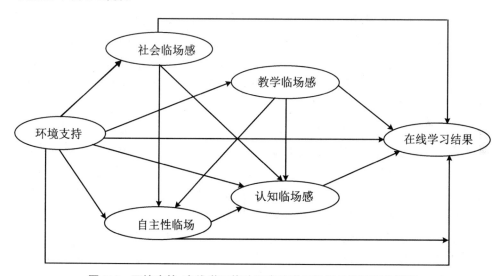

图 1.4 环境支持、在线学习体验和在线学习结果的关系假设模型

---

① 兰国帅.21 世纪在线学习:理论、实践与研究的框架[M].北京:中国社会科学出版社,2019:138.

第四节 研究意义

一直以来,在线学习的问题研究仅局限在教育技术学专业中。如今,在线学习已经扩展到所有高校和所有专业的学生。因此,它不仅在行政管理部门获得了更多的支持,也引起了越来越多学者的关注,成为高等教育教学改革中的重要议题。关注这一主题的学者越来越多,这不仅有助于推动在线学习理论的建构,而且对教学实践的改革具有实际指导意义。

一、理论意义

学术界最初对在线学习的研究主要关注技术开发和使用、在线学习平台建设、在线课程资源建设等方面。近年来,国内外学者逐渐聚焦于学生主体的学习经历、学习感受、学习收获及学习评价。但关于在线学习应该有一个什么样的理论分析框架,应该如何理解在线学习过程和在线学习结果,它们应该包括哪些要素,学术界并没有形成定论。之所以难以达成共识,一方面,因为新冠疫情之前的在线学习仅涉及单一在线学习模式,例如MOOC、SPOC等,更多关注于为学生提供免费的、开放的课程学习资源;另一方面,以往的在线学习是辅助性的或按需索取的,学生对待在线学习的态度是很随意的。而当在线学习被作为一个重要的、必须的学习活动时,已经模式化和固化了的面授学习会影响学生对新的学习范式的接受程度,从而学生的经历和感受将发生很大的变化。本书开展在线学习研究的目的就在于从学生视角出发,去探寻学生主体是否经历着对新的学习范式从不断适应到逐步认同的转变。因此,本书围绕目前我国高校学生在线学习开展研究,通过大规模问卷调查和深度访谈,全面、系统、深入地了解我国高校本科生在线学习的现实情况。通过对学生在线学习的现状进行调查,听取学生对在线学习的看法,能够挖掘在线学习的理论价值,进一步推动在线学习的理论构建,并深化对全国范围内高校本科生在线学习的认识及规律的总结。

二、实践意义

不论是国内还是国外,教育教学实践的改革源于信息技术的不断发展,但其重要性一直不被重视。从国内来看,这是因为在落实过程中"最后一公里"的推进非常困难。将信息技术应用于教学实践一直受到我国政府、教育机构、教育平台开发商的广泛关注。政府、企业和高校共同搭建了很多在线学习平台,建设了很多在线课程,但往往是外热内冷,高校师生层面冷冷清清。很多高校教师上课的模式、方式跟 20 多年前没太大区别,依旧使用传统教学模式。厦门大学教师发展中心的调查数据表明,近八成的老师和近六成的学生在新冠疫情之前完全没开展过在线教学和在线学习。因此,依托信息技术的教学实践的改革关键在师生。《关于加快建设高水平本科教育　全面提高人才培养能力的意见》(又称新时代高教 40 条)指出,要加快形成高水平人才培养体系,提升人才培养能力。[①] 国家层面文件的出台为在线学习的推广提供了发展机遇。加上 2020 年突发新冠疫情的推动,在线学习终于被推到了中心。学生对在线学习认识的逐渐深化,也将从另一个侧面促进我国在线学习的发展。教育 4.0 全球框架有 8 个关键特征,其中 4 个特征分别是可及性及包容性的学习、个性化及自定进度的学习、终身学习及学生自驱动学习、基于问题及探究的学习。[②] 因此,在信息技术与高等教育教学活动融合的过程中,"人人、时时、处处可学"的在线学习将成为可能。结合新兴信息技术,在线学习不仅为学生提供了不同形态的学习资源,还能增强学生进入知识场域的临场感。在线学习将有助于培养出具有自主学习能力、探究式学习能力、创新创造技能和技术技能的现代化人才。从而,在线学习将不再作为边缘研究领域。本书对我国高校本科生在线学习进行研究,发掘在线学习的实践经验,一方面能为我国教育教学改革所面临的实际问题提供实质性参考,引发政府、高校和在线教育平台商的思考,形成包括思想、理念、内容、方法、范式、技术、标准和评价等一整套改革方案;另一方面也可为国家和相关职能部门提供决策咨询,促进他们提前拓展教育教学改革的空间,以学习革命助推质量革命向纵深发展,[③]推动我国从传统教学模式向现代教学模式转变。

本 章 小 结

第一章绪论部分的主要内容是问题的提出、核心概念界定、理论基础及研究意义。信息技术的不断变革,推动了在线学习的发展,但一直以来,在线学习在高校

---

① 中华人民共和国教育部. 关于加快建设高水平本科教育全面提高人才培养能力的意见[EB/OL].(2018-10-08). http://www.moe.gov.cn/srcsite/A08/s7056/201810/t20181017_351887.html.
② 王永固,许家奇,丁继红. 教育 4.0 全球框架:未来学校教育与模式转变:世界经济论坛《未来学校:为第四次工业革命定义新的教育模式》之报告解读[J]. 远程教育杂志,2020,38(3):3-14.
③ 教育部高等教育司. 高校在线教育有关情况和下一步工作考虑[J]. 现代教育技术,2020,30(5):1.

"最后一公里"中推行不畅,学生对在线学习的关注较低,仅作为课堂学习的补充或按需选择的方式。新冠疫情背景下,在线学习的重要性被凸显出来。2020年上半年,我国高校所有学生经历了全程全员线上学习的实践经历,实现了"停课不停学"的目标,凸显出在线学习的重要性。在线学习作为一个重要且必需的学习方式,学生已经并继续经历着这种新的学习方式,他们对这种新的学习方式正在由适应到不断认可和接受转变。课堂革命下的在线学习,将原有的以教师为中心的教学理念转变到以学生为中心。当教学理念转变后,学生的学习态度、学习责任更加凸显其主体性自觉。由此,在线学习的关注点将落在学生的在线学习体验和在线学习结果上。因为随着学生在线学习实践增多,他们对在线学习的期待也越来越高,但以往的研究表明,在线学习还遇到一些问题。因而本书从学习者主体的"体验"出发,探索我国高校本科生在线学习的研究是一个非常有价值的主题。

本书对在线学习、环境支持、在线学习体验和在线学习结果等概念进行辨析,以"前期—过程—结果"模型和探究社区理论为理论基础,阐明我国高校本科生在线学习的现状如何,不同在线学习范式、性别、生源地、年级、学科及高校的本科生在在线学习经历中是否存在差异,在线学习体验的影响因素有哪些,在线学习结果的影响因素有哪些,在线学习环境支持、在线学习体验与在线学习结果的作用机制是怎么样的,作用路径在不同群体中是否存在差异这几个问题。通过探寻学生在线学习的经历与感受,以期为在线学习的理论构建和质量提升提供有益的参考。

第二章 文献综述

本书选择 CNKI、ERIC、Proquest 和我国硕博士论文数据库,以"在线教育""在线学习""在线学习体验""在线学习成果""在线学习成效""在线学习效果"及"在线学习满意度"为主题词,检索国内外相关期刊文献和硕博士学位论文,为后续研究提供参考。国外选择在在线教育研究领域有影响力的 SSCI 期刊上发表的文献,包括:Computers & Education、The Internet and Higher Education、American Journal of Distance Education、Online Learning、International Review of Research in Open & Distance Learning、Quarterly Review of Distance Education、Distance Education、Journal of Asynchronous Learning Networks、Journal of Online Learning & Teaching、Journal of Distance Education 等。国内的参考文献主要选择发表在 CSSCI 期刊上的文献。从已搜集整理的文献数量来看,国内关于在线学习的研究文献集中在近 10 年,特别是 2020 年之后,相关研究文献数量呈现激增的状态;而国外关于在线学习的研究文献一直较多。根据研究的主题,本章将具体从在线学习的历史梳理、在线学习体验的相关研究、在线学习结果的相关研究等方面进行综述,最后,对在线学习的研究现状进行分析和总结,以期获得本书所涉研究的切入点。

第一节 在线学习的历史梳理

关于在线学习的历史,依据技术的发展,大致可以分为三个大的阶段。第一阶段是 19 世纪中叶,西方工业革命带来的巨大技术进步引发的远程学习;第二阶段是 20 世纪 80 年代,基于电子通信产业的发展,推出的电子化学习;第三阶段是 20 世纪末至 21 世纪初,基于互联网技术的发展而出现的在线学习。进而言之,自 21

世纪始,关于在线学习的发展又经历了公开课件、MOOC、全员在线学习三次浪潮。诸浪潮之中,又以2020年新冠疫情发生后的全员在线学习范围最广、影响最大、讨论最多。从远程学习、到电子化学习、再到在线学习,信息技术从根本上改变了大学生学习的内容和方式,将大学生带入了随时随地的移动"网络"学习时代(图2.1)。

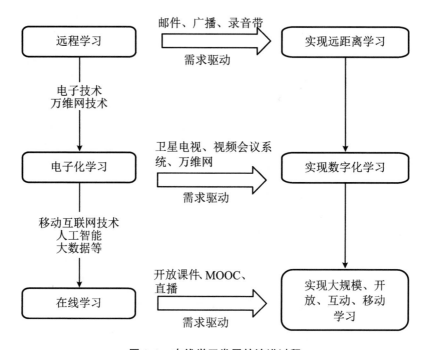

图2.1 在线学习发展的演进过程

(一) 远程学习

由于工业革命带来的巨大技术进步,使得远程学习(Distance Learning)这一新的教育形态在人类历史上成为可能,开启了远程学习的序幕。[①] 最先出现远程学习的国家是北欧和北美的国家。1833年,美国专科学院最先推出了手工艺课程远距离学习。[②] 这种学习方式最初采用邮寄印刷材料的方式。随后出现了以广播、录音带、录像带来传授学习材料。由工业革命引发的远程学习具有高度工业化的特点。因为教师可以将同一份学习材料打包起来,通过邮寄、广播或录音带等方式传送给成千上万的学习者;教师的教学投入成千上万次被复制。这种新的学习

---

① Keegan D. 从远程学习到电子学习再到移动学习[J]. 开放教育研究,2000,(5):6-10.
② 韩锡斌,王玉萍,张铁道,等. 迎接数字大学:纵论远程、混合与在线学习:翻译、解读与研究[M]. 北京:清华大学出版社,2016:41.

方式自出现伊始就受到广泛关注。

远程学习的本质在于利用技术进步,使得教师与学生分离、学生与学习集体分离时依旧能保证教育的进行。任何学生都能够公平地接受教育是各级学校一直需要解决的重要问题。但传统课堂环境下,教学活动只能让教师和学生在校园的实体课堂上进行。这一教学方式要求学生必须按时到教室才能开展课堂学习。显而易见,传统的课堂教学显示出其局限性。一是不能为那些因为特殊原因不能到校上课的学生提供均等的学习机会。例如家校距离较远、身体障碍等;二是不能为那些已工作的在职学习者提供均等的学习机会。课堂学习是在固定时间和固定地点开展的学习活动,而在职学习者由于工作时间与课堂学习时间有冲突不能到校学习。在这样的背景下,远程学习成为学习者能够公平地接受教育的新的学习方式。

远程学习到底是一种学习计划、一种学习能力,还是一种学习行为?学者们对此进行了论述。金(Frederick B. King)等人认为,远程学习是一种组织化的学习计划,它是学习者因受时间或距离限制,采用中介方式开展的远距离学习,从而获得知识和技能。①② 王志军等人把远程学习视为一种能力,远程学习中需要根据学习者原有水平来确定学习内容、教学策略以及评价方式。③ 杨文阳将函授界定为远程学习的起源阶段,他把远程学习定义为:为那些在地理位置上有较大距离的人们提供渠道进行学习的行为。④ 综合学者们的研究,远程学习首先是学习者个体化的活动或行为,其次它突破时空限制,目的是给更多的学习者提供学习的机会。

远程学习将学习者带入到一个新的学习空间,拓展了课堂学习的范围,主要表现在以下几个方面:① 学习过程在时间和空间上都体现出延展性。从时间上来看,它不需要实时进行,从而为有时间限制的学习者提供了可能性;从空间上看,它将教师与远距离的学生衔接在一起。② 学习内容实现了从书本教材到邮寄材料、再到广播、录音带等语音学习材料的扩展。③ 学习模式通过信件、广播等来实现,大大拓展了口口传授的范围。④ 学习者的范围扩大了。远程学习者分为三类:一是受地理位置限制不能到课堂的学习者;二是受工作时间限制的在职学习者,他们承担着工作、家庭和社会的职责和义务;三是一些社会弱势群体,例如残疾人,他们因为身体不方便而不能到课堂。这几类学习者都是因为自身特殊情况不能参与课

---

① King F B, Young M F, Drivere-Richmond K et al. Defining Distance Learning and Distance Education[J]. Educational Technology Review, 2001, 9(1):1-15.

② Siemens G, Gašević D, Dawson S. Preparing for the Digital University: a Review of the History and Current State of Distance, Blended, and Online Learning[R]. 2015:101.

③ 王志军,陈丽. 远程学习中的概念交互与学习评价[J]. 中国远程教育, 2017(12):12-20, 79.

④ 杨文阳. 学习者对远程学习、数字化学习与在线学习环境认知差异的实证研究[J]. 数字教育, 2020, 6(2):44-49.

堂学习,但他们求知之心迫切,同样希望得到平等的受教育机会。⑤ 教育交互发生在时空分离的状态下。教师在通过邮寄或广播传送学习材料给学习者的同时,也会反馈学习者所提出的问题。[①] 由此,远程学习不仅是为学习者开发并传递学习材料,还要为学习者提供反馈服务,这时远程学习的价值就不断被发现。

尽管远程学习发展历史已经很长,但其价值并不是一直被认可的。它经历了从被批评到被尊重的发展历程。在19世纪中期至20世纪中期这一百年里,远程学习的发展一直很缓慢。这是因为在这一时间段里,远程学习领域的理论研究成果没有得到传统大学学者们的尊重,还常常受到尖锐的批评,所以一直发展缓慢。但到1970年前后,远程学习的量与质均有显著性突破、学术成就逐渐获得认可后,其价值才凸显出来。一方面,自20世纪60年代起,欧洲倡导在西班牙、英国和德国建立开放大学;同一时间,我国北京、上海、沈阳和其他一些城市也相继出现电视大学,提供远程学习的机构逐渐增多。尽管我国在"文革"期间,这些提供远程学习的机构被迫暂停,但"文革"结束后,全国范围内的电视大学就开始广泛建立起来。另一方面,英国开放大学的成功,肯定了远程学习的价值。英国的教育部门在对所有高等教育机构的学术成就进行评价后得出,英国开放大学与牛津大学、剑桥大学和其他著名面授高校一同名列英国所有高校的前十,其学术成就显著。英国开放大学正是远程学习成功的标志[②],就此,学界和社会开始承认远程学习已经成熟。

(二)电子化学习

20世纪80年代,随着电子技术的重大发展,出现了电子化学习(E-learning,源于Electronic Learning)。1980年至1995年,电子技术的发展主要表现在电子通信、芯片和宽频带技术等领域。在此之前,电子通信一直属于国家垄断产业,仅被用于军事和获得国家机密方面。但当新产品逐渐问世,并介入市场力量后,电子通信开始被运用到学习活动中。芯片的升级使得数据和音像信息可以通过电话网系统传输,为学习活动开辟了新的空间。宽频带技术的光纤和电缆可以传输海量字节数据。这些新的电子技术,提供了利用卫星电视、视频会议系统、只读光盘(Compact Disc Read-Only Memory,CD-ROM)、万维网(World Wide Web,简称WWW、3W或Web)来传送学习材料的电子化学习。在此期间,美国通过卫星电视、视频会议系统开展的电子化学习发展得特别好;我国"文革"结束后,全国性的电视大学也开始使用卫星电视和视频会议系统,但欧洲却很少使用,他们继续开展的是个体化的远程学习。而随着Web的出现,电子化学习开始在世界范围内传播

---

① 黄荣怀,周跃良.关于远程学习的特征分析[J].中国电化教育,2003(4):75-79.
② Siemens G. Massive Open Online Courses: Innovation in Education? [J]. Open Educational Resources: Innovation, Research and Practice,2013,15(1):5-15.

并流行起来。电子化学习实现了人类历史上第一次远程面授教学,也使得远程学习从个体化到集体性学习成为可能。①

电子化学习的出现进一步推动了学习者的学习方式变革。主要体现在:① 学习者的学习材料包括数据文件、数字音视频等内容数字化。② 学习传输媒介从书信、广播、录音带等到卫星电视、视频会议系统再到 Web 的转变,扩大了学习的开放程度。1995 年,哥伦比亚大学高登伯格(Goldberg)开发了一种世界上最成功的网络工具中枢,名为 Web CT,这个软件包提供了包括支助服务、学生记录、课程开发程序的数据库管理系统。③ 教育互动中的反馈、提问和解答方式得到创新。通过卫星电视开展的电子化学习的互动是使用专门的电话线来实现的,而通过 Web 开展的电子化学习的互动可以使用发送电子邮件来实现。

电子化学习为学习者学习方式的变革打开了新思路,但它也具有明显的局限性。一方面,电子化学习主要关注技术工具等硬件的应用,通过应用程序或网站开展学习,是一种程序性的学习,侧重于数字化学习内容的提供。有学者指出,电子化学习不仅需要信息技术的升级,更需要将教学理念向"以学习者学习为中心"转变,要向教育本质回归。② 另一方面,电子化学习的互动局限性也很大。它仅用来描述学习者的个人经验③,不能形成所有学习者集中在一起交流互动的在线学习社区。由此,电子化学习虽然开始在世界范围内传播,但由于它本身所带有的一些局限性,其传播的范围依旧有限。

(三) 在线学习

进入 21 世纪,互联网技术的发展及普及使在线学习(Online Learning)变得越来越流行。有学者总结了在线学习发展至今经历了三次浪潮,④分别是:

1. 辅助学习

2000 年前后开始发现基于开放课件(Open Course Ware)的辅助学习。1999 年,斯坦福大学教务长罗伯特·布朗启动了开放课件计划。2001 年,斯坦福大学开放课件计划获得 1000 多万美元的资助,充足的资金有效推动了开放课件计划的

---

① Moore J L, Dickson-Deane C, Galyen K. E-learning, Online Learning, and Distance Learning Environments: are They the Same? [J]. Internet & Higher Education, 2011, 14(2): 129-135.
② 牛端,田晟. Web 2.0 下的 E-learning 变革:从单向传递到协同共享[J]. 现代教育技术, 2008(8): 14-17.
③ Triacca, Bolchini D, Botturi L, et al. Mile: Systematic Usability Evaluation for E-learning Web Applications[J]. AACE Journal, 2004, 12(4): 316-324.
④ 黄荣怀. 借势在线教育浪潮 深化教育教学变革[EB/OL]. (2021-11-08). https://mp.weixin.qq.com/s/FkviQG5euYgWOdcZcsDnSg.

设计及实行,世界各地的学习者将通过网络免费获取学校开发的所有课件。

2002年,联合国教科文组织进一步提出开放教育资源(Open Educational Resources,OER)。随后的2005年,开放课件联盟(Open Course Ware Consortium,OCWC)成立,一些国家如西班牙、韩国、日本、非洲、中国的开放课件联盟也相继成立。开放课件的辅助学习实现了开放大学和开放学习。在线学习不再仅仅局限于为非学历的学习者提供学习的机会,那些在校的学生也开始使用开放课程资源来学习。面对浩如烟海的网络知识世界,在线学习将能够为所有学习者直面不确定的未来提供有力保障,以便他们获得受教育的机会。[①] 但有学者指出,"我们体验的还仅仅是在线学习的早期形式,对于其内在的可能性以及创建一种新的'学习生态环境'还有很多方面需要研究。"[②]

2. 线上课程

2011年开始出现基于大规模公开线上课程(Massive Open Online Course,MOOC)的按需学习。2011年,斯坦福大学免费开设的"人工智能"课程广受欢迎,共吸引了全球16万学习者(涵盖190多个国家)注册学习。2012年,Udacity、Coursera、edX三大MOOC平台相继成立。2013年,一些国家的MOOC平台也纷纷涌现,如日本的Schoo、德国的iversity、英国开放大学的FutureLearn、澳大利亚开放大学的Open2study等。[③] 2013年至2014年,我国清华大学、北京大学、复旦大学、上海交通大学、香港大学、香港中文大学、香港科技大学开始加盟edX、Coursera及FutureLearn。我国大学加盟国外MOOC平台,一则是为了引进国外的MOOC;二则是在国外MOOC平台上开设优质本土课程;三则是借鉴经验,搭建本土MOOC平台。例如,2013年10月,我国首个MOOC平台——清华大学"学堂在线"正式发布;2014年4月,上海交通大学"好大学"在线学习平台也正式发布。[④] 这种新的在线学习体现出大规模、开放、在线、互动等主要特征,不仅满足了大规模学习者按需学习的需求,还能共享国内外最优质的教育资源,为在线学习打开了广阔的天地。

---

① Alexander S, Golja T. Using Students' Experiences to Derive Quality in an E-learning System: an Institution's Perspective[J]. Educational Technology & Society, 2007, 10 (2): 17-33.

② Garrison D R, Anderson T. 21世纪的网络学习:研究和实践框架[M]. 丁新,译. 上海: 上海高教电子音像出版社,2008:1.

③ 陈肖庚,王顶明. MOOC的发展历程与主要特征分析[J]. 现代教育技术,2013,23(11): 5-10.

④ 袁松鹤,刘选. 中国大学MOOC实践现状及共有问题:来自中国大学MOOC实践报告[J]. 现代远程教育研究,2014,(4):3-12,22.

3. 在线学习

2020年开始出现全员全程的在线学习。2020年的新冠疫情,使得在线学习面临一个分水岭,遇到一个特殊的时间节点[①],在线学习得到广泛使用,由此实现了第三次浪潮。[②] 由于这个阶段的在线学习的学习场所、学习内容、学习同伴及学习模式等都在发生改变,形式多样的在线学习越来越频繁。[③] 正如哈佛大学罗伯特(Robert)教授所言,MOOC仅代表在线学习的初始形态,现在已处于"后MOOC"时期。[④] 由此,本书聚焦的是第三次浪潮的在线学习。

根据不同的划分方式,在线学习具有不同的类型。

(1) 按在线学习的模式划分,在线学习分为:MOOC、SPOC、直播、在线研讨、录播等。2020年以前,MOOC是使用最多的在线学习模式,但这种模式不能让师生实时互动。新冠疫情期间,多种在线学习模式被不断实践,最终,直播、MOOC+直播、录播+直播是学生使用最多的学习模式。[⑤] 这些新的在线学习模式深受学生喜爱,不仅是因为它们实现了师生之间的实时互动,还进一步增加了其自身教学的多样性。

(2) 按照信息技术传播学习内容的比例划分,在线学习分为纯在线学习和混合式学习两种范式。2013年,美国斯隆联盟发布了利用信息技术传播学习内容所占比例的学习类型划分。这个类型划分包括传统课堂学习、计算机辅助学习、混合式学习及纯在线学习。当信息技术传播学习内容所占比例为0时,是一种不使用信息技术的课程,学生学习的内容以书面或口头传授提供;当信息技术传播学习内容所占比例达1%～29%时,学生的学习使用了课程管理系统(CMS),教师通过网页发布课程提纲和作业让学生完成学习任务;当信息技术传播学习内容所占比例达30%～79%时,学习内容大部分是在线传送的,学习过程中还使用在线讨论,面对面互动减少;而当信息技术传播学习内容所占比例达80%以上时,学习内容大

[①] Lederman D. Will Shift to Remote Teaching be Boon or Bane for Online Learning? [EB/OL]. (2020-03-18). https://www.insidehighered.com/digital-learning/article/2020/03/18/most-teaching-going-remote-will-help-or-hurt-onlinE-learning.

[②] 黄荣怀. 借势在线教育浪潮 深化教育教学变革[EB/OL]. (2021-11-08). https://mp.weixin.qq.com/s/FkviQG5euYgWOdcZcsDnSg.

[③] 万昆,郑旭东,任友群. 规模化在线学习准备好了吗?:后疫情时期的在线学习与智能技术应用思考[J]. 远程教育杂志,2020,38(3):105-112.

[④] 祝智庭. "后慕课"时期的在线学习新样式[N]. 中国教育报. 2014-05-21(011).

[⑤] 胡小平,谢作栩. 疫情下高校在线教学的优势与挑战探析[J]. 中国高教研究,2020(4):18-22,58.

部分或全部通过线上提供,互动交流也全在线上实现。① 可以看出,纯在线学习依赖于信息技术作为整个课程学习的主要介质②,而混合式学习将纯在线学习和课堂学习相结合,学生能够获得更有效地与同伴和教师沟通交流的机会。③ 由于纯在线学习具有孤立性、距离感等局限性,林(Jeanne Yuet Ching Lam)等人指出混合式学习被认为是 21 世纪在线学习的最佳解决方案。④ 因此,本书聚焦的在线学习包括了纯在线学习和混合式学习两类范式。

综上,经历了远程学习、电子化学习、在线学习的三次大的发展阶段,在线学习呈现出组织机构、技术使用、功能等方面的变化。首先,远程学习、电子化学习阶段的组织机构主要有两类:一是电大(开放大学),二是网络学院,这两类组织机构一直独立于全日制普通高校之外。进入 21 世纪,远程学习开启了在线学习阶段,组织机构也开始延伸到全日制普通高校。其次,技术使用从广播、电视、电子技术、计算机技术、网络技术发展到大数据、人工智能等新兴的信息技术。这些新兴信息技术的使用不仅使学习环境、设备等方面更新换代,更必然引导出全新的学习结构、学习行为和学习文化,在线学习将实现"质"的突破。有学者指出,近 30 年里,远程教育发生了从 2.0 版的电化教育,到 3.0 版的计算机辅助教学,再到以大数据、人工智能应用为代表的 4.0 智慧教育。⑤ 由于近 20 年信息技术的高速发展,有学者又总结出在线学习经历了三次浪潮。这与近 20 年里在线学习环境、在线学习技术、在线学习设备等急剧变化有关,显示出在这个时间段里在线学习发展周期时间更短、变化更大的特征。最后,相比远程学习和电子化学习,在线学习是需求牵引着其发展,显示出更多的功能。在线学习实现了大规模、免费、开放、互动、全员参与学习。《教育未来简史》中对 2038 年教育的预测因新冠疫情的发生而提前,全世界的学习者将提前运用新兴信息技术开启新的学习方式,接受更多新的学习同伴。但需要明确的是,在线学习的发展过程并非替代过程。一是原有的在线学习的模式依然存在,但互联网、新兴信息技术的发展,原有的模式可能会相对弱化,在线学

---

① Rhona S, Greg B, George R, et al. The Undergraduate Experience of Blended E-learning: a Review of UK Literature and Practice[J]. The Higher Education Academy. 2006,4(2):1-103.

② Harasim L. Shift Happens: Online Education as a New Paradigm in Learning[J]. Internet & Higher Education,2000,3(1-2):41-61.

③ 韩锡斌,王玉萍,张铁道,等. 迎接数字大学:纵论远程、混合与在线学习:翻译、解读与研究[M].北京:清华大学出版社,2016:72.

④ Lam J Y C. Examining Student Experience of Blended Learning from the Perspective of the Community of Inquiry Framework[J]. Asian Association of Open Universities Journal,2015,10(2):81-99.

⑤ 邬大光.教育技术演进的回顾与思考:基于新冠肺炎疫情背景下高校在线教学的视角[J].中国高教研究,2020(4):1-6,11.

习正在衍生出更具时代特征的新模式和新功能;二是涉及在线学习的相关名词术语也存在混用的情况,尽管如此,相关名词术语还是开始仅倾向于"在线学习"。①

第二节 在线学习体验的相关研究

相对于传统课堂学习,在线学习有其特点和规律。② 但即使是在线学习的不同发展阶段,也都具有不同的特点。这是信息技术不断发展带来的结果,也是教学理念转变的表现。信息技术的不断发展,在线学习能够满足学习者更多的需求。这些需求不仅关乎如何获取所需的学习内容,而且关乎不同背景学生在整个学习过程中认知、情感和行为方面的体验,更体现出"以学习者为中心"的理念。因此,在线学习体验不断受到学者们的关注。有学者探讨了今天的学生在在线学习中想要什么,问题的重点已不是技术,而是学习体验。③ 2013 年,EDUCAUSE 分析研究中心指出要关注在线教育中学习者的学习体验。④ 爱丁堡大学调查了 MOOC 参与者的入学原因,学生表示对学习体验比对证书更感兴趣。因此,本节围绕在线学习体验的形式和内容研究进行综述。

一、在线学习体验的形式研究

国内外学者按不同形式对在线学习体验进行划分,并分别做了相关研究。按学习者在线学习体验的整体感知可分为正向体验和负向体验。如李珍对 16 位受访者深度访谈后得出翻转课堂的在线学习体验包括了正向体验和负向体验。其中,正向体验包括学习习惯的养成、团队协作的培养、学习积极性的提高、知识内化的促进;负向体验包括学生学习的主动性差和缺乏自信心。⑤ 按学习者在线学习体验的时间划分为课前、课中和课后体验;也分为即时体验和长期体验。如贾文军

---

① 丁兴富. 网络远程教育概念辨析及中英文术语互译研究[J]. 电化教育研究,2009(7):27-31,36.
② 刘振天. 一次成功的冲浪:应急性在线教学启思[J]. 中国高教研究,2020(4):7-11.
③ Tugce A, Jana H, et al. What Students Want: a Vision of a Future Online Learning Experience Grounded in Distance Education Theory[J]. American Journal of Distance Education,2020,34(1):36-52.
④ 美国 EDUCAUSE 分析研究中心. 关注在线教育的学习体验[J]. 中国教育网络,2014(6):33-36.
⑤ 李珍. 翻转课堂学习体验质性研究[J]. 教育评论,2017(12):145-148.

等人利用爬虫软件,搜索微博平台上大学生对网课的评论,用数据分析软件对评论内容进行分词、词频统计和聚类分析处理后从课前、课中、课后三个维度展示出学生们的在线学习体验。① 单迎杰收集了中国大学 MOOC 平台课程中 7 位学习者两周共 43 份在线学习体验自我报告数据,用定性和定量方法分析了个体即时体验和长期体验两方面。②

二、在线学习体验的内容研究

通过梳理国内文献可知,在线学习体验的内容研究较为丰富,具体包括课程体验研究,例如张伟等学者围绕着 MOOC 课程的理念、课程开发、课程内容与形式、课程的评价体系及组织与管理的在线学习体验展开研究③;也包括了学习平台体验研究,如在线学习平台的可获得性、有用性、可信度、可寻性和交互性体验④⑤,交互性、资源性和可控性体验⑥,感知信誉、感知开放性、感知有用性和感知满意度⑦以及新技术功能体验,还包括了在线学习情感体验研究等⑧。这些研究聚焦学习者对在线学习这一新的学习方式各方面的主观感知,挖掘他们对在线学习的主观评价。这些 21 世纪的学习者是在交互式技术中长大的,他们对传统课堂学习那种知识灌输方式感到不满意,由此,他们对在线学习的课程质量和技术创新有较高的期望。但如何提高学习者的获得感,促进他们在线学习的持续性和对在线课程平台的忠诚度成为高校、在线教育平台商等相关机构面临的新挑战。

只有学习者获得他们所期望的、引人入胜的在线学习体验,才能使他们在线学习时主动参与而不是被动地接受知识的传授。因此,学者们引入信息系统连续性期望—确认理论模型等相关理论,通过调查掌握学习者的在线学习的数据。通过分析在线学习平台数据或问卷调查数据,以期提出优化学习者的在线学习体验的

---

① 贾文军,郭玉婷,赵泽宁.大学生在线学习体验的聚类分析研究[J].中国高教研究,2020(4):23-27.
② 单迎杰,傅钢善,张颖.慕课学习中信息技术工具使用的学习体验分析[J].中国远程教育,2019,40(12):79-87.
③ 张伟,王海荣.MOOC 课程学习体验及本土化启示[J].现代远距离教育,2014(4):3-9.
④ 樊华丽.MOOC 学习体验的案例研究[D].乌鲁木齐:新疆师范大学,2016.
⑤ 邓永霞.基于大规模在线开放课程的学习体验研究[D].桂林:广西师范大学,2015.
⑥ 张敏,尹帅君,聂瑞,等.基于体验感知的中外慕课学习平台持续使用态度对比分析:以 Coursera 和中国大学 MOOC 为例[J].电化教育研究,2016,37(5):44-49.
⑦ Alraimi K M, Zo H, Ciganek A P. Understanding the MOOCs Continuance: the Role of Openness and Reputation[J]. Computers & Education,2015,80(1):28-38.
⑧ 刘书青,贾朋如,孟昭鹏.MOOC 等学习平台用户体验研究的新进展[J].现代教育技术,2015,25(12):59-65.

策略。例如,吴筱萌等人[①]对参与 Coursera 在线学习的学生开展了问卷调查,以获得其在线课程体验数据。衷克定、吴迪对多门在线课程论坛和技术论坛中的信息进行文本分析,总结出优化学习者用户体验的路径。[②] 何春等人围绕大学生参与 MOOC 的学习行为和参与感受等学习体验展开了调查。结果显示,在线学习内容"易懂"和"有趣"是他们参与在线学习的主要原因,而"时间"的局限性导致了在线学习的中断。[③]

从学者们的研究中可以看出,对在线学习体验研究的关注点不仅在技术功能、课程学习,还将关注点扩展到情感、审美及文化背景等方面。如刘书青等研究了 MOOC 用户体验的新进展,指出当前的用户体验研究已经从"以系统为中心"的界面设计、结构布局转向"以用户为中心"的可用性等维度,但对情感维度、审美维度的用户体验研究还比较少。因此对未来 MOOC 用户体验的指标体系的构建提出增加审美和情感维度。由于特定的文化背景也会影响学生的心理倾向和行为方式[④],还有学者指出基于不同文化的学生的在线学习体验存在显著性差异。因此,在线学习设计时要将文化视为重要元素,以适应文化差异的在线学习环境,增强不同文化背景学生的在线学习体验。[⑤]

如何界定在线学习体验的分析维度一直是国内学者们探讨的问题。目前使用较多的理论来源于管理学领域的顾客体验理论。例如,宿晓华引入用户体验的概念,使用用户体验设计要素模型(包括课程建设的目标、课程的功能、课程内容与呈现方式、课程界面与导航设计、感官体验)来设计以学习者为中心的网络课程。[⑥] 胡新华、周月提出可以依据顾客体验理论,从思考体验、情感体验、感官体验、知识体验和关联体验等五个方面来优化学生的课堂学习体验。[⑦] 郭舒婷建议构建一个专门用来研究学生在线学习的框架结构以指导实证调查,包括支持学习行为的学

---

① 吴筱萌,雍文静,代良,等. 基于 Coursera 课程模式的在线课程学生体验研究[J]. 中国电化教育,2014(6):11-17.

② 衷克定,吴迪. 网络课程用户体验优化设计的实践探索[J]. 电化教育研究,2011(3):63-68,76.

③ 何春,王志军,吕啸. 我国大学生 MOOCs 学习体验调查研究[J]. 中国远程教育,2014(11):42-49,96.

④ 阎光才. 大学本科的教与学:理论与经验、理念与证据[J]. 华东师范大学学报(教育科学版),2019,37(6):1-15.

⑤ Reedy A K. Rethinking Online Learning Design to Enhance the Experiences of Indigenous Higher Education Students[J]. Australasian Journal of Educational Technology,2019,35(6):132-149.

⑥ 宿晓华. 基于用户体验的网络课程设计研究[J]. 智库时代,2019(5):278-280.

⑦ 胡新华,周月. MOOC 冲击下高校教师的因应策略:学习体验视角[J]. 现代教育技术,2014,24(12):19-25.

习环境、在线教育的施教者、执行学习行为的受教者及需要被评估的学习收获四大元素,并能够在实证研究的基础上发展成为理论指导。①

学者们还通过数据收集,采用因子分析或结构方程模型来确定在线学习体验的分析维度。例如,李艳、张慕华分析所收集的 231 条在线学习日志,从学习者、教师、课程、技术、环境五个维度进行在线学习体验分析。结果显示,学生情感体验丰富;认知和元认知能力提升(元认知是指通过计划、监督、反思、调节认知活动来控制认知);在互动方面,学生倾向于面对面交流;思想观念发生转变,采用的多元评价方式让学生体验到在线学习过程比成绩更加重要;学生认为老师的指导和鼓励非常重要。② 罗恒、杨婷婷对案例情境性、媒体交互性、开放探索性、自主学习特性、学习感知效果五个核心概念的关系进行了探索和检验。③ 刘斌运用解释结构模型法,构建了在线课程学习体验影响因素的结构模型,具体包括了五个维度,并呈现出 14 个主要因素之间的层级关系。④ 贺媛婧等从学习过程中的课程检索、学习路径的设置、课程资源的设计、社会化交互方式、学习成效的评价模式五个方面来开展 MOOC 学习者的在线学习体验研究。⑤ 由此可知,国内学者们对在线学习体验的分析维度持有不同的观点。

从国外学者的研究中发现,他们对在线学习体验的分析维度多聚焦于教学设计及组织过程中学生对教师角色的发挥、教师的反馈与指导的感知,生—生、生—师等互动以及学习者的心理特征等方面。本书继续围绕这几个方面进行综述。

(一) 教学设计与组织

一门在线课程,如果其设计与组织方面更加科学、更加符合学生个性化和多样化需求,那么学习者将在在线学习过程中获得较好的体验经历。例如佩希特(M-anuela Paechter)⑥指出,当教师能轻松将信息技术融入教学中时,他就能够轻

---

① 郭淑婷. 远程教育中的理论困境与提供有效的学习支持:基于英国某大学远程教育项目的案例分析[J]. 中国远程教育,2014(4):19-24.
② 李艳,张慕华. 高校学生慕课和翻转课堂体验实证研究:基于 231 条在线学习日志分析[J]. 现代远程教育研究,2015(5):73-84,93.
③ 罗恒,杨婷婷. 自主在线案例学习体验的构念模型研究:基于结构方程模型的探索[J]. 现代远距离教育,2018(2):83-91.
④ 刘斌,张文兰. 在线课程学习体验的影响因素及其结构研究[J]. 现代教育技术,2017,27(9):107-113.
⑤ 贺媛婧,袁亚兴. 基于用户学习体验的 MOOC 学习模式对比研究:以 Coursera 和 Edx 为例[J]. 中国信息技术教育,2015(9):122-124.
⑥ Paechter M, Maier B, Macher D. Students' Expectations of, and Experiences in E-learning: Their Relation to Learning Achievements and Course Satisfaction[J]. Computers & Education,2010,54(1):222-229.

松改革教学实践并使在线课程有效。这种符合学生认知的在线课程设计和教学实践能创造更好的学习环境。当学生对在线学习感到满意时,他们也会持续开展在线学习。[1] 2019年,英国信息联盟委员会(Joint Information Systems Committee)发布了一份报告。该报告提出,在信息化时代,未来教育评价应当遵循的五个基本原则:真实的(Authentic)、易接近的(Accessible)、适当自动化(Appropriately automated)、连续的(Continuous)和安全的(Secure)。其目标是以增强教师的数字技能和信心为基础,提供一种更有效评估的整体方法,进而进一步推动在线学习,支持学生找出自己的长处和弱点,指导他们未来的工作实践。[2] 因此,在线课程设计者或教师需要分析和理解学生在在线学习环境下需要具备的能力及要求,设计出适合学生在线学习的课程,提供有效的评估方法,从而提高学生在线学习的满意度。

1. 教师角色的发挥

进入21世纪,由信息技术革命所带来的无边界知识共享与交流彻底打破了传统书本知识的阈限,"教"与"学"的矛盾凸显。这个矛盾表现在"教"的有限性和单一性与"学"的无限性和多样性之间。因此,为了应对信息技术带来的教育革命的冲击,在线学习应该鼓励教师角色的转变。[3] 当教师从面对面教学过渡到在线教学时,被视为从以教学为中心的"舞台上的圣人"模式向以学生为中心的"侧面向导"模式转变。[4] 教师的角色定位要建立在建构主义理论基础上。教师不再是知识的源头而应成为知识的促进者,为学生推荐更多优质的学习资源并指导、引领他们开展自主探索从而实现意义建构。

教师在学生在线学习过程中呈现出多种角色。不同于传统课堂环境,在在线学习环境中,教师提供给学生的学习资料种类多样,指导学生使用各种学习视频和学习导航,通过网络交流平台促进师生之间同步和异步互动的开展。康塞科(Simone C. O. Conceicao)对教师在线教学的实际经历进行了现象学研究,得出在

---

[1] Erenler H. A Structural Equation Model to Evaluate Students' Learning and Satisfaction[J]. Computer Applications in Engineering Education,2020,28(2):1-4.

[2] JISC. The Future of Assessment:Five Principles, Five Targets for 2025[EB/OL]. (2020-02-10). https://www.jisc.ac.uk/reports/the-future-of-assessment.

[3] Del Carmen M, Salcedo N. Virtual Learning Environment:Exploring the Role of Teacher as a Central Factor[J]. International Journal of Education and Practice,2017,5(12):217-224.

[4] Bigatel P M, Ragan L C, et al. The Identification of Competencies for Online Teaching Success[J]. Journal of Asynchronous Learning Networks,2012,16(1):59-78.

线教学的确需要教师角色上的转变的结论。① 休恩(Minh Q. Huynh)指出,教师要走出传统角色的桎梏,改变传统"教"的行为和习惯,以开放的思想去接纳新的角色。教师要成为学习的促进者,通过激发学生自主学习、引导学生提高负责任的能力。② 艾登(Cengiz Hakan Aydin)等人分别总结出教师在学生在线学习过程中呈现出的角色。归纳起来有八种,包括教学设计者、管理者、评价者、技术专家、资源制作者、过程促进者、内容专家、建议者及咨询者。③④ 安德森(Terry Anderson)总结出教师的角色包括正式角色(教学存在)和非正式角色(即时行为)两种不同角色。⑤ 教师的正式角色主要涉及课程设计,促进理解的行为以及学生认知行为的直接指导,以此产生积极且具有教育意义的学习成果。非正式行为是指减少社交和心理障碍的沟通行为,例如,为拉近学生与教师之间的距离,老师使用幽默语言和对作业进行补充和提示。两种角色在学生感知的学习满意度和学习效果中是重要的预测因素。⑥

  教师多重角色的发挥对于学习者获取知识、技能和能力以及他们对课程的满意度都特别重要。例如,有研究表明,教师在影响学生满意度方面发挥了中心作用,即由教师推动的教学和社会临场感是推动学习质量提升的一个重要因素,强调了在线学习过程中教师的责任及角色。⑦⑧ 艾登对土耳其的在线学习开展了研究。他建议教师从传授专业知识转向促进学习的角色。教师不仅是内容专家,而且是

---

① Conceicao S C O. Faculty Lived Experiences in the Online Environment[J]. Adult Education Quarterly,2006,57(1):26-45.

② Huynh M Q. Viewing E-learning Productivity from the Perspective of Habermas' Cognitive Interests Theory[J]. Journal of Electronic Commerce in Organizations,2005,3(2):33-45.

③ Aydin C H. Turkish Mentors' Perception of Roles, Competencies and Resources for Online Teaching[J]. Turkish Online Journal of Distance Education,2005,6(3):1-22.

④ Downes S. The Role of the Educator. Huffington Post Education[EB/OL].(2010-05-12). http://www.huffingtonpost.com/stephen-downes/the-role-of-theeducator_b_790937.html.

⑤ Anderson T, Rourke L, et al. Assessing Teaching Presence in a Computer Conferencing Context[J]. Journal of Asynchronous Learning Networks,2001,5(2):1-17.

⑥ Arbaugh J B, Hwang A, Pollack B L. A Review of Research Methods in Online and Blended Business Education:2000—2009[J]. Academy of Management Annual Meeting Proceedings,2011,2010(1):1-6.

⑦ Ladyshewsky R K. Instructor Presence in Online Courses and Student Satisfaction[J]. International Journal for the Scholarship of Teaching and Learning,2013,7(1):1-23.

⑧ Khalid-M N M, Quick D. Teaching Presence Influencing Online Students' Course Satisfaction at an Institution of Higher Education[J]. International Education Studies,2016,9(3):62-70.

学生学习的指导者、顾问或调节者,他们要帮助学生构建对内容领域的理解。但该研究还表明,土耳其在线学习的障碍之一是人力资源短缺,该国没有足够的老师来设计在线学习环境。在另一项实证研究中,伊欧姆(Sean B. Eom)指出教师所代表的知识和角色将作为学生在线学习过程中的促进剂和认知刺激物。①

2. 教师的反馈及指导

在在线学习过程中,教师通过及时的反馈、倾听、关注等方式指导学生学习将积极影响学习者在线学习的效果。例如,赵(Yong Zhao)等人发现教师参与是一个较强的中介变量。当教师参与度较低时,在线学习的效果就不那么积极。在一定程度上,当教师参与度增加时,效果会得到增强;但当教师成为主导,同伴间的学习被最小化,效果将被削弱。② 研究表明,有效的教学实践应该与促进学生良好的学习动机相匹配。③ 因此,学生最需要的是愿意提供及时反馈、倾听、关注并指导他们的教师。教师根据学生的需求帮助每一位学生,提供相应的支持和引导,为学生提供过程性和总结性的评价,保证学生保持动力去学习、去进步,并帮助他们将所学到的知识运用到实践中。杰克逊(Lana C. Jackson)等人发现,教师反馈学生的及时性、可及性,明确表达课程的期望和教师的热情在学生满意度方面发挥了重要作用。④ 在线学习环境下,如果学生能够得到老师的及时反馈,指导他们前进的正确方向,那么他们的学习将可以继续,否则将会被中断。

学习者在线学习过程中,好的教学方法能够支持以学生为中心的学习过程,从而更好地让学生投入到学习过程中。首先,学生希望老师们充满激情,富有同情心和体贴,确保自己被重视和包容;其次,教师能够鼓励学生参与课堂和培养责任感,及时向学生提供持续的评估和反馈;最后,教师还要能够回应来自不同背景、不同需求的学生,并促进形成合作的学习共同体,体现出较强的凝聚力。比如,有学者的研究表明:那些帮助学生了解自己、发现学习的动力,以及教学生如何去学习和

---

① Eom S B, Ashill N. The Determinants of Students' Perceived Learning Outcomes and Satisfaction in University Online Education: an Update[J]. Decision Sciences Journal of Innovative Education, 2016, 14(2): 185-215.

② Zhao Y, Lei J, Yan B, et al. What Makes the Difference? a Practical Analysis of Research on the Effectiveness of Distance Education[J]. Teachers College Record, 2005, 107(8): 1836-1884.

③ McLeod, S. Kolb's Learning Styles and Experiential Learning Cycle[EB/OL]. (2020-03-21). https://www.simplypsychology.org/learning-kolb.html.

④ Jackson L C, Jones S J, Rodriguez R C. Faculty Actions that Result in Student Satisfaction in Online Courses[J]. Journal of Asynchronous Learning Network, 2010, 14(4): 78-96.

热爱学习的老师最容易被学生记住。①

（二）互动研究

在在线学习过程中,通过互联网及各类社交软件,学习者的互动方式更加多样化。学者们围绕这一主题开展了广泛研究。总结学者们有关互动的相关研究,主要包括了"生—生、生—师、学生—内容互动"以及"在线学习社区"。

1. 生—生、生—师、学生—内容互动

20世纪80年代末,摩尔（Michael Grahame Moore）提出了著名的互动理论,包括生—生、生—师、学生—内容三个类型的互动。② 这个互动理论同样适用于在线学习中互动的研究。③ 在线学习中互动不仅与学生的学习成果有关,还与学生积极主动的学习态度有关,是分析学生在线学习体验的一个重要方面。皮恰亚诺（Anthony G Picciano）发现,学生从在线课程中学到的知识与他们实际进行的讨论有关。④ 积极主动学习是与交流和互动密切相关的。当学生积极地与同学和老师进行知识交流时,他们会说出在课程中所学的内容,并表达出他们目前的理解,从而促进意义构建。学生在与教师和同伴的批判性和创造性的对话中,谁积极参与了学习活动,谁就会实现有深度和有意义的学习。⑤ 韦列齐亚诺（George Veletsianos）等人通过社交网络中学习者互动过程、笔记、知识内化的情景来分析学生的在线学习体验。⑥

然而,不同的互动方式所产生的效果不一样。根据加里森（D. Randy Garri-

---

① OECD. Teachers and School Leaders as Lifelong Learners[EB/OL]. (2019-06-19). http://www.oecd.org/education/talis-2018-results-volume-i-1d0bc92a-en.htm.

② Moore M G. Three Types of Interaction[J]. The American Journal of Distance Education,1989,3(2):1-6.

③ Moore M G. The Theory of Transactional Distance[M]. The Handbook of Distance Education,2012.

④ Picciano A. Developing an Asynchronous Course Model at a Large Urban University[J]. Journal of Asynchronous Learning Networks,1998,12(1):1-14.

⑤ Garrison D R, Norman D V. Blended Learning in Higher Education: Framework, Principles, and Guidelines[J]. Journal of Physical Therapy Education, 2008, 25(1):135-137.

⑥ Veletsianos G, Collier A, Schneider E. Digging Deeper into Learners' Experiences in MOOCs: Participation in Social Networks Outside of MOOCs, Notetaking and Contexts Surrounding Content Consumption[J]. British Journal of Educational Technology,2015,46(3):570-587.

son)等人的观点,开放式交流能够感知到有效的在线学习。① 赖(Chia-Hung Lai)等人的研究表明,在线学习活动期间,教师加入一些有趣的图像可以增强学生在师生互动中的情感状态,从而让学习者注意力更加集中,也会更加放松地参与到学习活动中。② 由此可看出,开放交流的、多维的、多样的互动方式能够给学生带来更有效的在线学习。

改进互动的质量将使学习者收获更多的满足感。因为虚拟学习环境下会给学习者带来强烈的孤独感,只有改进互动的质量,才能让他们融入学习中。在改进在线学习的交互质量过程中,教师起到了调解和引导的作用,其通过创设问题和组织探索性任务来提升交互的质量。③ 罗(Nuan Luo)等人基于社会交换理论,指出学生的孤立感是在线学习的主要问题之一。为了缓解孤立感和增强学习社区意识,教学设计师应采用交流媒介来帮助学生和教师之间开展互动。④ 马克斯(R-onald B. Marks)研究了学生持续选择在线学习的主要原因,主要集中在生—生、生—师、学生—内容的互动,在线学习优势和个人特征上。研究发现,教师与学生的互动和教师的角色最为重要。教师需要创造良好的、积极的学习环境,努力与学生建立联系,鼓励并指导学生专注学习,从而使学生获得满足感。当学生获得满足感之后,他们认为在线学习才是成功的。⑤ 有学者的研究表明学生通过对所学内容和学习方式的反思来实现虚拟焦点小组。这种在线同伴学习活动与当前技术相结合有望改善学生的学习体验。⑥《密涅瓦项目》指出密涅瓦大学的课堂中没有传统的教条式授课,都是通过最先进的技术平台实现学生和老师的互动式交流。老师充分评估每个学生的互动反应,跟踪学生的学习进程,及时反馈,如此将提升学生的在线

---

① Garrison D R, Anderson T, Archer W. Critical Thinking, Cognitive Presence, and Computer Conferencing in Distance Education[J]. American Journal of Distance Education,2001,15(1):7-23.
② Lai C H, Liu M C, Liu C J, et al. Using Positive Visual Stimuli to Lighten the Online Learning Experience Through in Class Questioning[J]. International Review of Research in Open and Distributed Learning,2016,17(1):23-41.
③ 张晓蕾,黄振中,李曼丽.在线学习者"交互学习"体验及其对学习效果影响的实证研究[J].清华大学教育研究,2017,38(2):117-124.
④ Luo N, Zhang M, Qi D. Effects of Different Interactions on Students' Sense of Community in E-learning Environment[J]. Computers & Education,2017,115:153-160.
⑤ Marks R B, Sibley J B. A Structural Equation Model of Predictors for Effective Online Learning[J]. Journal of Management Education,2005,29(4):531-563.
⑥ Sakulwichitsintu S, Colbeck D, et al. Online Peer Learning: What Influences the Students Learning Experience[C]. IEEE International Conference on Advanced Learning Technologies,2015:7.

学习体验。① 因此,需要鼓励学生充分利用课程平台中的互动协作工具,加大学习者之间的互动和协作。

学生作为独立的学习个体,由于教育基础、文化背景、学习需求、学习习惯不同,在线学习过程中的互动及表现方式也存在差异。阿亚洪(Carol Y. Ashong)研究发现了不同种族的人对在线学习的看法有所不同。新加坡学生比澳大利亚学生更喜欢面对面的互动而不是在线互动,并且更倾向于面对面开会以进行课程合作;而澳大利亚学生更喜欢在线进行同伴和教师指导。另外,新加坡学生喜欢选择打印课本材料以纸质形式阅读,而澳大利亚学生主要选择在线参考材料。② 张(Yi Leaf Zhang)探讨了儒家文化对中国学生在线学习中进行在线讨论的影响。研究表明,在线互动有利于中国学生参与课堂讨论,但它可能会增加他们参与课堂学习的焦虑程度。中国学生认为学习是一种"以教师为中心"的学习方式。他们认为教师是权威,教师是主要知识来源并且具有很大的权力,在学习中遇到困难时是被迫与老师互动的。中国学生更倾向于寻求同伴的帮助,尤其是那些具有相似文化和语言背景的同龄人。③ 在线学习者需要成为团队合作者、与来自不同文化和背景的人合作、与不同性格的人互动,并具备在严格的期限内完成学习任务的能力。④ 因此,教师要能识别学生之间的差异,针对不同文化背景、不同个体特征的学生,再基于教学内容,采取不一样的共情和互动的方式,而不是做一位"自以为是"的教师,"呵斥"学生以使其一定要跟教师对话。

2. 在线学习社区

在在线学习环境下,学生和老师在物理空间上都是分开的,要想实现课堂学习时的集体氛围,就需要在虚拟环境中创设一个共同的在线学习社区。但在线学习社区并不是从一开始就被认可的,而是随着互联网技术的不断发展,从单向到双向的互动状态向网状互动状态升级过程中所被认可的。因此,在线学习社区不同于传统的班级概念,它是一个开放性、网状系统。教师、学生、学习内容通过互联网连接在一起,形成一个共同体,学习者因共同的学习目标集聚在一起,他们具有相互

---

① Minerva Project. Higher Education Solutions[EB/OL]. (2020-03-01). https://www.minervaproject.com/solutions/educational-solutions/.
② Ashong C Y, Commander N E. Ethnicity, Gender, and Perceptions of Online Learning in Higher Education[J]. Journal of Online Learning and Teaching,2012,8(2):98-110.
③ Zhang Y. Power Distance in Online Learning:Experience of Chinese Learners in U.S[J]. Higher Education International Review of Research in Open and Distance Learning,2013,14(4):238-254.
④ Lindsey N S, Rice M L. Interpersonal Skills and Education in the Traditional and Online Classroom Environments[J]. Journal of Interactive Online Learning,2015,13(3):126-136.

依赖性,相互补充性,并在学习的过程中实现共同成长。格雷厄姆(Mary Graham)调查结果表明,64%的学生声称接触一群学生很重要。[①] 有学者讨论了国际合作在线学习(Collaborative International Online Learning,COIL)的功能。它不仅可以增强人们对不同观点、多样性文化及人类和世界面临的挑战的理解,还能提升对具有全球能力公民的认识,从而促进全球性在线学习体验。[②] 因此,在线学习社区不仅为学习者提供了一个共同学习的场域,还能在其中培养学习者的关键能力。OECD于2005年、2019年提出的学生关键能力都涉及互动。2005年的提出三大关键能力包括使用交互工具(例如语言、技术)、在不同小组中互动和能够自主行动。[③] 2019年所提出的学生关键能力,除了延续2005年的三大关键能力之外,将学生主体性置于核心概念的地位,强调学习是一个共同体的活动。[④]

在线学习社区比互动的内涵更丰富,对学习者的学习影响更大。马志强的研究表明,成功的在线学习的关键因素在于在线学习社区的建立。[⑤] 伯德(Jeremy Carl Byrd)指出,互动是在线学习过程中的重要方面。互动产生的"社区意识"可以对在线学生的成功产生重大影响。[⑥] 因为它不仅包括交流和情感表达,还包括了归属感和凝聚力。[⑦] 也就是说即使学生参与了互动,但不一定会有集体归属感和凝聚力。学习需要与同伴、教师、父母和社区共同合作,在形成良性循环的互动过

[①] Graham M, Scarborough H. Enhancing the Learning Environment for Distance Education Students[J]. Distance Education,2001,22(2):232-244.
[②] Iuspa F. Infusing an International Online Learning Experience into the Curriculum: a United States and Mexico Collaboration[J]. Teaching & Learning Journal,2019,12(2):1-15.
[③] OECD. The Definition and Selection of Key Competencies[EB/OL]. (2020-10-11). http://www.oecd.org/pisa/35070367.pdf.
[④] OECD. The Future of Education and Skills Education 2030[EB/OL]. (2020-10-15). http://www.oecd.org/education/oecd-education-2030-flyer-2019.pdf.
[⑤] 马志强,刘亚琴,孔丽丽. 网络探究学习社区理论与实证研究发展脉络[J]. 现代远程教育研究,2018,153(3):41-50.
[⑥] Byrd J C. Understanding the Online Doctoral Learning Experience: Factors That Contribute to Students' Sense of Community[J]. Journal of Educators Online,2016,13(2):102-135.
[⑦] Richardson J C, et al. Using the Community of Inquiry Framework to Inform Effective Instructional Design[J]. The Next Generation of Distance Education. 2012,11(3):97-125.

程中,增进学生技能、态度、能力和价值观上的获得。[1][2][3] 通过深入了解了成年学生对在线学习的看法后发现,大多数学习者对他们的在线学习感到满意。但是缺乏社交联系可能会降低学习者对在线学习的满意度,影响他们寻求同伴帮助的意愿,并导致他们在学习社区中的人际关系薄弱。[4] 因此,在线学习不应只是个人的事情,它需要以和他人共同合作的方式以及通过与同伴及教师讨论及辩论的方式取得社会体验。

在在线同步学习环境中,从学生与学生、教师和内容的互动角度来探讨学生的学习体验,会使他们更好地感知学习社区。[5] 克兰曼(Sharon Kleinman)指出在线环境可以促进积极、参与式学习,并提供必要的互动支持来帮助学生了解学习目标,从而形成一个满意的学习社区。[6] 学生在线学习的动机、课程保留率、表现及满意度在于建立学习社区。相互协作、对话、共同建构意义的学习社区是学生学习的需要。科尔(Michele T. Cole)持续了三年时间的研究表明,与其他学生的互动有助于形成学习社区,从而帮助学生理解学习资料,并为学生提供额外的支持。[7] 而博士生对学生—学生互动的看法是学生主动创建同伴社区,不仅帮助他们减少孤立感,而且为他们的知识学习提供支持。[8]

虽然在线学习越来越强调学习者在在线学习社区中的协作学习,但有研究表明,他们仍然经历了令人沮丧的体验。察佩德费罗(Neus Capdeferro)等人研究了

---

[1] Lee J, Bonk C J. Social Network Analysis of Peer Relationships and Online Interactions in a Blended Class Using Blogs[J]. Internet & Higher Education,2016,28(1):35-44.

[2] 联合国教科文组织.反思教育:向"全球共同利益"的理念转变?[M].联合国教科文组织总部中文科,译.北京:教育科学出版社,2017.

[3] Lee K. Rethinking the Accessibility of Online Higher Education:a Historical Review[J]. The Internet and Higher Education,2017,33:15-23.

[4] Kuong H C. Enhancing Online Learning Experience:from Learners' Perspective[J]. Procedia-Social and Behavioral Sciences,2015,191:1002-1005.

[5] Teng D C, Chen N S, Kinshuk, et al. Exploring Students' Learning Experience in an International Online Research Seminar in the Synchronous Cyber Classroom[J]. Computers & Education,2012,58(3):918-930.

[6] Kleinman, Sharon. Strategies for Encouraging Active Learning, Interaction, and Academic Integrity in Online Courses[J]. Communication Teacher,2005,19(1):13-18.

[7] Cole M T, Shelley D J, Swartz L B. Online Instruction, E-learning, and Student Satisfaction:a Three Year Study[J]. International Review of Research in Open & Distance Learning,2014,15(6):111-131.

[8] Rezvankhah M M. Student-Student Interactions among Online Doctoral Learners a Qualitative Descriptive Study of Online Learning Experience[D]. Phoenix:Grand Canyon University,2020.

在线协作学习(CSCL)体验中在线学习者的消极情绪,确定了学习者沮丧感的产生原因。结果显示,学生参与在线协作学习时,普遍会感受到挫败感。因为学生认为队友之间的协作不对称、存在集体等级、沟通困难。这些都是挫败感产生的重要原因。学习者还发现在线学习社区组织管理方面的困难,包括:团队成员之间缺乏共同目标、个人贡献的承诺水平和质量不平衡、在线协作学习任务花费的时间过多,以及个人与成员之间的其他不平衡状态。①

(三) 学习者的心理特征

以学习者为中心的心理学原则第 11 条"认知和元认知因素"表明,学习是从信息、经验、批判性思维以及对学习过程本身的反思中积极建构知识的。这些与学生的积极主动学习有关。积极主动学习是指学生在学习过程中作为积极参与者来参与教育。② 有别于传统课堂学习,在线学习将赋予学生更多的责任,学生的角色从被动学习者转变为主动学习者。因此,在在线学习过程中,学生自我学习意识和自我导向反馈是非常关键的。③

学习者在线学习不仅能够使其获得知识技能、拓宽其专业视角,还能够丰富学习经历。只有学生知道如何积极地调整自己,才会获得良好的在线学习效果,并逐渐加深对自主性的认识。科恩(Noushin Kohan)等人指出在虚拟学习环境下,学习者应该能够独立分析、计划、实施和评估自己的学习活动。④ 而学生学习的自主性及持续性、更好的信息处理和表现、更深的学习参与度与更好的幸福感有关。由此,当前的在线学习需要从形式在线学习转向促进学生积极学习和主动参与上来。

有学者指出自我调节学习的核心是自我动机。⑤ 自我动机被定义为自我行为产生的能量,它使行为指向一个特定的目标。在在线学习环境下,有动力的学生比

---

① Capdeferro N, Romero M. Are Online Learners Frustrated with Collaborative Learning Experiences?[J]. International Review of Research in Open and Distance Learning, 2012,13(2):26-44.

② Petress K. What is Meant by "Active Learning"?[J]. Education,2008,128(4):556-569.

③ GarcÍA-Cabrero B, Hoover M L, Lajoie S P, et al. Design of a Learning-centered Online Environment: a Cognitive Apprenticeship Approach[J]. Educational Technology Research & Development,2018,66:1-23.

④ Kohan N, Arabshahi K S, Mojtahedzadeh R, et al. Self-Directed Learning Barriers in a Virtual Environment: a Qualitative Study[J]. Journal of Advances in Medical Education & Professionalism,2017,5(3):116-123.

⑤ Smith P A. Understanding Self-regulated Learning and Its Implications for Accounting Educators and Researchers[J]. Issues in Accounting Education,2001,16(4):663-700.

没有动力的学生更成功。① 在后传统高等教育的时代,研究者需要关注人们的学习方式以及个体在学习方式上的差异,激发个体学习者的动机来实现高等教育目标。② 然而,不同性别、种族和社会经济背景以及他们如何获得技术的差异会影响学生的在线学习动机。③ 曹(Mengwen Cao)通过文献研究,得出课程设计(教学法、技术支持、评估和教师)和学习者特征(动机、参与水平、自主学习和数字素养)会决定学习者的在线学习体验好坏。④ 我国学者陈梅芬也得出相同的结论。学习者的动机影响着在线课程用户体验的评价。⑤ 李耐(Nai Li)还研究了新进在线学习者和持续学习者在自我调节学习之间的差异。结果表明,持续学习者往往已经开发了自我学习和调节的应对机制,已经能够在在线学习环境中"生存"。而新进学习者还得根据新的学习环境、学习需求来及时调整其学习方法以获得更好的学习体验。⑥ 学习者从传统依赖性学习向自我调节学习转变,将不断提高个人和职业发展能力。当学习者提高了塑造个人成长重要性的认识后,他们将有能力在当下的在线学习及未来持续性在线学习中取得成功。⑦ 因此,当在线学习从"技术""平台""课程""教学"本位向"学习者""学习"本位转变,在线学习过程就会更加重视学生学习主体性的发挥。那些拥有较高自我调节学习能力、学习动机、自我效能、努力程度的学生更容易取得满意的在线学习结果。

通过以上梳理可以看出,学者们更细致地探讨了学习者的在线学习体验。这些研究深化了对在线学习体验的理解,拓展了在线学习体验研究的内容,为在线学习体验的分析维度提供了参考。但以上研究大多是2020年之前的研究成果,在此

---

① LaRose R, Whitten P. Re-thinking in Structional Immediacy for Web Courses: a Social Cognitive Exploration[J]. Communication Education, 2000, 49(4): 320-338.

② Ebersole J. The Myths of Online Learning[EB/OL]. (2012-08-24). http://www.forbes.com/sites/johnebersole/2012/08/24/the-myths-of-onlinE-learning/.

③ Alten D V, Phielix C, Janssen J, et al. Effects of Flipping the Classroom on Learning Outcomes and Satisfaction: a Meta-Analysis[J]. Educational Research Review, 2019, 28: 1-18.

④ Cao M W. Understanding Learners' Experience in MOOCs: a Review of Literature[D]. Austin: the University of Texas a Austin, 2014.

⑤ 陈梅芬. 大规模在线课程用户体验与学习动机的关系研究[D]. 武汉: 华中师范大学, 2017.

⑥ Li N, Marsh V, Rienties B, et al. Online Learning Experiences of New Versus Continuing Learners: a Large-Scale Replication Study[J]. Assessment & Evaluation in Higher Education, 2017, 42(4): 657-672.

⑦ Manion J L. A Mixed Methods Investigation of Student Achievement and Satisfaction in Traditional Versus Online Learning Environments[D]. Urban: Lindenwood University, 2019.

期间,学者们主要是围绕 MOOC 学习展开的研究。2020 年上半年,全国各高校本科生经历了全新的在线学习,有学者称这段时期的在线学习为"居家远程教育""居家学习"[①]"全民在线学习"等,由此表现出不同类型高校、不同年级、性别、学科背景的学生的在线学习体验上存在显著性差异。[②] 这种全新的在线学习经历不仅带来在线学习环境的变化、在线学习模式的变化,学生们的情绪还受到了影响。李文昊、祝智庭提出用"身—心—智"情感体验来开启积极的心理、触发道德判断、应对在线教育挑战,并作为缓解特殊时期隔离、跨媒体使用不适等导致的焦虑的手段。[③] 王立竹认为后疫情时代,影响在线教学最关键的因素不在于教师,而在于学生。在线教学应以学生为中心,关注学生体验到了什么、学到了什么、分享了什么、创造了什么,最终实现同步和异步教学以及资源开放共享。[④]

第三节 在线学习结果的相关研究

2005 年,由英格兰高等教育拨款委员会(Higher Education Funding Council for England,HEFCE)负责,英国 Ipsos MORI 调查公司具体负责实施,英国开展了全国学生调查活动(National Student Survey,NSS)。具体从课程教学、考试与反馈、学习支持、课程组织和管理、学习资源、个人发展和总体满意度七个方面开展,并将学生学习结果作为新的教学质量保障体系的重要组成部分。[⑤] 但用哪些因素来衡量在线学习结果,目前并没有达成共识。[⑥] 贝肯(Donald R. Bacon)认为可以从实际课程成绩、课程完成记录、辍学率等实际客观数据和学习情况自我主观报告来衡量学生的学习结果。[⑦] 本书就在线课程成绩、课程保留率、在线学习效果及在

[①] 祝智庭,郭绍青,吴砥,等."停课不停学"政策解读、关键问题与应对举措[J]. 中国电化教育,2020(4):1-7.

[②] 陈武元,贾文军. 大学生在线学习体验的影响因素探究[J]. 华东师范大学学报(教育科学版),2020,38(7):42-53.

[③] 李文昊,祝智庭. 改善情感体验:缓解大规模疫情时期在线学习情绪问题的良方[J]. 中国电化教育. 2020(5):22-26,79.

[④] 王竹立. 后疫情时代,教育应如何转型?[J]. 电化教育研究,2020,41(4):13-20.

[⑤] 喻恺,吴雪. 学生体验:英国高等教育质量保障体系的新内容[J]. 中国高教研究,2009(5):47-49.

[⑥] Seaman, Jeff. Grade Increase: Tracking Distance Education in the United States[R]. Babson Survey Research Group,2018:1-45.

[⑦] Bacon D R. Reporting Actual and Perceived Student Learning in Education Research [J]. Journal of Marketing Education,2016,38(1):3-6.

线学习满意度相关研究进行综述。

一、在线课程成绩、课程保留率等相关研究

有研究关注了采用不同学习方式的学生的课程成绩、课程保留率的差异性表现。例如,琼斯(Carmen Rose Jones)考察了社区学院学生在线学习课程和面对面课程完成率的差异情况,并使用相关分析和回归分析探究了教学临场感、社会临场感、认知临场感与学生预期的最终课程成绩之间的关系。结果显示,社会临场感与学生预期的最终课程成绩在统计学上不显著相关,而认知临场感和教学临场感与学生的预期期末成绩均显著正相关。回归分析发现,认知临场感是 CoI 模型中唯一能预测学生最终课程成绩的因素。① 也有研究关注不同学生个体特征在课程完成情况上的差异表现。帕特森(Belinda Patterson)等人的研究发现,性别和不同种族的学生之间在课程完成情况上没有显著性差异。但结果表明黑人学生、年纪较大的学生辍学率高于白人学生和年纪较小的学生,Logistic 回归分析显示,年龄和课程形式对在线课程退学有显著影响。② 王(Chih-Hsuan Wang)等人采用结构方程模型考察了学生的特点、自我调节学习、技术自我效能感与课程成绩之间的关系。当学生学习在线课程的动机水平更高时,技术自我效能感和课程满意度水平也会提高,技术自我效能感和课程满意度水平较高的学生,最终成绩也较好。③

当参与在线学习人数持续增长与退出率高之间的矛盾凸显,学者开始关注课程保留率的影响研究。有的研究关注了互动与课程保留率关系。凯利尔(Hanan Khalil)等人认为,要想提高在线课程保留率,使得更多在线学习的学生适应不同的学习时间表、促进学生能够完成学习,就得增强"学生与学生"和"学生与教师"的互动质量,并提升学生在线学习技能。④ 克拉索(Kransow)等人强调了提高学生在线学习的动机、课程保留率、表现及满意度在于建立在线学习社区,使得学生能够在这个在线学习社区中情感表达、公开交流,并在互动过程中形成学习共同体的归属

---

① Jones C R. Examination of Online Community College Students: Community of Inquiry Theoretical Model[D]. Lebanon: McKendree University, 2017.
② Patterson B, McFadden C. Attrition in Online and Campus Degree Programs[J]. Online Journal of Distance Learning Administration, 2009, 12(2): 1-11.
③ Wang C H, Shannon D M, Ross M E. Students' Characteristics, Self-Regulated Learning, Technology Self-Efficacy, and Course Outcomes in Online Learning[J]. Distance Education, 2013, 34(3): 302-323.
④ Khalil H, Ebner M. MOOCs Completion Rates and Possible Methods to Improve Retention: a Literature Review[C]. In Proceedings of World Conference on Educational Multimedia, Hypermedia and Telecommunications, 2014: 1236-1244.

感和凝聚力。① 波斯顿（Wallace E. Boston）等人发现，任何类型的外部支持对在线课程的完成和保留都很重要，无论是家庭还是学校的支持。② 斯通（Cathy Stone）等人对首次参与在线学习的147位学生进行了深入的访谈，研究也表明家人、朋友、同学和学校的支持和鼓励对继续在线学习起到了重要作用。③ 米勒（Terry Müller）通过质性研究，调查了影响本科和研究生中女性学生在线课堂持久性的因素。结果表明，技术使用问题、对学校管理和在线课程重要性的不理解是影响在线课程完成情况的主要障碍因素。④

还有研究关注在线课程完成率与在线学习效果和在线学习满意度之间的关系。古纳瓦德纳（Charlotte N. Gunawardena）等人研究发现，学生在线学习满意度与课程完成率和在线学习效果呈正相关。⑤ 也即学生在线学习越满意，在线课程的完成率越高，在线学习的效果越好。亚伯罕斯纳（Hassan Abuhassna）等人以交易距离理论（TDT）和布鲁姆教育目标分类理论为基础，构建影响学生学习成绩和使用在线学习平台满意度的潜在因素。研究发现，学生的记忆、理解、分析、知识应用和满意度对学生的学业成绩有正向的影响。⑥

一般来说，在线课程平台产生的大数据，能够反映出学生于在线学习平台上做了"什么事情"。例如学习时间、上传的作业数、上传的帖子数、登录的次数、点击数、下载数、课程的成绩、课程的完成情况等。但对于一般研究者来说，这些客观数据的获得是非常困难的。因为这些客观数据需要从各高校教学管理系统或在线学习平台系统后台获得。由于在线学习具有主体性，学习者的在线学习结果的主观评价是不可观察和判断的。因此，研究者们常常围绕主观评价报告来分析在线学

---

① Kranzow, Jeannine. Faculty Leadership in Online Education: Structuring Courses to Impact Student Satisfaction and Persistence[J]. Journal of Online Learning & Teaching, 2013, 9(1):131-139.

② Boston W E, Ice P. Assessing Retention in Online Learning: an Administrative Perspective[J]. Online Journal of Distance Learning Administration, 2011, 14(2):1-12.

③ Stone C, Sarah O, et al. Opportunity Through Online Learning: Experiences of First-in-Family Students in Online Open-Entry Higher Education[J]. Australian Journal of Adult Learning, 2016, 56(2):146-169.

④ Müller T. Persistence of Women in Online Degree-completion Programs[J]. International Review of Research in Open & Distance Learning, 2008, 9(2):1-18.

⑤ Gunawardena C N et al. Predictors of Learner Satisfaction and Transfer of Learning in a Corporate Online Education Program[J]. The American Journal of Distance Education, 2010, 24(4):207-226.

⑥ Abuhassna H, Al-Rahmi W M, Yahya N, et al. Development of a New Model on Utilizing Online Learning Platforms to Improve Students' Academic Achievements and Satisfaction[J]. International Journal of Higher Education, 2020, 17(38):1-23.

习的结果。

二、在线学习效果研究

学界关于在线学习效果的研究有的集中在不同在线学习模式、不同个体特征的在线学习效果的差异性和相关性研究。例如,早在1986年,希尔茨(Starr Roxanne Hiltz)的研究就表明虚拟学习环境中,学习能力、动机和努力程度与学习成效呈正相关。拉贝亨普(Cara Rabe-Hemp)比较了在线学习和传统课堂学习在学生投入、自主学习能力、学习收获、满意度等方面的差异。研究表明,与传统课堂相比,在线学习需要学生花更多的时间去独立准备课程和参与师生之间更多的课堂讨论。又因在线学习过程中与教师的交流互动更多是采用写作方式,而写作比说出来需要更多的反思过程,所以在线学习还需要学生花更多的时间去自我监督和自我反思。因为学习过程本身就是一个不断创新的过程,只有在试错、反思、修正错误之后创新才会得到推动。[①] 有学者对MOOC和SPOC这两种在线学习模式的学习效果和满意度展开了实证研究,发现了MOOC学习支持系统及其学习模式的局限性,肯定了SPOC型学习支持系统的优势[②]。还有学者的研究表明,应急远程教学与常态在线学习的在线学习效果存在显著性差异。[③]

有的研究关注了在线学习效果的影响因素研究。[④] 例如,比泽尔(Philipp Bitzer)归纳了2000—2013年发表的文献中有31个因素影响在线学习效果,包括学习管理系统和电脑使用经验、自我效能感、学习风格、动机、元认知和学习投入等。[⑤] 有

---

① Rabe-Hemp C, Woollen S, Humiston G S. A Comparative Analysis of Student Engagement, Learning, and Satisfaction in Lecture Hall and Online Learning Settings[J]. Quarterly Review of Distance Education,2009,10(2):207-218.
② 马秀麟,毛荷,王翠霞. 从MOOC到SPOC:两种在线学习模式成效的实证研究[J]. 远程教育杂志,2016,34(4):43-51.
③ Hodges C B, Moore S, Lockee B B, et al. The Difference Between Emergency Remote Teaching and Online Learning[EB/OL]. (2020-03-27). https://er.educause.edu/articles/2020/3/the-difference-between-emergency-remote-teaching-and-online-learning.
④ Hiltz S R. The Virtual Classroom:Using Computer-Mediated Communication for University Teaching[J]. Journal of Communication,1986,36(2):95-104.
⑤ Bitzer P, Lehmann K, Leimeister J M. A Literature Review on the Indicators for the Measurement of Technology Mediated Learning Productivity[J]. Indicators for the Measurement of TML Producivity,2014(8):3511-3524.

研究表明,自我效能感水平越高,完成在线学习的动机越高,在线学习效果越好。①因为在学习过程中,学生的高动机会激励他们进行批判性思考,而批判性思维过程是认知方面的一个维度,因此,高动机将获得更好的认知方面的收获。还有学者指出,如果学生要想获得更好的学习效果,那么他们就需要不断改进学习策略和控制学习行为。② 这是因为能够自我调节学习的学生不会依靠老师,父母或其他教学助理,而是会主动发起学习和指导自己,通过持续性的努力以获得知识和技能。如果不考虑学生自我调节学习,仅仅将在线学习与外在支持条件结合起来,在线学习的效果就会大打折扣。一旦在在线学习过程中引发了消极情绪,这会给学习者带来更大的困难,威胁着学生自主性的发挥。相反,积极的学习过程能够通过塑造更深入、更有目的学习来增强学生的学习成效。③ 因此,在在线学习过程中学生如果能更善于反思,发挥出更多的自我调节学习的能力,那么他们的在线学习效果将得到提高。

我国学者李佳赟采取个案研究法,对 MOOC 学习体验中平台环境体验、学习活动体验与学习效果评价三部分进行数据分析。结果显示平台环境体验、学习活动体验对学习效果评价有影响。④ 山峰和刘佳琛运用问卷调查、访谈及日志分析对艺术类课程在线学习体验进行了分析,结果显示,高任务状态是影响艺术类学生参与在线学习的外部因素,视觉素养是影响艺术类课程在线学习效果差异的内部因素。⑤ 蔡红红以研究生作为研究对象,证实除了教师在线教学准备、学习者控制、学业倦怠情绪三个自变量与在线学习效果之间具有显著影响关系之外,还证实了学习者控制和学业倦怠情绪对教师在线教学准备与在线学习效果之间关系具有中介效应。⑥ 为了探究改善学生在线学习效果的解决方案,周雪涵等以美国 18 所社区学院 365 名学生为研究对象,通过开放式问卷调查,收集学生们认为在线学习过程中遇到的挑战以及他们认为有助于应对这些挑战的学习策略。研究结果表

---

① Alqurashi E. Self-Efficacy and the Interaction Model as Predictors of Student Satisfaction and Perceived Learning in Online Learning Environments[D]. Pittsburgh: Duquesne University,2017.

② Zimmerman B J, Bonner S, Kovach R. 自我调节学习[M]. 姚梅林,徐守森,译. 北京:中国轻工业出版社,2001:17.

③ Adar B E. Individual Differences and Learning Contexts: a Self-Regulated Learning Perspective[J]. Teachers College Record,2017,119(13):1-20.

④ 李佳赟. 基于技术接受模型的 MOOC 学习体验影响因素研究[D]. 上海:华东师范大学,2017.

⑤ 山峰,刘佳琛. 艺术类课程在线学习体验的影响因素分析[J]. 现代教育技术,2018,28(S1):34-39.

⑥ 蔡红红. 教师在线教学准备与学生学习效果的关系探究:学习者控制与学业情绪的中介作用[J]. 华东师范大学学报(教育科学版),2021,39(7):27-37.

明,学生认为制约他们在线学业发展的障碍因素包括:时间管理能力不足、难以集中注意力以及缺乏有效的互动和及时的反馈。① 从以上研究的结果可知,学习者自身主体责任的认知及其积极的在线学习动机是在线学习效果的重要影响因素。这些研究结果有效地揭示了在线学习效果不佳的本质原因。据此,为应对相关挑战,教学者可提出有效的教学策略,学习者可以提出有效学习策略。

还有研究单独关注互动与在线学习效果之间的关系。例如,贾格斯(Shanna Smith Jaggars)研究了在线课程设计中的互动性与学习效果之间的关系,结果显示课程内的人际互动质量与学生的成绩呈显著正相关,频繁又有效的学生—教师互动能够鼓励学生专注于课程学习,在学术水平上的表现更好。② 阿里(Sher Ali)研究发现,学生与教师之间以及学生之间的互动是学生在线学习满意度和在线学习效果的重要预测因素。③ 马切梅斯(Krisanna Machtmes)对在线课程的元分析发现,当有双向互动而不是单向互动时,在线学习的效果更佳。④ 还有研究表明在线互动的次数会影响学生的学习收获。那些每周与老师进行两次在线讨论的学生可能会比那些接受面对面授课的学生获得更多的内容。⑤ 因此,为了提升在线学习的深度学习效果,在线学习者要与学习媒介、同伴和教师进行多层次广泛交互。

但也有研究得出不同的结论。当互动占据较多的课堂教学时间,就会得出不一样的结论。有学者就指出太多的互动也会让老师不知所措,因为在线课堂中互动交流比在传统课程中要花费更多的时间和精力,而太多的互动势必会影响学生的在线学习效果。⑥ 伊欧姆等人对397名在线学习者问卷调查发现,课程结构和

---

① 周雪涵,李秋劼,徐笛,等. 如何在在线学习中取得成功:基于美国18所社区学院的学生开放式问卷调查[J]. 北京大学教育评论,2022,20(3):42-62,188.
② Jaggars S S, Xu D. How do Online Course Design Features Influence Student Performance? [J]. Computers & Education,2016,95:270-284.
③ Ali S. Assessing the Relationship of Student-Instructor and Student-Student Interaction to Student Learning and Satisfaction in Web-Based Online Learning Environment[J]. Journal of Interactive Online Learning,2009,8(2):102-120.
④ Machtmes K, Asher J W. A Meta-Analysis of the Effectiveness of Telecourses in Distance Education[J]. The American Journal of Distance Education,2000,14(1):27-46.
⑤ Poirier C R, Feldman R S. Teaching in Cyberspace:Online Versus Traditional Instruction Using a Waiting-List Experimental Design[J]. Teaching of Psychology,2004,31(1):59-62.
⑥ Hirumi A. A Framework for Analyzing, Designing, and Sequencing Planned E-learning Interactions[J]. Quarterly Review of Distance Education,2002,3(2):141-160.

互动对在线学习效果没有产生影响。[①] 阿博(J. B. Arbaugh)的一项研究也报告了生—生交互对在线学习效果没有显著影响,只有生—师交互与更好的在线学习效果显著相关。[②] 特雷斯帕拉基奥斯(Jesus Trespalacios)的研究也发现了类似的结果。他通过期末成绩来检验学生学习社区、感知学习及学术成就之间的关系。研究发现,虽然社区意识与互动密切相关,但社区意识与学术成就变量之间没有显著的关系。[③]

三、在线学习满意度研究

对满意度开展调查最初是在顾客消费方面。消费者对购买到的产品或消费体验与自身期望一致性的评价就称为顾客满意度。期望价值理论指出,人们的行为表现和情绪反应受预期期望和对事物的价值信念的影响。[④] 因此,当消费者对购买的产品或消费体验符合他们的期望时,就会感到满意,反之感到不满意。在在线学习领域,当越来越多学习者对这种学习方式抱有较高期望时,在线学习满意度就被引入到该领域相关研究中。

在线学习满意度的研究大致集中在在线学习满意度差异研究及在线学习满意度的影响因素研究等方面。在线学习满意度分为整体满意度和具体满意度。前者指学习者对整体在线学习的满意度,而后者指学习者对在线学习各方面具体经历的满意度,如在线学习平台满意度、在线课程满意度、在线学习环境满意度等。从研究文献来看,如果学习者发现在线学习系统质量不好,或对学习管理系统使用不熟练或收获不大,将会导致其保持持续性在线学习的意愿不强,甚至判定面对面学习的满意度会更高。例如,英格(Brahim Hadji Ing)等人调查了在线学习系统质量、感知有用性、期望、用户满意度和持续使用意愿的关系。研究发现系统质量是满意度和持续使用意愿的最重要因素,感知声誉、感知有用性和感知用户满意度同

---

① Eom S B, Josephwen H, Ashill N. The Determinants of Students' Perceived Learning Outcomes and Satisfaction in University Online Education: an Empirical Investigation [J]. Decision Sciences Journal of Innovative Education,2006,4(2):215—235.

② Arbaugh J B, Benbunan-Fich R. The Importance of Participant Interaction in Online Environments[J]. Decision Support Systems,2007,43(3):853-865.

③ Trespalacios J, Perkins R. Sense of Community, Perceived Learning, and Achievement Relationships in an Online Graduate Course[J]. Turkish Online Journal of Distance Education,2016,17(3):31—49.

④ Eccles J S, Wigfield A. Motivational Beliefs, Values, and Goals[J]. Annual Review of Psychology,2002,53(1):109-132.

样影响着持续使用意愿。① 扬(Elaine J. Young)研究表明,尽管学生都在使用手机和播放器,但他们在首次遇到诸如学习管理系统之类的软件应用程序时还是试探性地使用。数据显示,至少有25%或更多的学生不愿意接受新技术应用,因为他们难以熟悉掌握平台中的各种导航工具。② 由此认为探索学生在线学习的满意度水平非常有必要。

有研究分析了不同背景学习者、不同在线课程类型满意度的差异。凯利德(Nasir M. Khalid)的研究表明,性别和学历层次(本科生与研究生之间)在课程满意度上有显著性差异,而课程类型(核心课和选修课)在课程满意度上没有显著性差异。通过进行分层线性回归分析得出,年龄能够显著预测课程满意度。③ 萨默斯(Jessica J. Summers)等人的研究选取统计学课程,比较了面对面和在线学习这两种学习方式中学生表现的差异。结果显示在学生成绩上,两种学习方式没有显著性差异,但学生满意度存在显著性差异。具体差异体现在教师解释力、教师热情、教师对学生学习的关心、教师对学生的开放度、课堂讨论、提问的质量和课程评价技术这7个方面。④

为了有效提高在线学习的满意度,不少研究讨论了影响在线学习满意度的因素。例如学习者个体特征、投入度(主观投入度、情感投入度、认知投入度、行为投入度)、课程的感知有用性、感知平台的易用性、实际使用、计算机专业知识、灵活性和流动等。但不同因素对在线学习满意度的影响程度不同。胡靓菲的研究表明,课程体验对在线学习满意度的影响程度最大,而社交体验的影响程度较小。⑤ 库布里克(Sevda Kucuk)的研究表明,情感投入对在线学习满意度的影响最大,其次是行为投入,而认知投入显著负向影响在线学习满意度。⑥ 李宁通过结构方程模型确定了智慧教室学习者满意度模型,并对各影响因素进行路径分析和描述性统

---

① Ing B H, Degoulet P. Information System End-User Satisfaction and Continuance Intention: a Unified Modeling Approach[J]. Journal of Biomedical Informatics, 2016, 61:185-193.

② Young E J. Does One Size Fit All: an Investigation of a Student-centered Model for Teaching Technology[D]. Minneapolis: Capella University, 2008.

③ Khalid N M. Factors Affecting Course Satisfaction of Online Malaysian University Students[D]. Fort Collins: Colorado State University, 2014.

④ Summers J J, Waigandt A, Whittaker T A. A Comparison of Student Achievement and Satisfaction in an Online Versus a Traditional Face-to-Face Statistics Class[J]. Innovative Higher Education, 2005, 29(3):233-250.

⑤ 胡靓菲. MOOCs平台课程学习体验与满意度研究[D]. 北京:北京邮电大学, 2018.

⑥ Kucuk S, Richardson J C. A Structural Equation Model of Predictors of Online Learners' Engagement and Satisfaction[J]. Online Learning, 2019, 23(2):196-216.

计分析。① 还有研究指出学习者的在线学习满意度的关键影响因素包括：对计算机的焦虑情绪、教师对在线学习的态度、在线学习课程的灵活性、在线学习课程的质量、感知的有用性、感知的易用性以及评估的多样性。②③④ 万昆等运用问卷调查法开展大规模在线学习研究，调查结果显示其调查对象的在线学习满意度较低，且在线学习态度、教师支持、计算机自我效能感、自我导向学习、学习动机、学习控制力、在线交互效能感等正向影响学生的在线学习满意度。⑤ 福廷（Anne Fortin）等人的研究表明，学生对在线学习的总体满意度受期中成绩、年龄、每周学习时数等因素的正向影响。⑥ 阿帕里奇奥（Manuela Aparicio）等人也使用了结构方程模型验证了学生的坚毅品质（包括兴趣一致性和持续努力两个二级指标）显著正向影响学生满意度和学习表现。⑦

有的研究单独关注了互动与在线学习满意度的关系研究。阿斯奥达尔（Maryam Asoodar）的研究发现，学生与教师或同学互动是学生满意度最重要的预测因素。⑧ 郭（Yu-Chun Kuo）等人的研究发现，学生—教师互动和学生—内容互动是影响在线学习满意度的显著预测因素，且学生—内容互动的影响效果最大，而学生—学生之间的互动并不是影响学生满意度的一个显著预测因素。因此，设计良好、内容有意义和易于浏览的课程，可以提高学生在线学习的满意度和他们在线学

---

① 李宁. 智慧学习环境中学习者满意度研究[D]. 太原：山西师范大学，2019.
② Liaw S S, Huang H M. Perceived Satisfaction, Perceived Usefulness and Interactive Learning Environments as Predictors to Self-regulation in E-learning Environments[J]. Computers & Education, 2013, 60(1): 14-24.
③ Joo Y J, Joung S, Kim E K. Structural Relationships among E-learners' Sense of Presence, Usage, Flow, Satisfaction, and Persistence[J]. Educational Technology & Society, 2013, 16(2): 310-324.
④ Sun P C, Tsai R J, Finger G, et al. What Drives a Successful E-learning? an Empirical Investigation of the Critical Factors Influencing Learner Satisfaction[J]. Computers & Education, 2008, 50(4): 1183-1202.
⑤ 万昆，郑旭东，任友群. 规模化在线学习准备好了吗？后疫情时期的在线学习与智能技术应用思考[J]. 远程教育杂志, 2020, 38(3): 105-112.
⑥ Fortin A, Viger C, Deslandes M, et al. Accounting Students' Choice of Blended Learning Format and Its Impact on Performance and Satisfaction[J]. Accounting Education, 2019, 28(4): 1-31.
⑦ Aparicio M, Bacao F, Oliveira T. Grit in the Path to E-learning Success[J]. Computers in Human Behavior, 2017, 66: 388-399.
⑧ Asoodar M, Vaezi S, Izanloo B. Framework to Improve E-learner Satisfaction and Further Strengthen E-learning Implementation[J]. Computers in Human Behavior, 2016, 63(10): 704-716.

习的积极性。① 但也有研究得出不一样的结论。例如,有学者使用学生和教师在互动上花费的时间作为度量开展研究,得出并非每次互动都会提高学生的学习满意度。如果学生们认为在线互动是毫无意义的,是一项繁忙的工作,并难以辨别每次互动的内容和信息的相对重要性,他们可能会感到不满。②

还有的研究关注探究社区框架与学生在线学习满意度之间的关系。③ 张婧鑫等基于 CoI 理论,利用扎根研究方法,构建社会临场感影响因素模型。结果显示,生—生和生—师互动、学习动机、自我调节学习和课程进度安排的合理性最能影响学生学业成绩,从而提升感知学习和学习满意度。④ 诺达(Fachmi Pachlevi Yandra)等人探讨了印度尼西亚会计专业学生在线学习过程中,探究社区框架、在线学习自我效能感和满意度的关系。结果表明,探究社区框架是会计专业学生满意度的良好预测因子。⑤ 有的研究关注于社会临场感与满意度的关系。加里森和阿博的研究表明,学生满意度、感知学习和社会临场感之间存在正相关关系。⑥ 波斯顿(Wally Boston)等人开展的超过 28000 位参与者参与的大型研究得出,社会临场感对学生保留率和学生满意度有显著影响。⑦ 理查德森(Jennifer C. Richardson)等人发现社会临场感与学生满意度和感知学习之间存在显著正相关。⑧ 社会临场

---

① Kuo Y C, Walker A E, Belland B R, et al. A Predictive Study of Student Satisfaction in Online Education Programs[J]. International Review of Research in Open and Distance Learning,2013,14(1):107-127.

② Grandzol C J, Grandzol J R. Interaction in Online Courses: More is Not Always Better [J]. Online Journal of Distance Learning Administration,2010,13(2):1-14.

③ Giannous M, Kioumourtzoglou E. Cognitive, Social, and Teaching Presence as Predictors of Students' Satisfaction in Distance Learning[J]. Mediterranean Journal of Social Sciences,2016,7(2):439-447.

④ 张婧鑫,姜强,赵蔚. 在线学习社会临场感影响因素及学业预警研究:基于 CoI 理论视角[J]. 现代远距离教育,2019(4):38-47.

⑤ Yandra F P, Alsolami B, et al. The Role of Community of Inquiry and Self-Efficacy on Accounting Students' Satisfaction in Online Learning Environment[J]. Jurnal Siasat Bisnis,2021,25(1):1-16.

⑥ Garrison D R, Arbaugh J B. Researching the Community of Inquiry Framework: Review, Issues, and Future Directions[J]. The Internet and Higher Education,2007,10(3):157-172.

⑦ Boston W, Diaz S R, Gibson A M, et al. An Exploration of the Relationship Between Indicators of the Community of Inquiry Framework and Retention in Online Programs [J]. Journal of Asynchronous Learning Network,2010,13(3):67-83.

⑧ Richardson J C, Maeda Y, Lv J, et al. Social Presence in Relation to Students' Satisfaction and Learning in the Online Environment: a Meta-Analysis[J]. Computers in Human Behavior,2017,71:402-417.

感能够显著预测学生在线学习满意度。①② 然而,也有研究显示社会临场感并不能预测学习者的在线学习满意度。③ 有的研究关注于教学临场感与满意度的关系研究。加里森的研究表明,教学临场感是学生感知学习和满意度的一个重要预测因素。④ 科赞(Kadir Kozan)指出既然认知临场感是学习过程的中心,这意味着认知临场感在学生在线学习的成功和满意度方面也起着作用。当检验 CoI 框架中的教学临场感和社会临场感能增加学生的满意度时,认知临场感也能增加学生的满意度⑤。阿拉拉迈(Lamees A. Alaulamie)通过回归分析发现,教学临场感、社会临场感和认知临场感能够正向预测学生满意度。三者共同对学生满意度的解释率为 38%,其中认知临场感能更好地预测学生满意度。⑥ 还有研究指出自主性临场感与在线学习成就和满意度之间存在积极的关系。⑦ 现有研究较多关注教学临场感、社会临场感和认知临场感与在线学习满意度的关系。

第四节　现有研究的不足

总的来说,目前众多研究者已经开始关注学习者"在线学习体验"和"在线学习

---

① Bulu S T. Place Presence, Social Presence, Co-Presence, and Satisfaction in Virtual Worlds[J]. Computers & Education,2012,58(1):154-161.
② Harrison R, Gemmell I, Reed K. Student Satisfaction with a Web-based Dissertation Course: Findings from an International Distance Learning Master'S Programme in Public Health[J]. The International Review of Research in Open and Distance Learning, 2014,15(1):182-202.
③ Joo Y J, Lim K Y, Kim E K. Online University Students' Satisfaction and Persistence: Examining Perceived Level of Presence, Usefulness and Ease of Use as Predictors in a Structural Model[J]. Computers & Education,2011,57(2):1654-1664.
④ Garrison D R, Akyol Z. Toward the Development of a Metacognition Construct for Communities of Inquiry[J]. The Internet and Higher Education,2015(24):66-71.
⑤ Kozan K, Richardson J C. Interrelationships Between and among Social, Teaching, and Cognitive Presence[J]. Internet and Higher Education,2014,21:68-73.
⑥ Alaulamie L A. Teaching Presence, Social Presence, and Cognitive Presence as Predictors of Students' Satisfaction in an Online Program at a Saudi University[D]. Columbus: Ohio University,2014.
⑦ Kang M, Liew B T, Kim J, et al. Learning Presence as a Predictor of Achievement and Satisfaction in Online Learning Environments[J]. International Journal on E-learning, 2014,13(2):193-208.

结果"，相关研究比较丰富。但通过国内外文献综述发现，以往的研究局限在对单一在线学习模式研究、研究对象缺乏大样本调查、多基于局外者的视角来研究。这些不足为本书所涉研究视角提供了方向。本书将对我国本科生的在线学习做系统性研究，并较多关注学习者的自主性、学习者在线学习的差异性。

一、以往的研究局限在对单一在线学习模式研究

从国内外有关在线学习研究的文献来看，研究内容局限于对单一在线学习模式的分析。自21世纪开始，在线学习发展迅速，特别是高校开始引进不同MOOC平台的课程，在线学习者人数不断增长。但在2020年以前，关注在线学习的研究主要集中于对MOOC平台课程的研究，而单一在线学习模式对多样化在线学习模式的研究解释力有限。2020年新冠疫情发生后，在线学习是全员性的；在线学习模式更加多样化，包括了MOOC、教室授课（直播）、直播、录播、在线研讨及在线实验等。[①] 从中可以看出，2020年以后，学生的在线学习体现出学习人数多、范围广，所反映出来的现况更加全面的特征。要解决这一问题，行之有效的方法必是继续对全国范围内学生在线学习做进一步研究。

二、缺乏大样本调查和专门对高校本科生的分析

信息技术与高等教育不断融合，越来越多的在校生步入在线学习场域。特别是2020年新冠疫情应急期间的在线学习，将所有高校在校生都推到了虚拟学习空间。但由于受以往在线学习人数限制，该主题的研究主要是收集来自某一所高校、某一个班级或某一门MOOC课程的学生样本，研究的样本量小。样本数量少的局限性在于难以真实反映整体大学生的实际情况；在研究推论方面缺乏说服力；难以在更高的层次上验证数据并且不能上升到方法论意义。在线学习人数的增加，对其在线学习现状的研究可以集中在更大范围内，获得更多不同背景的学生的数据，这将有助于得出普遍性的结论。有研究表明，为了证明结果的有效性和重要性，有必要了解整体在校大学生的在线学习情况。[②] 因此，争取更大的研究样本量非常重要。

以往的文献还反映出学习者具有校内外个体特征，缺乏专门对高校本科生集中和系统的研究。这是因为2020年以前的研究主要围绕着学习者MOOC的学习

---

① 苏永康.在线教学新常态之高校行动十六条［EB/OL］.（2020-05-20）. https://mp.weixin.qq.com/s/bEebm0gVV7fyHabAW8ftzA.

② Stenbom S. A Systematic Review of the Community of Inquiry Survey［J］. Internet & Higher Education,2018,39:1-25.

研究。自 MOOC 开始出现,学习者就不局限在高校学生范围,而是包括了各类学校的学生和来自不同行业的社会学习者。由于学习者类型的不同,他们的学习时间、学习内容、学习习惯等方面具有很大的差异。在线学习的早期阶段,回应学习者差异性也是必须要被关注的问题,但在此过程中,研究者较难以观察到学习者多元性的生成。由于本科生在高校中占比最大,且是大多数学校在线学习的主要参与者,要想获得他们在线学习的真实情况,就需要单独谈论。因此,本书将聚焦于各类高校的本科生群体。由于高校学生都经历了在线学习的实践,如果研究者专门从高校本科生的视角出发,深入了解不同个体特征的本科生在线学习的亲身感受,他们将能全面把握高校本科生对在线学习的观点和看法。

国内外学者在在线学习研究方法上进行了一些有意义的探索,经历了从思辨到实证的转变。最初关注在线学习研究主要以思辨研究为主导,量化研究相对较少。由于思辨研究缺乏系统的数据收集过程,主要依靠逻辑工具进行思考和辩论,规范性不强。[1] 只有积极采用实证研究,才能实现对在线学习的研究更深入。因此,学者们开始通过收集在线学习平台的数据、通过问卷调查收集学生数据来分析在线学习现况,还有研究进行了案例分析和经验总结。现有研究表明,目前有关在线学习的研究方法涉及思辨、量化、质性,但使用混合研究方法的研究则相对较少。

三、以往的研究多是基于局外者的视角而忽视学习者的主观自主性

以往对于在线学习的研究大多集中于基于局外者的视角考察在线学习过程中平台的功能、界面设计、有用性和易用性、教师的投入、课程的设计与组织、技术带来的互动等。从局外者视角描述了在线学习过程的客观状态,进而更多关注的是老师、课程、技术所带来的"教"的过程,于是,在线学习又不断取向课堂学习那样的标准化。学习者往往被当作在线学习的从属结构,学习者自身的自主性难以被真正讨论,没有凸显出学习者在线学习过程中的主动性、主导性、积极性和能动性,也即缺乏对学习者的主观体验的理解。这使得在线学习面向更多异质性的学习者时,更容易出现整体性失灵,降低在线学习效果。

通过对在线学习研究相关文献的探讨,可以发现,近年来国内外研究者关于在线学习的研究,从理论和实践上丰富和拓展了本领域的研究内涵,启示相关研究者应坚持不懈地探究、实践及反思。本书认为,关于在线学习研究可以从以下两方面进行深入探索。

---

[1] 陆根书,刘萍,陈晨,等.中外教育研究方法比较:基于国内外九种教育研究期刊的实证分析[J].高等教育研究,2016,37(10):55-65.

（一）关注学习者的自主性

在信息化与学习过程高度交织中，互联网让更大数量、更广范围、更多类型的学习者个体有了联动可能。作为个体的"我"的意义的凸显，决定了无区别的群众视角必须向群体视角乃至个体视角转变，这一转变的实质是在线学习从粗放向精准转变。这就促使本书对学习者这一特定学习主体进行更细致的研究。例如，关注学习者的在线学习从"平台体验"到"学习体验"、从"外部支持"到"自主学习"、从"平台满意度"到"学习满意度"转变；分析学习者在学习过程中的适应、理解和融入，更注重的是他们的"学"。

在线学习对于学习者来说是一场特殊的心智体验，学习过程中的种种情况形塑着学习者的心理特质。在线学习的出发点和落脚点是学习者，环境、教师等一切行动的价值导向皆指向学习者的学习。但有学者指出，以往有关在线学习的研究都是基于局外者的视角，而忽略了学习者的"学"。研究者要想更好地了解学习者的在线学习，应该聚焦于他们的在线学习动机、元认知、自我调节学习等方面。[①]而我国高校学生在经历新冠疫情以来的在线学习实践中，积累了不少好的实践经验，对在线学习有了更清晰的认识。其中最强烈的就是学生感受到在线学习更重要的是要能够积极主动地参与其中。那些但凡期待着教师像面对面教学那样"灌输"知识的学生们，会面临跟不上课程节奏，又找不到教师面对面指导，也不能和同伴面对面交流而造成孤独感、学不会等现实困境。如果学习者深刻认识到学习是自己的事，那么他们就会端正学习态度、制定好学习目标、找到适合自己学习节奏的学习策略、做好日常学习监督、自我调节、学习反思及评价。只有这样，才能学懂、学好及学深。基于此，研究者需要更多考虑学生个体认知过程和心理特征来分析在线学习。

（二）关注学习者在线学习的差异性

当前，在线学习在经历了一段特殊时期后，进入了从按需学习到全员学习的第三次发展浪潮，学习者的特征、背景情况、所处境况和能力更加多样性。这些个人差异和多样性所带来的在线学习的差异性应成为学者们关注的重点。国内外相关研究表明，大学生在读期间的学习经历会显著影响他们的成长和发展。在网络学习环境下，他们在技术掌握、学习态度、学习策略、学习习惯、学习观念等方面存在着较大的差异，这些差异影响着与自我、同学、教师、在线学习社区中学习同伴、在线学习资源、网络环境互动。因此，学习者的个体差异和多样性会带来在线学习的

[①] 詹妮弗·罗伯茨,肖俊洪.我的慕课学习之旅:终身学习的自我人种志研究[J].中国远程教育,2019(11):66-78,93.

异同,从而影响到其未来继续选择在线学习。因此,在线学习研究需要关注学习主体的差异性。

本 章 小 结

在文献综述部分,本章分别就在线学习的历史、在线学习体验的相关研究、在线学习结果的相关研究进行了文献综述。

首先,从在线学习的历史梳理入手,了解到根据技术发展,在线学习经历了远程学习、电子化学习和在线学习三个阶段。进入21世纪,在线学习又经历了开放课件的辅助性学习、MOOC的按需学习和2020年开始的全员学习的三次浪潮。新的历史发展时期,在线学习呈现出更多具有时代性的特征。

其次,探讨了在线学习体验的形式研究和内容研究。其一,按体验的形式划分,在线学习体验分为正向体验和负向体验,课前、课中和课后体验,即时体验和长期体验等。其二,通过国内外研究文献的梳理发现,在线学习体验的内容研究非常丰富,国内对在线学习体验的内容呈多样化态势,没有统一的结论;国外关于在线学习体验的内容研究主要集中在学生对教师教学设计与组织中教师角色的发挥、教师的反馈与指导、互动,以及学习者的心理特征等方面。在在线学习结果相关研究方面,研究者们根据所收集到的客观和主观数据,对在线课程成绩、课程保留率、在线学习效果和在线学习满意度等几个方面展开了研究。

进一步观察发现,以往的研究具有以下几个局限:① 研究内容仅围绕MOOC单一在线学习模式开展研究;② 研究样本缺乏大样本调查和专门对高校本科生的分析,研究方法中使用混合研究方法的较少;③ 研究视角多是基于局外者的视角。因此,本书将围绕我国高校本科生的在线学习现状开展研究,更多关注学习者的在线学习的"学",更多关注学习者的自主性和差异性。

第三章 研究设计与方法

本章分为研究思路、研究设计和研究重难点三个部分。第一部分为研究思路。根据研究问题及研究目的,此部分详细介绍了本书的研究思路、分析框架和研究方法。第二部分为研究设计,具体分为定量研究设计和质性研究设计。本书共收集了全国15所高校9179份有效数据,并详细介绍环境支持量表、在线学习体验量表和在线学习结果量表的信效度。本书共访谈了7所高校16位本科生,介绍了收集和分析访谈数据的过程。第三部分为研究重难点,介绍了本书在开展研究的过程中遇到的重难点。

第一节 研究思路

根据研究问题及研究目的,笔者拟定了以下研究路径、分析框架及研究方法,如图3.1所示。

一、研究内容

结合研究思路和技术路线图(图3.1),本书主要按照以下内容进行研究:

第一,制定调查问卷,收集我国高校本科生在线学习的现状资料并分析各变量之间的关系。

第二,根据量化研究结果,制定访谈提纲,深入探索学生对在线学习的观点。通过访谈获取高校本科生对在线学习的观点和看法,以此解释和补充量化统计结果。

第三,根据量化和质性研究结果,反思我国高校本科生在线学习,从而探索在

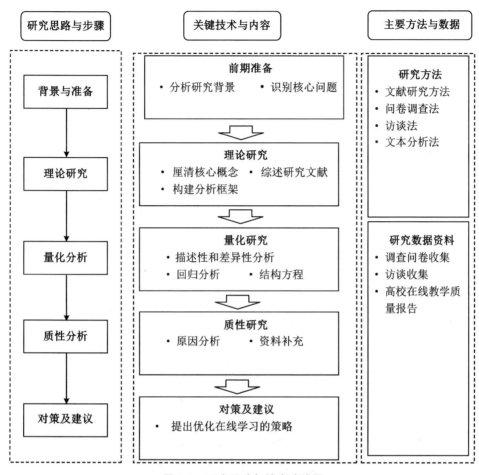

图 3.1　研究思路与技术路线图

线学习的优化路径。

根据所参考的探究社区理论、"前提—过程—结果"模型,构建了本书的研究分析框架(图 3.2)。

二、研究方法

近年来,混合研究方法越来越被社会科学研究者所认可。这是因为社会科学研究者越来越意识到对于一个问题既采用量化又采用质性研究方法对于取得成果的重要性。一方面,定量研究能够更客观地描述社会事实,能够更清晰地展示因素之间的关系,还能够用样本来推断总体情况,但其弊端是只知道是什么,而事实形成的过程以及原因却不能显示。另一方面,质性研究能够获得个体的经验,能够更深刻和生动地解释和分析社会事实的形成过程和成因,但缺点是难以覆盖整体,难

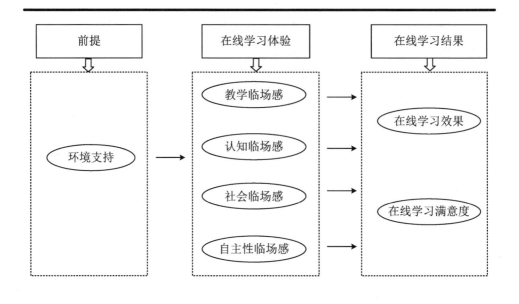

图 3.2 研究分析框架

以对群体特征进行科学描述和推断。由于每种类型的数据都有其固有的局限性,将两者结合起来有助于解决和弥补其他数据的不足之处,混合研究方法中定量和质性研究增加了结果的有效性和可信度。[1] 因此,混合研究方法越来越受到社会科学研究者的青睐。韦莱斯蒂诺斯(George Veletsianos)等人认为,在线学习研究需要结合多种研究方法才能深入了解学生对在线课程的投入程度,并且使用多种研究方法所得到的研究结果有助于提出优化在线学习的实际建议。[2]

因此,根据实际需要,本书选择混合研究方法中的解释性时序设计,采用先量化后质性的研究设计。[3] 首先,提出定量研究问题,明确定量研究方法采用问卷调查法,设计调查问卷,确定研究样本,收集和分析定量数据。定量研究为本书客观地描述了我国高校本科生在线学习的现状及各变量之间的关系和作用机制。其次,根据定量研究结果,进一步完善研究问题,明确质性研究方法采用访谈法。通

---

[1] Schoonenboom J, Johnson R B. How to Construct a Mixed Methods Research Design [J]. Springer Open Choice, 2017, 69(7): 107-131.

[2] Veletsianos G, Collier A, Schneider E. Digging Deeper into Learners Experience in MOOCs: Participation in Social Networks Outside MOOCs, Note Taking and Context Surrounding Content Consumption [J]. British Journal of Educational Technology, 2015, 46(3): 570-587.

[3] Creswell J W, Clark V L. 混合方法研究:设计与实施[M]. 游宇,陈福平,译. 重庆:重庆大学出版社, 2017: 56-59.

过设计访谈提纲,与学生建立联系,确定访谈对象,收集访谈数据,从而呈现出当前我国高校本科生对在线学习的更加深刻的主观性意见、观点和态度。访谈结果能够为研究人员更好地了解这类学生的在线学习以及影响在线学习结果的原因提供依据,解释和补充定量研究结果,并为研究问题增加叙述性成分和研究深度。并且在此过程中,研究者亲身体验在线学习,更深入地理解受访者的回答,并从他们的观点中构建意义。最后,将定量、质性研究结果进行整合和相互补充,从而对研究问题作出最佳的阐释。具体的研究方法有如下4种:

(一) 文献研究法

所有科学研究的第一步都是先以文献研究为基础的,通过深入分析某一主题的研究文献资料,获得目前学术界对该主题研究的主要观点和研究结论。为了深入研究在线学习,本书通过文献研究,探索与在线学习研究相关的直接和间接的文献资料。首先,充分利用学校图书馆购买的国内外数据库,获得相关的期刊论文、硕博士论文。其次,通过互联网检索国内外高校官网、相关网站(中华人民共和国教育部、中华人民共和国国家发展和改革委员会、UNESCO、OECD、World Economic Forum、EDUCAUSE、NCES、COI、CIQA等)的资料。对获取到的资料进行参阅、归纳、整理、分析和总结后,构建本书的理论分析框架。

(二) 问卷调查法

在参阅大量相关文献资料基础上,按照统计学原理,就我国高校本科生的在线学习设计问卷。为确保问卷的内容和结构效度,首先采取小样本量试测,根据试测结果,确定最终的调查量表。再结合研究者的人力和时间,采用分层抽样方法,确定各类型高校的样本量。由于本书不是简单地针对某个高校的调查,也不是对所有高校做调查。因此,本书进行了科学的分层抽样调查,反映出当前高校的基线水平,看到不同高校、学科在线学习的表现情况。采用了 Excel、SPSS 软件、Amos 软件对量化数据进行管理和统计分析。将相关的资料、理论与方法相互融通,对变量之间的关系进行分析。

(三) 访谈法

质性研究是一种探索和理解个人或群体对所经历的社会或人类问题的意义和解释的方法。根据皮特基维茨(Igor Pietkiewicz)的观点,质性研究人员关注的是

"意义"。例如,个人如何理解世界、如何体验事件、将什么意义归因于现象。[①] 本书先基于定量研究的假设获得事件的现象,再选择质性研究的访谈法更深入地解释和补充定量研究的结果,获得现象背后的原因。访谈不是评价,而是认识;不是想去改变,而是明白。因此,科学研究要想把量化数据分析得出的结果像剥笋一样一点一点剥开,一点点露出学生心中最真实的感受,就需要深入到学生中去听他们的心声,这才能发现问题的本质。研究者通过与受访者最直接的接触和交谈来收集资料,全面了解学生对在线学习的看法和观点。本书所选择的访谈对象包括各类型高校的本科生。访谈通过网络视频和语音的方式进行,深入了解影响高校本科生在线学习的信息,以获得关于学习者对在线学习的更深入的看法,并征求他们对未来在线学习的建议。访谈的数据被用来证实和扩展问卷的结果,为后续提出优化在线学习路径做好准备。

(四)文本分析法

对 12 个省(市)高校 2020 年上半年疫情应急期间 57 所高校在线教学质量报告以及福建省 70 所高校、山东省 78 所高校超星平台在线教学数据统计报告进行分析,获得 2020 年上半年新冠疫情应急期间我国高校本科生在线学习的现状,总结在此期间学生在线学习的表现,为提出优化在线学习策略提供可靠性支持。

第二节 研究设计

研究设计是基于研究思路的指导,对本书的研究对象、研究工具和分析思路与方法的整体计划。下面将做详细的阐述。

一、研究对象

选择并确定研究对象是实施研究的第一步,也是决定本书研究数据是否有效的最关键一步。21 世纪在线学习的出现,本身就意味着在线学习的主体不再关注单一的特殊诉求,而是越来越关注更多的普遍诉求。在线学习的学习者包括社会

[①] Pietkiewicz I, Smith J A. A Practical Guide to Using Interpretative Phenomenological Analysis in Qualitative Research Psychology[J]. Psychological Journal,2014,20(1):7-14.

学习者、中小学生、非普通高校的成人学生、中高职学生、大学本科生、研究生等。[1] 在信息技术不断发展、在线学习不断迭代更新时,某一类型的在线学习者越来越成为专门被讨论的问题。如果研究者和实践者们存在对更异质性的学习者多元性的忽略,将导致在线学习方案设计与推进的受限。因此,本书仅关注我国高校本科生。为了获得有效的调查数据,本书严格按照规范性要求和步骤来选择研究对象。

(一) 量化部分研究对象

本书以我国高校本科生为调查对象。首先,采用分层抽样的方式,根据高校所在地区和所属类型进行高校抽样。高校地区分布为东、中、西部3个地区;高校类型分为"一流大学"建设高校、"一流学科"建设高校、省属重点高校和新建地方本科高校(1999年以后成立)。[2] 本书所开展的问卷调查一共涉及国内15所公立高校,所选取的样本高校分布情况如下。

表3.1显示了样本高校的抽样分布比例。总体而言,省属重点高校的抽样比例高于"一流大学"建设高校、"一流学科"建设高校和新建地方本科高校。

表3.1 样本高校分布

高校类型	高校所在区域			高校总数	占比
	东	中	西		
"一流大学"建设高校	1	1	1	3	20%
"一流学科"建设高校	1	1	1	3	20%
省属重点高校	2	3	1	6	40%
新建地方本科高校	1	1	1	3	20%
高校总数				15	100%

笔者委托以上15所高校的学生工作处和任课教师,于2021年3月针对本科生通过在线问卷调查平台"问卷星"进行网络调查问卷发放,并邀请学生填写详细背景信息,然后填写他们对环境支持、在线学习体验和在线学习结果的评价,学生们完成调查大概需要花10分钟。调查问卷没有从参与者那里获取任何可识别的私人信息。在历时三周半(共24天)的调查中,共有11637名本科生完成调查问卷。由于本书界定的在线学习包括了纯在线学习和混合式学习两种范式,本书从结构化数据中去除选择"传统课堂学习及计算机辅助学习(学习过程中在线传播比例为30%以下)"选项的学生样本,清洗后保留采用纯在线和混合式学习的有效样

---

[1] 注:由于在线学习主体的多元化,全书对学习主体的文字描述部分,当涉及的是所有学习主体时使用的是学习者,当特指高校学生时,使用的是学生。

[2] 赵庆年.高校类型分类标准的重构与定位[J].高等工程教育研究,2012(6):147-152.

本数为 9179 份(表 3.2)。

表 3.2　样本概况($n=9179$)

变量	属性	人数	百分比
性别	男	2327	25.4%
	女	6852	74.6%
生源地	城镇	3406	37.1%
	农村	5773	62.9%
年级	本科一年级	3370	36.7%
	本科二年级	2947	32.1%
	本科三年级	1469	16.0%
	本科四年级(及其他毕业班)	1393	15.2%
学科	人文科学	1416	15.4%
	社会科学	3082	33.6%
	自然科学	4681	51.0%
高校类型	"一流大学"建设高校	1291	14.1%
	"一流学科"建设高校	1459	15.9%
	省属重点高校	4481	48.8%
	新建地方本科高校(1999年以后成立)	1948	21.2%

从表 3.2 可知,74.6%的样本是女生;62.9%的样本来自农村;一、二年级的学生样本占到 68.8%。也就是说本书所开展的研究的绝大多数学生样本是女生、来自农村并处于一、二年级阶段。人文科学和社会科学的样本比例低于自然科学的样本比例;来自"一流大学"建设高校、"一流学科"建设高校和新建地方本科高校的样本数量占总样本比例差距不大,而省属重点高校的样本比例为 48.8%。

(二) 质性部分研究对象

1. 抽样方法

根据莫瑟(Albine Moser)等人的说法,研究人员可以根据他们的判断和先前的经验,使用有目的的抽样来选择认为可以提供所需信息的受访者。[①] 因此,本书

---

① Moser A, Korstjens I. Series: Practical Guidance to Qualitative Research. Part 3: Sampling, Data Collection and Analysis[J]. European Journal of General Practice, 2018, 24(1): 9-18.

的访谈样本选择采用了目的性抽样。本书通过样本高校的联系人,联系到参与调查问卷填写的学生,获取他们的联系方式。之后与每一位受访者联系,通过发送微信信息或手机短信来邀请样本高校的本科生,然后继续通过同样的方式告知受访者关于研究的细节和要求。如果他们同意,则邀请他们参与,并将相关研究信息、研究人员自我介绍及访谈原则逐一向其介绍。

2. 样本典型性

(1) 样本高校。本书选择了7所高校作为样本高校。这几所高校是作为量化研究的部分样本高校,可以划分为四个类型,并已从中获得量化数据。

(2) 被访学生情况。本书从填写调查问卷的学生中选择上述7所高校中的16位学生进行半结构化访谈,以便充分了解他们对在线学习的感受与看法。莫瑟认为,参与访谈的人员数量不是一个固定的值,可根据所收集的信息的饱和程度来决定是否停止访谈。布劳恩(Virginia Braun)指出当受访者提供了足够的细节来回答问题时,研究就达到了数据收集的饱和点,数据饱和度能证实研究的可信度。[①] 由于与每位受访者的访谈时长约为1小时,加上新冠疫情应急期间获取了部分学生的访谈资料,因此,本书的访谈信息基本达到了饱和点。这些受访者覆盖了不同性别、不同年级、不同学科专业领域、不同生源地和不同类型高校的学生,其中女生为9人,男生为7人;3名就读于一年级,7名为二年级,2名为三年级,4名为四年级;他们的专业覆盖了理、工、文、经济、教育和管理学共六个学科门类;8名来自城镇、8名来自农村。在访谈的过程中,本书又根据访谈者的说话速度、回答的深度来决定访谈的时间。统计得出,访谈时间共为785分钟,平均每一位受访者的访谈时间为49分钟,每次访谈内容都用录音笔记录,并逐字转录下来。访谈结束后,为了感谢受访者的支持,本书给予每一位受访者小数额的经济回报。受访者的基本信息如表3-3所示,其中受访者编号由高校类型缩写、高校名称缩写及访谈序号三个部分组成:其中DX为"一流大学"建设高校的缩写、XK为"一流学科"建设高校的缩写、ZD为省属重点高校的缩写、XJ为新建地方本科高校的缩写。例如DX-HK-01为第一位受访者,他来自"一流大学"建设高校华中科技大学。

---

① Braun V, Clarke V. To Saturate or Not to Saturate? Questioning Data Saturation as a Useful Concept for Thematic Analysis and Sample-Size Rationales[J]. Qualitative Research in Sport, Exercise and Health, 2019(1):1-16.

表 3.3 受访学生信息

编号	性别	年级	专业	高校类型	访谈日期（2021年）	持续时间
DX-HK-01	男	大四	计算机科学与技术	一流大学	4月17日晚上19:10	36分钟
XJ-XS-02	女	大一	地理科学	新建本科	4月19日晚上19:10	34分钟
ZD-SD-03	女	大四	汉语言文学	省属重点	4月20日上午9:00	47分钟
XJ-LS-04	女	大三	城市管理学	新建本科	4月20日下午17:00	50分钟
ZD-SD-05	男	大二	教育技术学	省属重点	4月20日晚上19.20	44分钟
XK-ND-06	女	大四	汉语言文学（师范）	一流学科	4月20日晚上21:00	49分钟
XJ-NX-07	男	大二	小学教育（英语方向）	新建本科	4月21日下午2:00	54分钟
XJ-NX-08	女	大二	小学教育（语文）	新建本科	4月22日上午8:40	39分钟
DX-XD-09	女	大一	物理专业	一流大学	4月23日下午15:00	72分钟
XJ-LS-10	女	大三	经济统计学	新建本科	4月23日晚上19:20	49分钟
XJ-XS-11	男	大二	数学	新建本科	4月25日下午14:00	52分钟
XK-ND-12	女	大四	会计学	一流学科	4月25日晚上19:00	62分钟
ZD-HD-13	男	大二	土木工程	省属重点	4月26日上午10:30	54分钟
DX-XD-14	男	大一	物理专业	一流大学	4月26日晚上7:00	52分钟
ZD-HD-15	女	大二	给排水科学与工程	省属重点	4月28日上午9:00	43分钟
XK-ND-16	男	大二	汉语言文学	一流学科	4月28日下午13:00	48分钟

二、研究工具

本书涉及的研究工具包括量化测量工具和质性访谈提纲。量化测量工具是以国外认可的、比较成熟的调查工具为基础，再根据我国高校本科生的独特性来设置其他相关变量，最终构建出我国高校本科生在线学习的量化评估工具。而质性访谈提纲是通过量化研究结果制定的。现就量化测量工具的具体情况和信效度、质性访谈提纲进行阐述。

（一）量化部分研究工具及信效度检验

本书包括在线学习环境支持、在线学习体验量表、在线学习效果和在线学习满意度量表，共4个量表（参见表3-4）。其中，在线学习环境支持量表以谢幼如的研究为参考。① 在线学习体验量表主要以阿博等人(2008)、MSLQ 的量表为参考。目前国内学者已将在线学习体验量表汉化,并适合运用到国内研究中。在线学习效果和在线学习满意度量表主要以伊欧姆(2016)的量表为参考。

具体来说,首先邀请了三位专家对问卷内容效度进行了评价,根据专家给的意见,如建议删除表达同样的意思问题,从而减少题目数量,保证学生填写问卷的专注度;凝练量表的表述等。最终形成"我国高校本科生在线学习调查问卷"(见附录一)。

表 3.4　在线学习调查问卷信息

调查问题	参　考	调查问题是如何产生的
第一部分:基本信息	自主设计	收集人口统计学信息,包括性别、生源地、年级、学科、高校类型、学习方式、学习模式
第二部分:学习环境支持	谢幼如(2020)	收集环境支持情况
第三部分:在线学习体验	阿博等人(2008)、MSLQ	在线学习体验中衡量教学临场感、社会临场感、认知临场感、自主性临场感的可靠量表
第四部分:在线学习结果	伊欧姆(2016)	本部分 7 个问题被验证为衡量在线学习效果及满意度的可靠量表

其次,以在校本科生为研究对象,选择 100 位学生进行调查问卷试测。结果表明自主性临场感量表中有 2 个反向题项影响了该维度的克隆巴赫系数 α (Cronbach's α)。删除这 2 个题项后,量表的 α 值大于 0.9,表明该量表的数据结果具有较好的一致性。最终,问卷调查第二、三、四部分为 54 道题项。

1. 量化研究工具

(1) 在线学习环境支持量表。由于在线学习是需要在网络环境等特殊条件下才能开展的学习活动,它尤其重视网络条件、平台、培训、政策支持等方面。如果没有这些支撑条件,在线学习不可能正常开展。随着新一代的信息技术迭代更新,网络条件、在线学习平台的质量和功能都在大幅度提升,这将带动在线学习快速发展。当然,这些支撑条件是外在于在线学习实践而先行存在的,但也同时依附于在线学习实践过程。

在线学习环境支持量表共 4 个题项,包括"学习平台质量""网络条件质量""学习平台使用培训"及"政策支持",均使用李克特五分量表积分,其中 1 = "非常不

---

① 谢幼如,邱艺,黄瑜玲,等.疫情防控期间"停课不停学"在线教学方式的特征、问题与创新[J].电化教育研究,2020,41(3):20-28.

好",5="非常好",得分越高代表在线学习环境支持越好。

(2) 在线学习体验量表。在线学习体验量表包括教学临场感、社会临场感、认知临场感和自主性临场感四个部分,一共43个题项,均使用李克特五分量表积分,其中1="非常不同意",5="非常同意",得分越高,代表在线学习体验越好。具体为:选用13个题项测量教学临场感,包括"设计与组织""促进理解"和"直接指导"三个因子。选用12个题项测量认知临场感,包括"触发事件""探索""整合"和"解决问题"四个因子。选用9个题项测量社会临场感,包括"情感表达""公开交流"和"集体凝聚力"三个因子。选用9个题项测量自主性临场感,包括"自我效能感""自我调节"两个因子。

(3) 在线学习结果量表。在线学习结果量表包括在线学习效果和在线学习满意度两个部分,一共7个题项。其中,在线学习效果量表共3个题项,均使用李克特五分量表积分,其中1="非常不同意",5="非常同意",得分越高代表在线学习效果越好。在线学习满意度量表共4个题项,均使用李克特五分量表积分,其中1="非常不同意",5="非常同意",得分越高代表在线学习满意度越高。

2. 信度和效度检验

本书在开展调查之前先将题项的顺序随机打乱,调查完之后再按理论框架对题项进行分组开展信度和效度检验。信度检验又称为可靠性检验,用于检验量表收集到的数据是否一致。本书采用 α 系数,使用软件 SPSS 23.0 对量表数据的可靠性进行检验。通常情况下,如果 α 系数大于0.8,表明该量表的数据结果具有较好的一致性。本书的测量量表均使用国外的成熟量表,其信度已经被多次检测,但本书是面对我国高校本科生这一群体所开展的在线学习研究,量表的信度是否达到可接受的范围还需进一步验证。

效度包括内容效度和结构效度。内容效度指测量的题项对所代表测量内容的代表性程度。本书既采用了成熟的量表,又邀请了三位专家对题项和测量内容的符合程度进行判断,这能够在一定程度上提高问卷的内容效度。使用 Amos 24.0 进行验证性因子分析(Confirmatory Factor Analysis,CFA),检验量表的结构效度。再利用验证性因子分析结果,进一步检验量表的聚敛效度(Convergent Validity)和组合信度(Construct Reliability)。

需要指出的是,参照温忠麟关于结构方程模型检验的拟合指数与卡方准则,卡方值 χ 会随样本量的增大而逐渐增大,最终拒绝任何模型。[①] 因此,由于本书的样本量较大,因而在判别模型是否可被接受时,不考虑使用卡方值来检验模型的拟合度,而主要参考其适配度指标值。

---

① 温忠麟,侯杰泰,马什赫伯特.结构方程模型检验:拟合指数与卡方准则[J].心理学报,2004(2):186-194.

(1) 在线学习环境支持量表:

① 内部一致性信度。内部一致性信度是指问卷内部所有题目间的一致性程度,要反映的是问卷内部题目之间的信度关系,考察问卷的各个题目是否测量了相同的内容或特质,可用 α 系数来衡量。研究结果如表3.5所示,在线学习环境支持量表中,α 系数为0.954,高于0.7,说明在线学习环境支持量表的稳定性强,内部一致性信度良好。

表3.5 在线学习环境支持的信度和效度

因子	题项	载荷值	α	AVE	CR
总量表	Q1	0.92	0.954	0.838	0.954
	Q2	0.87			
	Q3	0.95			
	Q4	0.92			

② 验证性因子分析。如图3.3所示,本书构建了在线学习环境支持量表验证性因子分析模型。结果显示,整体而言,在线学习环境支持量表具有良好的结构效度(表3.6)。

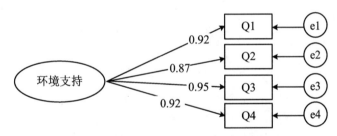

图3.3 环境支持量表验证性因子分析模型图

表3.6 整体拟合系数表

测量类型	值	可 接 受 水 平
χ^2/df	112.83	
近似均方根误差(RMSEA)	0.08	<0.08表示拟合良好,<0.05表示拟合非常好
规范拟合指数(NFI)	0.994	取值应≥0.90
相对适配指数(RFI)	0.983	取值应≥0.90
比较拟合指数(CFI)	0.994	取值应≥0.90
增量拟合指数(IFI)	0.994	取值应≥0.90
塔克刘易斯指数(TLI)	0.983	取值应≥0.90

③ 聚敛效度和组合信度。在线学习环境支持量表的聚敛效度和组合信度如表 3.5 所示,在线学习环境支持量表的平均变异数抽取量 AVE(Average of Variance Extracted)为 0.838,大于 0.5,说明在线学习环境支持量表聚敛效度良好。量表的组合信度 CR(Composite Reliability)为 0.954,均大于 0.7,说明在线学习环境支持量表具有良好的组合信度。

综上,在线学习环境支持量表质量良好,适合用于测量大学生在线学习的环境支持。

(2)教学临场感量表:

① 内部一致性信度。研究结果如表 3.7 所示,在教学临场感量表中,总量表、因子 1、因子 2 和因子 3 的 α 系数分别为 0.985、0.954、0.971 和 0.934,均高于 0.7,说明教学临场感量表的稳定性强,内部一致性信度良好。

表 3.7 教学临场感量表的信度和效度

因子	题项	载荷值	α	AVE	CR
总量表	—	—	0.985	0.816	0.98
因子 1	Q1	0.85	0.954	0.803	0.942
	Q2	0.85			
	Q3	0.94			
	Q4	0.94			
因子 2	Q5	0.89	0.971	0.82	0.96
	Q6	0.83			
	Q7	0.93			
	Q8	0.93			
	Q9	0.92			
	Q10	0.93			
因子 3	Q11	0.89	0.934	0.84	0.94
	Q12	0.93			
	Q13	0.92			

② 验证性因子分析。如图 3.4 所示,本书构建了教学临场感量表验证性因子分析模型。此量表包括 3 个因子,结果如表 3.8 所示,整体而言,教学临场感量表具有良好的结构效度。

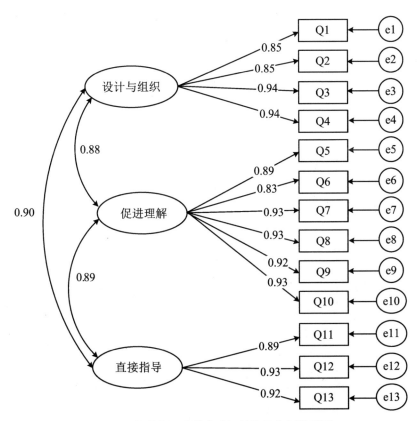

图 3.4 教学临场感量表验证性因子分析模型图

表 3.8 教学临场感量表验证性因子分析拟合系数表

测 量 类 型	值	可 接 受 水 平
χ^2/df	48.71	
近似均方根误差(RMSEA)	0.072	<0.08 表示拟合良好，<0.05 表示拟合非常好
规范拟合指数(NFI)	0.989	取值应≥0.90
相对适配指数(RFI)	0.980	取值应≥0.90
比较拟合指数(CFI)	0.989	取值应≥0.90
增量拟合指数(IFI)	0.989	取值应≥0.90
塔克刘易斯指数(TLI)	0.980	取值应≥0.90

③ 聚敛效度和组合信度。教学临场感量表的聚敛效度和组合信度如表3.7所示,教学临场感量表的平均变异数抽取量AVE处于0.803至0.84,大于0.5,说明教学临场感量表聚敛效度良好。量表的组合信度CR处于0.94至0.96,均大于0.7,说明教学临场感量表具有良好的组合信度。

综上,教学临场感量表质量良好,适合用于测量大学生在线学习的教学临场感。

(3) 认知临场感量表:

① 内部一致性信度。研究结果如表3.9所示,在认知临场感量表中,总量表、因子1、因子2、因子3、因子4的 α 系数分别为0.983、0.938、0.924、0.949和0.948,均高于0.7,说明认知临场感量表的稳定性强,内部一致性信度良好。

表3.9 认知临场感量表的信度和效度

因子	题项	载荷值	α	AVE	CR
总量表	—	—	0.983	0.839	0.984
因子1	Q1	0.90	0.938	0.834	0.938
	Q2	0.93			
	Q3	0.91			
因子2	Q4	0.89	0.924	0.804	0.925
	Q5	0.91			
	Q6	0.89			
因子3	Q7	0.92	0.949	0.871	0.953
	Q8	0.95			
	Q9	0.93			
因子4	Q10	0.91	0.948	0.847	0.943
	Q11	0.92			
	Q12	0.93			

② 验证性因子分析。如图3.5所示,本书构建了认知临场感量表验证性因子分析模型。此量表包括4个因子,从拟合系数表可知,认知临场感量表具有良好的结构效度,如表3.10所示。

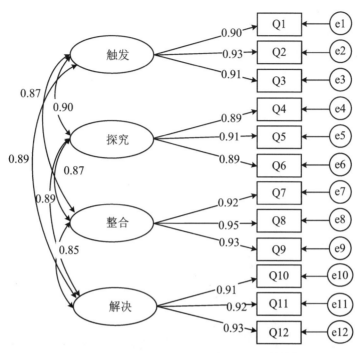

图 3.5 认知临场感量表验证性因子分析模型图

表 3.10 认知临场感量表验证性因子分析拟合系数表

测 量 类 型	值	可 接 受 水 平
χ^2/df	47.74	
近似均方根误差(RMSEA)	0.071	<0.08 表示拟合良好,<0.05 表示拟合非常好
规范拟合指数(NFI)	0.991	取值应≥0.90
相对适配指数(RFI)	0.981	取值应≥0.90
比较拟合指数(CFI)	0.991	取值应≥0.90
增量拟合指数(IFI)	0.991	取值应≥0.90
塔克刘易斯指数(TLI)	0.982	取值应≥0.90

③ 聚敛效度和组合信度。认知临场感量表的聚敛效度和组合信度如表 3.9 所示,认知临场感量表的平均变异数抽取量 AVE 处于 0.804 至 0.871,大于 0.5,说明认知临场感量表聚敛效度良好。量表的组合信度 CR 处于 0.925 至 0.953,均大于 0.7,说明认知临场感量表具有良好的组合信度。

综上,认知临场感量表质量良好,适合用于测量大学生在线学习的认知临场感。

(4) 社会临场感量表：

① 内部一致性信度。研究结果如表 3.11 所示，在社会临场感量表中，总量表、因子1、因子2、因子3 的 α 系数分别为 0.976、0.923、0.943 和 0.939，均高于 0.7，说明社会临场感量表的稳定性强，内部一致性信度良好。

表 3.11 社会临场感量表的信度和效度

因子	题项	载荷值	α	AVE	CR
总量表	—	—	0.976	0.826	0.977
因子1	Q1	0.88	0.923	0.798	0.922
	Q2	0.90			
	Q3	0.90			
因子2	Q4	0.92	0.943	0.853	0.946
	Q5	0.93			
	Q6	0.92			
因子3	Q7	0.91	0.939	0.828	0.935
	Q8	0.92			
	Q9	0.90			

② 验证性因子分析。如图 3.6 所示，本书构建了社会临场感量表验证性因子分析模型，此量表包括 3 个因子，从拟合系数表可知，社会临场感量表具有非常好的结构效度，如表 3.12 所示。

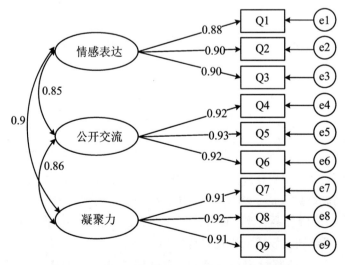

图 3.6 社会临场感量表验证性因子分析模型图

表 3.12　社会临场感量表验证性因子分析拟合系数表

测量类型	值	可接受水平
χ^2/df	20.43	
近似均方根误差(RMSEA)	0.046	<0.08 表示拟合良好,<0.05 表示拟合非常好
规范拟合指数(NFI)	0.997	取值应≥0.90
相对适配指数(RFI)	0.993	取值应≥0.90
比较拟合指数(CFI)	0.997	取值应≥0.90
增量拟合指数(IFI)	0.997	取值应≥0.90
塔克刘易斯指数(TLI)	0.994	取值应≥0.90

③ 聚敛效度和组合信度。社会临场感量表的聚敛效度和组合信度如表 3.11 所示,社会临场感量表的平均变异数抽取量 AVE 处于 0.798 至 0.853,大于 0.5,说明社会临场感量表聚敛效度良好。量表的组合信度 CR 处于 0.922 至 0.946,均大于 0.7,说明社会临场感量表具有良好的组合信度。

综上,社会临场感量表质量良好,适合用于测量大学生在线学习的社会临场感。

(5)自主性临场感量表:

① 内部一致性信度。研究结果如表 3.13 所示,在自主性临场感量表中,总量表、因子 1、因子 2 的 α 系数分别为 0.967、0.959、0.887,均高于 0.7,说明自主性临场感量表的稳定性强,内部一致性信度良好。

表 3.13　自主性临场感量表的信度和效度

因子	题项	载荷值	α	AVE	CR
总量表	—	—	0.967	0.772	0.968
因子1	Q1	0.93	0.959	0.766	0.958
	Q2	0.92			
	Q3	0.86			
	Q4	0.91			
	Q5	0.90			
	Q6	0.74			
	Q7	0.85			
因子2	Q8	0.89	0.887	0.792	0.884
	Q9	0.89			

② 验证性因子分析。如图3.7所示,本书构建了自主性临场感量表验证性因子分析模型,此量表为2个因子,从拟合系数表可知,自主性临场感量表具有良好的结构效度,如表3.14所示。

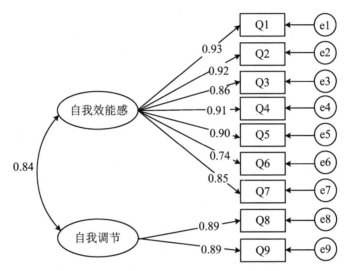

图3.7 自主性临场感量表验证性因子分析模型图

表3.14 自主性临场感量表验证性因子分析拟合系数表

测 量 类 型	值	可 接 受 水 平
χ^2/df	54.48	
近似均方根误差(RMSEA)	0.076	<0.08表示拟合良好,<0.05表示拟合非常好
规范拟合指数(NFI)	0.993	取值应≥0.90
相对适配指数(RFI)	0.980	取值应≥0.90
比较拟合指数(CFI)	0.993	取值应≥0.90
增量拟合指数(IFI)	0.993	取值应≥0.90
塔克刘易斯指数(TLI)	0.980	取值应≥0.90

③ 聚敛效度和组合信度。自主性临场感量表的聚敛效度和组合信度如表3.13所示,自主性临场感量表的平均方差提取值AVE为0.766、0.792,大于0.5,说明自主性临场感量表聚敛效度良好。量表的组合信度CR为0.958、0.884,均大于0.7,说明自主性临场感量表具有良好的组合信度。

综上,自主性临场感量表质量良好,适合用于测量大学生的自主性临场感。

(6) 在线学习结果:

① 内部一致性信度。研究结果如表3.15所示,在线学习结果量表中,总量

表、因子1、因子2的α系数分别为0.966,0.941和0.957均高于0.7,说明在线学习结果量表的稳定性强,内部一致性信度良好。

表3.15 在线学习结果量表的信度和效度

因子	题项	载荷值	α	AVE	CR
总量表	—	—	0.966	0.833	0.972
因子1	Q1	0.91	0.941	0.828	0.935
	Q2	0.91			
	Q3	0.91			
因子2	Q4	0.91	0.957	0.837	0.954
	Q5	0.90			
	Q6	0.93			
	Q7	0.92			

② 验证性因子分析。如图3.8所示,本书构建了在线学习结果验证性因子分析模型,此量表为两因子量表,共7个题项,结果显示,整体而言,在线学习结果量表具有良好的结构效度,如表3.16所示。

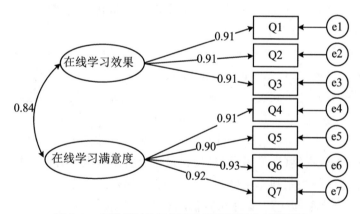

图3.8 在线学习结果量表验证性因子分析模型图

表3.16 在线学习结果验证性因子分析拟合系数表

测量类型	值	可接受水平
χ^2/df	45.48	19.80
近似均方根误差(RMSEA)	0.045	<0.08表示拟合良好,<0.05表示拟合非常好
规范拟合指数(NFI)	0.998	取值应≥0.90

续表

测量类型	值	可接受水平
相对适配指数(RFI)	0.985	取值应≥0.90
比较拟合指数(CFI)	0.998	取值应≥0.90
增量拟合指数(IFI)	0.998	取值应≥0.90
塔克刘易斯指数(TLI)	0.985	取值应≥0.90

③ 聚敛效度和组合信度。在线学习结果量表的聚敛效度和组合信度如表3.15所示,在线学习结果量表的平均变异数抽取量 AVE 为 0.828、0.837,大于0.5,说明在线学习结果量表聚敛效度理想。量表的组合信度 CR 为 0.935、0.954,均大于 0.7,说明在线学习结果量表具有良好的组合信度。

综上,在线学习结果量表质量良好,适合用于测量大学生的在线学习结果。

(二) 质性研究工具

首先,我们在调查问卷中设置了一个主观式开放性题目,"关于在线学习您还有什么想说的呢?",学生自主选择填写。回收数据后,先通过 Nvivo 对开放性题目进行主题分析,对学生反映出来的问题进行整理,与量化研究数据反映出的问题进行合并,从而制定访谈提纲。

其次,为了收集质性数据,研究人员对所选择的访谈对象开展了深度访谈。在设计访谈提纲过程中,首先邀请专家对访谈问题的内容适当性进行审查,进一步验证访谈问题的有效性。其次,质性研究结果不仅有助于将研究问题的各种观点结合在一起,还通过建立"来自多个个人的观点的证据"来增加研究的有效性、可信度和可靠性。本书收集访谈材料的目的是对量化研究结果进一步验证、深化及补充。因此,本书的访谈提纲(详见附录二)是在量化分析基础上设计的。根据量化数据显示出变量之间的关系和作用机制,所以访谈提纲是围绕学生对这些方面的主观性意见、观点和态度拟定的,以了解他们的真实想法。

三、分析思路与方法

(一) 定量分析思路

本书采用社会科学统计软件包(SPSS)、结构方程建模(SEM-Amos)作为主要的量化数据分析工具。本书将使用描述性统计和推断性统计。描述性统计包括频率、百分比、平均值和标准差。推断性统计采用差异性检验、相关分析、逐步多元回归分析和结构方程模型,以确定变量之间的预测关系和作用机制。利用 SEM-Amos 过程涉及两个主要阶段:评估测量模型的结构效度、聚敛效度和组合信度,然后对结构模型进行分析。

(二)访谈的文本数据

1. 访谈的过程

访谈从回收量化数据、分析研究问题、设计访谈提纲、联系访谈对象到最后的分析整理共用时近十个月。在确认访谈对象参与此次研究之后,预约他们的空闲时间集中访谈。在接受采访的前一天,研究人员会再给受访者发微信信息(短信),提醒预约的时间,以保证第二天访谈的正常进行,并希望受访者能找到一个足够安静的私人空间接受访谈,以保证他们能敢于表达出自己的真实感受、想法和观点。

通过 16 次访谈,本研究收集了丰富的质性数据。访谈的具体程序包括以下步骤:录音、建立关系、确认知情同意、基本信息统计、访谈问题、访谈后续问题、结束语、总结和最后评论、关闭录音。[①] 在访谈期间,研究人员使用录音笔记录所有访谈过程的同时也做了笔记。录音帮助研究人员重新审视访谈内容,保证质性数据的完整性。访谈通常是理解某人观点的一种有效的方式,这允许研究人员根据受访者的回答,使用面部表情或肢体语言作出回应。研究人员还能够直接与受访者互动,不断引导受访者回答访谈提纲中的问题,并采用后续问题不定时追问,挖掘问题背后的原因和深层意义。研究人员也会根据具体的访谈气氛对问题的顺序和具体访谈方式进行有效调整,保证在访谈时间内访谈对象有效回答完访谈提纲所列出的问题。本书的访谈方式全部采用线上,这是为了避免新冠疫情期间出差可能存在的危险,也是希望通过线上的方式唤起他们在线学习的感知。

2. 访谈数据的整理和分析

为了分析质性数据,需要对访谈资料逐步集中和浓缩,并进行系统化和条理化的整理和分析,最终达到对原始资料进行意义解释的最终目的。[②] 针对问卷中的文本数据和访谈中搜集的文本资料,需要采用质性编码的方式来分析。在对质性资料进行分析时,编码可促成资料简化,是整理定性研究资料的一个重要方式。"质性编码,是对数据内容进行定义的过程,是我们分析的第一步。编码意味着把数据片段贴上标签,同时对每一部分数据进行分类、概括和说明。"[③] 归纳式的编码

[①] Gentles S J, Charles C, Ploeg J, et al. Sampling in Qualitative Research: Insights from an Overview of the Methods Literature[J]. Qualitative Report, 2015:20(11):1772-1789.

[②] 陈向明. 质的研究方法与社会科学研究[M]. 北京:教育科学出版社,2000:279.

[③] 陈向明. 质的研究方法与社会科学研究[M]. 北京:教育科学出版社,2000:277-290.

主要是在收集资料和对资料自身的最初阅读后产生的编码,它可能发生在很多阶段的资料搜集过程中。归纳式的编码类型中,采用最多的三种定性资料编码类型,即开放式编码、轴心式编码、选择式编码。如果编码是由理论决定的,而且通常以变量的形式出现,这样的编码就是演绎式编码,演绎式编码按照预先构建的概念对资料进行编码。① 因此,本研究采用演绎法分析资料。首先对其进行逐字逐句转录和审核,修改其中的字、词、句使之逻辑通顺,以保证数据资料的完整性和准确性。其次,研究人员多次通读文本并识记,突出相关的文本,并基于本研究的理论分析框架对资料编码并抽取相关的文本。随后,研究人员对相似观点进行整合并形成多个主题。最后,研究人员将分类主题进行整合与抽象,并深入分析和阐释资料隐含的深层结构,从而解释研究问题。②

第三节 研究重难点

通过对研究重点、难点的梳理,进一步理清思路,将使得研究有的放矢。

研究的重点在于分析在线学习体验和结果的影响因素,以及在线学习各变量之间的作用机制。通过量化方法分析影响因素和作用机制,能够更直接了解变量之间的关系,有的放矢地提出优化在线学习的改进措施。

研究的难点在于:首先,研究拟采用混合研究方法中的解释性时序设计,需要较长的时间来实施量化和质性这两个研究阶段;其次,研究实施期间,由于疫情的原因,不能实地做访谈,只能选择在线访谈的方式,这对访谈的技巧有更高的要求;最后,挑选样本高校和访谈对象的范围和数量受限于个人人际关系和经济基础。

本 章 小 结

本章交代了本书的研究思路,包括研究路径、分析框架及研究方法。量化部分通过使用在线学习环境支持量表、在线学习体验量表、在线学习结果量表编制出"我国高校本科生在线学习情况调查"问卷,收集了来自15所高校9179名本科生的数据,通过SPSS、Amos进行数据处理,分析了各量表的信效度。检测结果表明,研究的量表具有良好的信效度。

---

① 戴维,萨顿. 社会研究方法基础[M]. 陆汉文,等译. 北京:高等教育出版社,2008:208-210.

② 万圆. 美国精英高校录取决策机制研究:多重逻辑作用模型的构建[D]. 厦门:厦门大学,2017:81-82.

质性部分通过量化研究结果编制出半结构化访谈提纲,收集了来自7所高校16名本科生的数据,利用演绎式编码的方式,对所有质性资料进行编码分析。

通过长达两年的深入研究得出,本书所涉研究的重点在于分析在线学习体验和结果的影响因素研究,以及在线学习各变量之间的作用机制。但由于研究使用的是混合研究方法,这一过程中存在着时间长、难度大等不利因素。

第四章 在线学习的现状及差异性分析

本科生作为各类高校人数最多的学生群体,其也是高校在线学习的重要群体。为进一步厘清我国高校本科生在线学习的整体状况,本书先对本科生在线学习进行现状分析。具体来说,本书将基于文本分析和问卷调查,应用 Excel 和 SPSS 统计软件,采用描述性统计和差异性分析,客观反映采用在线学习范式、不同性别、生源地、年级、学科、高校类型等特征属性的本科生对环境支持、在线学习体验、在线学习结果的评价,从而呈现出当前我国高校本科生在线学习中主体、前提、过程、结果的现实图景。

第一节 在线学习的描述性统计

本书聚焦的是第三次浪潮的在线学习。2020 年以来全员在线学习因为新冠疫情的突发,呈现出应急和常态化特征。对于新冠疫情应急和常态化两阶段,相关文件有着明确的时间划分节点。2020 年 1 月 27 日,教育部下发《春季学期延期开学的通知》[①],表明了应急阶段在线学习正式开启。2020 年 6 月 12 日,教育部应对疫情工作领导小组办公室起草了《疫情常态化下复学复课工作 20 问》,对新冠疫情常态化阶段复学复课中出现的新情况、新问题和社会的热点关切需要给予及时、权

---

① 中华人民共和国教育部. 关于 2020 年春季学期延期开学的通知[EB/OL]. (2020-01-27). http://www.moe.gov.cn/jyb_xwfb/gzdt_gzdt/s5987/202001/t20200127_416672.html.

威的回应和解答。① 据此,2020年1—6月中旬为新冠疫情应急阶段,2020年6月下旬至今为常态化阶段。本节采用两个阶段的数据对在线学习的现状进行描述性统计。

一、新冠疫情应急期间在线学习的描述性分析

2020年初,教育部先后下发了指导性文件,指出"停课不停教与学"。其中,暂"停"的是一直沿用的在固定场所和固定时间,由固定教师和学生组成的"班级上课制"的"课";"不停"的是依托网络开展的无固定场所、时间、教师与学生的在线"教"与"学"。这对我国普通高校几百万教师和管理者、几千万学生来说,是一个未准备好而又必须人人面对的挑战。疫情应急期间,各高校高度重视,开展了世界最大规模的在线学习。依托教育部组织在线课程学习平台开出了1719万门次在线课程,覆盖本科12个大学科门类、专科高职18个专业大类,参与在线学习的大学生达35亿人次,免费提供2000余门虚拟仿真实验课程资源。②

本部分采用文本分析法分析了全国12个省(市)共57所高校(其中:22所"双一流"大学和35所地方高校)应急期间的在线教学质量报告、福建省70所高校、山东省78所高校超星平台在线教学数据统计报告,旨在探究新冠疫情应急期间全国高校本科生在线学习的表现。

(一) 在线学习环境支持基本满足需求

为学生提供一个有效的在线学习环境支持条件是高校、在线学习平台供应商及家庭的优先事项。它是保障在线学习成功的先决条件。疫情应急期间,在线学习平台、高校的在线学习管理与支持满足了学生的学习需求,为学生获得满意的在线学习结果提供了支撑条件。

1. 在线学习平台满足了学生的学习需求

种类多样、访问量大、课程门次多的学习平台为学生在线学习提供了多样化及个性化的选择。新冠疫情突发时,大部分高校加强了在线学习平台的建设工作。除了搭建本校在线学习平台、积极使用教育部推荐的37个在线学习平台之外,还使用常用的网络直播APP。数据显示,57所高校平均每所高校使用平台数为8.3

---

① 中华人民共和国教育部. 教育部 国家卫生健康委印发《疫情防控常态化下复学复课工作20问》[EB/OL]. (2020-06-14). http://www.gov.cn/xinwen/2020-06/14/content_5519313.htm.
② 杜玉波. 在2021世界人工智能大会教育主题论坛上的致辞[EB/OL]. (2021-07-08). https://mp.weixin.qq.com/s/AfKjQwqRWA-2NUi6UMyOIg.

个；福建省高校一周累计平台访问数13.8亿次，单日访问数最大值约2.9亿次；山东省高校一个月单日平均访问数约为8700万次。各所高校通过多个平台联合使用，避免了因网络、访问量大等问题造成学习活动的卡顿、中断等问题。各高校还以平台的视频播放的稳定性、声音传输的同时性、文件传输及下载的方便性等因素为指标调查了学生最喜欢的在线学习平台和学习工具，有效提高了学生在线学习效果和满意度。针对这些高校的调查显示，最喜欢和最受欢迎的在线学习平台包括QQ直播、中国大学MOOC、钉钉、腾讯课堂、超星、微信群、智慧树、腾讯会议等。种类多样、访问量大、口碑好的在线学习平台保障了学生在应急期间在线学习的正常进行。

由于不同类型高校教学任务不一，新冠疫情应急期间，除了个别不适宜使用在线学习的课程之外，大部分高校将98%的教学任务搬到了线上，保证了教学计划的执行。据统计，2020年春季学期开学第一周，57所高校校均开设在线课程2063门次；福建省高校一周运行在线课程总数162533门，平均每天运行课程约32507门；山东省高校一个月共新建在线课程40419门，平均每天运行课程17789门。线上课程资源建设得到强化，教育部认定国家精品在线开放课程1291门，上线慕课数量达到8100门。足够多门次的在线课程为学生在应急期间的"居家学习"提供了多样化和个性化的选择。

2. 高校的管理保障了在线学习正常开展

（1）常规教学检查正常运行。各所高校坚持立德树人根本任务，坚持疫情和教育教学质量两手抓、两手都要硬的工作要求。坚持"以学生中心、问题导向、持续改进"的工作原则，建立系统化的领导小组和工作小组，重点加强对学生在线学习的纪律、在线学习的行为、在线学习质量等的督查。经调查，大部分课程学生出勤率达90%以上。高校相关工作小组还通过在线教学课件的检查和旁听网课等措施，对教师包括教学指南、教学大纲、PPT课件、教学视频、测试或作业、其他拓展资料等课程材料的教学准备情况进行督查。通过督查教师教学的准备、教学的组织、学生学习资料和学习评价的情况，保证了学生能够获得高质量的在线课程教学。

（2）技术辅导团队助力教师顺利开展在线教学。疫情突然暴发，教师们深感重任在肩，坚决贯彻教育部的部署安排，积极推进在线教学实践。但有些老师还是会因为技术问题而陷入困惑之中，特别是一些年龄大的教师或不常用电脑的教师。没了实体的教研室，没有其他教师在身边的辅助，这些教师在执行在线教学时困难重重。这将给学生正常的在线学习造成困扰。基于此，高校教务部门与主要的在线学习平台公司紧密合作，共同建立了在线教学辅导团队，为教师提供有关在线教学设计与组织、平台功能使用、新技术使用等方面的辅导。团队形成了7×18（每周7天，每天18个小时）的辅导模式，通过微信、QQ、电话等方式为教师提供一对一的在线学习平台咨询与培训服务,共同助力教师们顺利开展在线教学。高校教务部门也总结了一些共同的、可推广的典型教学经验和模式,提供给其他教师们交流和学习。通过管理部门对教师在线教学技能的辅导,教师能够熟练掌握和使用平台和新技术,在线教学过程更加流畅,学生在线学习更加顺利。

(3) 形成多维的教学运行监控体系。教育部指出"要与课程平台建立教学质量保障联动机制,充分利用学习行为分析数据,了解学生的在线学习情况"。为贯彻落实教育部的要求,各高校周密部署、多方联动,形成了集监控队伍、评价准则和监督督导体系于一体的保障措施。通过文本分析得出,各高校普遍组建了各级线上监控队伍,包括校级领导小组、专家督察组、各部门协同工作小组、在线教学培训及指导组、技术保障组;制定了在线教学督导评价准则;构建了覆盖全课程、全周期、全员的监控督导体系。可以看出,各所高校紧紧围绕"质量",保证学生线上和线下学习的实质等效。正是有了闭环的监控体系,授课教师才能根据学生的反馈及时调整课程进度及教学方法;高校才能时时掌握在线教学的整体效果,为进一步提升学生在线学习质量保驾护航。

(二) 教师上线积极,发布活动丰富

新冠疫情应急期间,我国高校教师中上到耄耋之年的"大家",下至刚入职的"青椒",共同日夜奋战,想学生之所想,一丝不苟地努力做好图、文、音、视频相结合的各类在线课件,展示出新时代教师应有的教育责任与担当。高校教师化"突发疫情"的消极因素为推进新教学理念和教学模式改革的积极动力。统计数据显示,疫情应急期间,57所高校平均每天都有360多人次的教师在网上教学和答疑解惑。福建省高校一周在线教师总人次为140582,在线教师人次单日最大值为28824,高校教师共计发布活动252017个,发帖34807个,发布作业22661次,批阅作业360546次。山东省高校一个月平均每日在线教师数约7400人。访谈得知教师中76%表示对网络的总体服务感到比较好和好;76.3%表示对自己的在线教学感到满意或比较满意。有的教师虽然"蜗居"在家中,条件简陋,并受到小孩的干扰,但仍能精神饱满,充满激情地在线教学,并循循善诱地在线上耐心解答学生的问题。教师们的积极表现,让学生们体验到"诲人不倦"的"传道、授业、解惑"的为师精神。

为确保在线教学的顺利开展,教师们积极响应、精心设计、准备多种预案,着力保证教学效果。新冠疫情应急期间,57所高校教师教学模式主要包括直播+在线互动、直播、录播+在线互动、录播、学生自主学习+在线互动、学生自主学习、SPOC、PPT+在线讨论、利用其他课程资源、及时答疑、录制讲解视频+直播等,教学模式平均使用数量为2.2种。教师辗转使用多种教学模式,目的就是为了能够为学生提供最优质的教学质量。高校自身开展的调查问卷显示"直播+在线互动""录播+在线互动""使用在线开放课程教学"的比例高达80%以上。而最受学生

喜欢的在线学习模式有直播、直播+在线互动、录播、录播+在线互动、平台学习等11种,其中直播是学生最喜欢的在线学习模式。

(三) 学生获得丰富的学习资源、互动频繁

1. 获得了丰富的学习资源

高校以在线教学为契机,以学生为中心,推动了学生自主学习。师生通过互联网教学,共同打破了时空的限制,为学生提供了丰富的学习资源。福建省高校一周共计上传学习资源939848个;山东省高校一个月共上传教学视频、音频、图片、PPT、Word、试题等在线学习资源约265.3万个。教师普遍以任务和问题为牵引,引导学生开展自主学习。调查显示,学生最喜欢的在线学习资源包括电子教材、PPT、教师的教学视频等。

2. 学生利用在线学习平台实现互动

在在线学习平台互动方面,57所高校一周内学生在线人次均值为94879.7;山东省高校一个月平均每日在线学生数约24.7万人;福建省高校一周在线学生总人次为3682860,在线学生人次单日最大值为753538,共计完成任务点9479882个、参与活动2199439个、发布课堂活动2399835次、师生讨论话题876912个、回帖863607个、完成作业934574份。从数据来看,学生的互动充分、热情度非常高。学生最喜欢的互动方式包括微信群聊、学习通群聊、QQ群聊、教师在线答疑、小组讨论、布置作业或测验等。以不同的方式进行互动,为学生提供了更多与教师、与同学交流互动的机会。

(四) 学生在线学习结果的表现情况

综合各高校疫情应急期间的问卷调查的情况发现,学生在线学习结果主要采用满意度来衡量。在其中,学生满意度调查又分为总体情况满意度、互动满意度、教学管理工作满意度、教师授课清晰度满意度、平台资源满意度、在线学习效果满意度六个维度。其中,90.2%的学生对在线学习总体情况满意;91.1%的学生对教师在线辅导和答疑等教学互动感到满意;96.1%的学生对教师在在线学习平台上及时更新导入学生名单、教学指南、教学进度等教学管理工作感到满意;94.7%的学生对教师授课的教学目标、要求和重点难点等授课清晰度感到满意;98.0%的学生认可教师提供的平台教学资源;89.3%的学生对在线学习效果感到满意。从学生对在线教学工作各方面的满意度来看,满意度都比较高,也即说明应急期间的在线教学是成功的,满足了学生们对在线学习的期待。从高校本科生的年龄来看,大多数学生都是2000年以后出生的,正是因为大多数学生是在网络普及环境中长大的,他们对网络有一种天然亲近感。因此,即便是因为突发的疫情而将学习活动应急性地搬到线上,他们也能够快速地适应新的学习方式。

综上,新冠疫情应急期间,我国在极短的时间内成功组织了全国范围内最大规模的在线学习,反映了我国教育系统所具有的较强的应变能力、组织能力和统筹能力。这个过程实现了"停课不停教、停课不停学",满足了师生教学和学习的基本需求。但应急期间组织的在线教学是因危机而暂时采用的替代方案,大多数教师还是单纯模仿传统的教学实践,从而缺少严谨的在线教与学的设计。这不仅会失去改善学生学习活动的机会,也会妨碍在线学习特征的充分展现,更不必说与线下课堂学习等质,促进学生在线学习内生动力的形成。因此,这样的应急性措施不能代表常态化后精心设计的在线课程带给学生的在线学习经历。[①]

二、常态化下在线学习的描述性分析

2020年初突发的新冠疫情是一剂催化剂,推动了在线学习第三次浪潮的发生,加速了我国在线学习的发展,也加速了学生对在线学习这一新的学习方式的接受。在线学习从辅助学习、按需学习发展到全员参与的阶段,其影响范围比以往任何时期都更加广泛。从我国在线学习的实践来看,各个方面都发生了较大的变化。在线学习者数量的增长约为之前的十倍;在线学习模式也扩展出更多类型,例如直播、录播、MOOC、在线研讨、虚拟实验等;在线学习体现出更大规模、移动互联、方便快捷、随时随地、个性化、多样化等特征,真正践行了以"学生为中心"的教学理念;学生对在线学习的接受度从硬性参与逐渐向适应投入转变。新冠疫情应急期间推出的"停课不停教与学",由线上取代线下,有其先进性的一面,但因其属于应急性质因而只能代表在线学习的特殊阶段,因此,本书继续探究常态化下在线学习的现状。

(一) 在线学习范式和学习模式情况

1. 在线学习范式发生变化

据调查,2020年初新冠疫情突发期间,我国高校纯在线学习的学生占96%。[②]常态化后,各高校恢复了正常教学秩序,学生们的学习范式也跟着转变。本书的样本数据显示,72.4%的学生的学习范式为混合式学习;7.23%的学生的学习范式为纯在线学习;有20.37%的学生恢复了传统课堂学习。从数据可知,疫情常态化

---

① 穆肃,王雅楠.转"危"为"机":应急上线教学如何走向系统在线教学[J].现代远程教育研究,2020,32(3):22-29.
② 全国高等学校质量保障机构联盟(CIQA),厦门大学教师发展中心.疫情期间高校教师(学生)线上教学调查报告[EB/OL].(2020-04-05). https://mp.weixin.qq.com/s/eplOC9NpJKpXqqZCO3SD2A.

后,纯在线学习的人数大幅度减少,这也从另一个侧面反映出在目前阶段,全员全程纯在线学习只是为了应对突发疫情而选择的应急方式,一旦社会层面适应疫情,纯在线学习将暂时退出,转而替换的是混合式学习或课堂学习。

2. 呈现出多样化的在线学习模式

不同于2020年以前的在线学习,新冠疫情突发之后,在线学习模式呈现出多样化的态势。根据新冠疫情应急期间的调查,在线学习模式主要有MOOC、直播、录播、在线研讨、在线实验和其他(教室直播授课)六种类型。对在线学习模式再次进行调查,结果由表4.1所知,在线学习模式最常用的是MOOC,其次是直播,再次是录播,可以看到在线研讨和在线实验这两种学习模式的使用是比较少的。也就是说,在线学习进入到第三次浪潮,MOOC和直播对学生在线学习的重要性不可小觑。大多数人表示,学习MOOC不仅能学习新主题知识,还能了解有关MOOC和在线学习的信息。[1] 而在线学习采用网络直播时,其优势也很明显。学生能完成众多的学习任务,如分享文本、PDF文件、视频或音频、图片和幻灯片,实时互动,发布问题或回答问题,开展小组学习,直播结束后复习课程还可以通过回放功能来完成。

表 4.1 在线学习模式统计

教学模式	个案数	百分比	个案百分比
MOOC	5596	30.1%	61.0%
直播	5368	28.9%	58.5%
录播	3814	20.5%	41.6%
在线研讨	2202	11.9%	24.0%
在线实验	994	5.4%	10.8%
其他	589	3.2%	6.4%
总计	18563	100.0%	202.3%

(二)在线学习要素的概况

研究人员通过平均数和标准差初步描绘本科生的在线学习现状。调查表明(表4.2),环境支持的总得分为3.874,表明学生对常态化下在线学习的环境支持的评价较高。但具体分析因子的得分,网络条件质量是环境支持中评分最低的一

---

[1] Judy P. A Compendium of MOOC Perspectives, Research, and Resources[EB/OL]. (2013-11-04). https://er.educause.edu/articles/2013/11/a-compendium-of-mooc-perspectives-research-and-resources.

个方面,而其他三个方面得分相差不大。这与新冠疫情应急期间的评价相一致。教学临场感的总得分为4.072,表明学生对教师的教学设计及组织、促进理解及直接指导三个方面的评分较高。进一步分析因子的得分,设计与组织方面在教学临场感三个方面是得分最高的,而促进理解和直接指导得分差不多。认知临场感的总得分为3.916,表明学生能较好地感知到自身在触发事件、探究、整合和解决问题四个方面的表现。因子的得分表明,得分最低的是解决问题,而得分最高的是整合,触发事件和探究的得分相差不大。社会临场感的总得分为3.930,表明学生能较好地感知到自身在情感表达、公开交流及集体凝聚力三个方面的表现。三个方面中公开交流得分最高,而情感表达和集体凝聚力的得分偏低。自主性临场感的总得分为3.906,表明学生能较好地感知到自身主体性并参与其中。在线学习效果和在线学习满意度的总得分分别为3.629和3.758,表明学生对在线学习的结果较为满意,但在线学习效果较低于在线学习满意度。从数据中还可看出,学生在线学习体验中,在教学临场感得分最高,其次是社会临场感、认知临场感和自主性临场感,而最低的是环境支持。

表 4.2 本科生在线学习概况

环节		均值	标准差	因子	均值	标准差
环境支持		3.874	0.820	学习平台	3.879	0.860
				网络条件	3.805	0.914
				使用培训	3.875	0.861
				政策支持	3.938	0.863
在线学习体验	教学临场感	4.072	0.740	设计与组织	4.123	0.742
				促进理解	4.058	0.753
				直接指导	4.034	0.769
	认知临场感	3.916	0.752	触发事件	3.903	0.774
				探究	3.918	0.766
				整合	3.971	0.758
				解决问题	3.872	0.792
	社会临场感	3.930	0.750	情感表达	3.915	0.769
				公开交流	3.943	0.779
				集体凝聚力	3.930	0.761
	自主性临场感	3.906	0.724	自我效能感	3.907	0.733
				自我调节	3.904	0.764

续表

环节		均值	标准差	因子	均值	标准差
在线学习结果	在线学习效果	3.629	0.906		—	
	在线学习满意度	3.758	0.822		—	

第二节 在线学习的差异性分析

本书采用独立样本 T 检验和单因素方差分析进行在线学习环境支持、在线学习体验和在线学习结果的差异性分析。

一、在线学习环境支持的差异性分析

利用 T 检验和方差分析,分别探讨不同在线学习范式、性别、生源地、年级、学科和高校类型的本科生对在线学习环境支持评价的差异性。从表4.3可知,采用混合式学习范式的环境支持评分高于纯在线学习;生源地为城镇的学生的环境支持显著高于农村的学生;不同年级本科生的环境支持也存在显著性差异,具体事后检验表现为一年级大于二年级,二年级大于三年级和四年级;不同高校类型的本科生的环境支持评价也存在显著性差异,具体表现在"一流大学"建设高校和"一流学科"建设高校都大于省属重点高校,而省属重点高校大于新建地方本科高校。从检测的结果还可知,不同性别、不同学科的本科生对环境支持的评价没有显著性差异。

表4.3 环境支持的差异分析

变量		平均值	T检验、F检验(显著性)	LSD
在线学习范式	纯在线学习	3.800±0.874	−2.568**	
	混合式学习	3.881±0.814		
性别	男	3.864±0.927	−0.624	
	女	3.877±0.781		
生源地	城镇	3.968±0.836	8.473***	
	农村	3.819±0.806		

续表

变量		平均值	T检验、F检验（显著性）	LSD
年级	一年级	3.978±0.821	32.259***	一年级＞二年级＞三年级,四年级
	二年级	3.846±0.813		
	三年级	3.768±0.805		
	四年级	3.793±0.823		
学科	人文科学	3.891±0.813	1.846	
	社会科学	3.891±0.800		
	自然科学	3.858±0.835		
高校类型	"一流大学"建设高校	3.970±0.826	50.78***	"一流大学"建设高校,"一流学科"建设高校＞省属重点高校＞新建地方本科
	"一流学科"建设高校	3.954±0.810		
	省属重点高校	3.906±0.816		
	新建地方本科	3.678±0.804		

注：* 为 $p<0.05$；** 为 $p<0.01$；*** 为 $p<0.001$。

二、在线学习体验的差异性分析

(一) 教学临场感的差异性分析

研究人员利用 T 检验和方差分析,分别探讨不同在线学习范式、性别、生源地、年级、学科和高校类型的本科生在教学临场感上的差异性。从表 4.4 可知,采用混合式学习范式的本科生的教学临场感显著高于纯在线学习;生源地为城镇的学生的教学临场感显著高于农村的学生;不同年级本科生的教学临场感也存在显著性差异,具体事后检验表现为一年级大于二年级,二年级大于三年级和四年级;不同学科的本科生的教学临场感也存在显著性差异,事后检验表现为人文科学和社会科学都大于自然科学的学生;不同高校类型的本科生教学临场感也存在显著性差异,具体表现在"一流大学"建设高校和"一流学科"建设高校都大于省属重点高校,而省属重点高校大于新建地方本科高校。从检测的结果还可知,不同性别的本科生的教学临场感没有显著性差异。

表 4.4 教学临场感的差异分析

变量		平均值	T检验、F检验（显著性）	LSD
在线学习范式	纯在线学习	3.997±0.811	−2.858**	
	混合式学习	4.080±0.732		
性别	男	4.047±0.813	−1.815	
	女	4.081±0.713		
生源地	城镇	4.169±0.742	9.664***	
	农村	4.015±0.732		
年级	一年级	4.162±0.734	34.679***	一年级＞二年级＞三年级、四年级
	二年级	4.068±0.729		
	三年级	3.966±0.730		
	四年级	3.977±0.759		
学科	人文科学	4.120±0.734	7.797***	人文科学、社会科学＞自然科学
	社会科学	4.094±0.718		
	自然科学	4.044±0.754		
高校类型	"一流大学"建设高校	4.160±0.731	35.081***	"一流大学"建设高校、"一流学科"建设高校＞省属重点高校＞新建地方本科高校
	"一流学科"建设高校	4.142±0.743		
	省属重点高校	4.086±0.738		
	新建地方本科高校	3.931±0.727		

注：＊为 $p<0.05$；＊＊为 $p<0.01$；＊＊＊为 $p<0.001$。

（二）认知临场感的差异性分析

研究人员利用 T 检验和方差分析，分别探讨不同在线学习范式、性别、生源地、年级、学科和高校类型的本科生在认知临场感上的差异性。从表4.5可知，采用混合式学习范式的学生的认知临场感显著高于纯在线学习；男生的认知临场感显著高于女生；生源地为城镇的学生的认知临场感显著高于农村的学生；不同年级本科生的认知临场感也存在显著性差异，具体事后检验表现为一年级大于二年级，二年级大于三年级，一年级大于四年级；不同高校类型的本科生的认知临场感也存在显著性差异，具体表现在"一流大学"建设高校大于省属重点高校，省属高校大于新建地方本科高校，"一流学科"建设高校大于新建地方本科高校。从检测的结果还可知，不同学科的本科生的认知临场感没有显著性差异。

表 4.5 认知临场感的差异分析

变量		平均值	T检验、F检验（显著性）	LSD
在线学习范式	纯在线学习	3.857±0.819	−2.205*	
	混合式学习	3.922±0.745		
性别	男	3.952±0.825	2.525*	
	女	3.904±0.725		
生源地	城镇	4.005±0.768	8.737***	
	农村	3.864±0.738		
年级	一年级	3.973±0.759	12.774***	一年级＞二年级＞三年级；一年级＞四年级
	二年级	3.908±0.749		
	三年级	3.846±0.729		
	四年级	3.869±0.754		
学科	人文科学	3.938±0.758	0.821	
	社会科学	3.908±0.731		
	自然科学	3.915±0.764		
高校类型	"一流大学"建设高校	3.989±0.759	24.644***	"一流大学"建设高校＞省属重点高校＞新建地方本科；"一流学科"建设高校＞新建地方本科
	"一流学科"建设高校	3.959±0.776		
	省属重点高校	3.936±0.749		
	新建地方本科	3.791±0.722		

注：* 为 $p<0.05$；** 为 $p<0.01$；*** 为 $p<0.001$。

(三) 社会临场感的差异性分析

研究人员利用 T 检验和方差分析，分别探讨不同在线学习范式、性别、生源地、年级、学科和高校类型的本科生在社会临场感上的差异性。从表 4.6 可知，生源地为城镇的学生的社会临场感显著高于农村的学生；不同年级本科生的社会临场感也存在显著性差异，具体事后检验表现为一年级大于二年级，二年级大于三年级，一年级大于四年级；不同高校类型的本科生的社会临场感也存在显著性差异，具体表现在"一流大学"建设高校、"一流学科"建设高校、省属重点高校均大于新建地方本科高校。从检测的结果还可知，采用不同在线学习范式、不同性别、不同学科的本科生的社会临场感没有显著性差异。

表 4.6 社会临场感的差异分析

变量		平均值	T检验、F检验（显著性）	LSD
在线学习范式	纯在线学习	3.883±0.795	−1.768	
	混合式学习	3.934±0.745		
性别	男	3.954±0.828	1.692	
	女	3.921±0.721		
生源地	城镇	4.012±0.769	8.163***	
	农村	3.881±0.734		
年级	一年级	3.993±0.757	16.416***	一年级＞二年级＞三年级；一年级＞四年级
	二年级	3.921±0.748		
	三年级	3.843±0.732		
	四年级	3.885±0.741		
学科	人文科学	3.966±0.753	2.124	
	社会科学	3.929±0.730		
	自然科学	3.919±0.761		
高校类型	"一流大学"建设高校	3.994±0.773	22.610***	"一流大学"建设高校，"一流学科"建设高校，省属重点高校＞新建地方本科高校
	"一流学科"建设高校	3.969±0.773		
	省属重点高校	3.950±0.741		
	新建地方本科高校	3.809±0.721		

注：* 为 $p<0.05$；** 为 $p<0.01$；*** 为 $p<0.001$。

（四）自主性临场感的差异性分析

研究人员利用 T 检验和方差分析，分别探讨不同在线学习范式、性别、生源地、年级、学科和高校类型的本科生在自主性临场感上的差异性。从表 4.7 可知，男生的自主性临场感显著高于女生；生源地为城镇的学生的自主性临场感显著高于农村的学生；不同年级本科生的自主性临场感也存在显著性差异，具体事后检验表现为一年级大于二年级，四年级大于三年级；不同高校类型的本科生的自主性临场感也存在显著性差异，具体表现在"一流大学"建设高校和"一流学科"建设高校都大于省属重点高校，省属重点高校大于新建地方本科高校。从检测的结果还可知，采用不同在线学习范式、不同学科的本科生的自主性临场感没有显著性差异。

表 4.7　自主性临场感的差异分析

变　量		平均值	T 检验、F 检验（显著性）	LSD
在线学习范式	纯在线学习	3.859±0.772	−1.872	
	混合式学习	3.911±0.719		
性别	男	3.963±0.798	4.113***	
	女	3.887±0.697		
生源地	城镇	3.990±0.737	8.549***	
	农村	3.857±0.712		
年级	一年级	3.966±0.725	14.604***	一年级＞二年级；四年级＞三年级
	二年级	3.888±0.732		
	三年级	3.828±0.700		
	四年级	3.883±0.722		
学科	人文科学	3.918±0.730	0.288	
	社会科学	3.900±0.700		
	自然科学	3.907±0.738		
高校类型	"一流大学"建设高校	3.978±0.734	27.363***	"一流大学"建设高校，"一流学科"建设高校＞省属重点高校＞新建地方本科高校
	"一流学科"建设高校	3.967±0.742		
	省属重点高校	3.920±0.718		
	新建地方本科高校	3.782±0.705		

注：* 为 $p<0.05$；* * 为 $p<0.01$；* * * 为 $p<0.001$。

三、在线学习结果的差异性分析

（一）在线学习效果的差异性分析

研究人员利用 T 检验和方差分析，分别探讨不同在线学习范式、性别、生源地、年级、学科和高校类型的本科生在在线学习效果上的差异性。从表 4.8 可知，男生的在线学习效果显著高于女生；生源地为城镇的学生的在线学习效果显著高于农村的学生；不同高校类型的本科生的在线学习效果也存在显著性差异，具体表现在省属重点高校大于"一流大学"建设高校和新建地方本科高校。从检测的结果还可知，采用不同在线学习范式、不同年级、不同学科的本科生的在线学习效果没有显著性差异。

表4.8 在线学习效果的差异分析

变量		平均值	T检验、F检验（显著性）	LSD
在线学习范式	纯在线学习	3.634±0.919	0.13	
	混合式学习	3.629±0.905		
性别	男	3.719±0.976	5.206***	
	女	3.600±0.879		
生源地	城镇	3.664±0.965	2.706**	
	农村	3.610±0.868		
年级	一年级	3.630±9.178	1.527	
	二年级	3.622±0.846		
	三年级	3.604±0.700		
	四年级	3.629±0.906		
学科	人文科学	3.615±0.915	4.006	
	社会科学	3.598±0.902		
	自然科学	3.656±0.905		
高校类型	"一流大学"建设高校	3.585±0.990	4.853**	省属重点高校＞"一流大学"建设高校，新建地方本科
	"一流学科"建设高校	3.628±0.985		
	省属重点高校	3.663±0.883		
	新建地方本科	3.583±0.824		

注：* 为 $p<0.05$；** 为 $p<0.01$；*** 为 $p<0.001$。

（二）在线学习满意度的差异性分析

研究人员利用T检验和方差分析，分别探讨不同在线学习范式、性别、生源地、年级、学科和高校类型的本科生在在线学习满意度上的差异性。从表4.9可知，男生的在线学习满意度显著高于女生；生源地为城镇的学生的在线学习满意度显著高于农村的学生；不同年级的本科生的在线学习满意度存在显著性差异，事后检验表明，一年级大于二年级和三年级的学生；不同高校类型的本科生的在线学习满意度也存在显著性差异，具体表现在"一流大学"建设高校、"一流学科"建设高校、省属重点高校都大于新建地方本科高校。从检测的结果还可知，采用不同在线学习范式、不同学科的本科生的在线学习满意度没有显著性差异。

表 4.9　在线学习满意度的差异分析

变量		平均值	T检验、F检验（显著性）	LSD
在线学习范式	纯在线学习	3.728±0.860	−1.095	
	混合式学习	3.761±0.818		
性别	男	3.818±0.900	3.842***	
	女	3.737±0.793		
生源地	城镇	3.823±0.864	5.743***	
	农村	3.719±0.794		
年级	一年级	3.791±0.839	3.977**	一年级＞二年级、三年级
	二年级	3.746±0.825		
	三年级	3.706±0.785		
	四年级	3.758±0.812		
学科	人文科学	3.749±0.837	2.251	
	社会科学	3.736±0.806		
	自然科学	3.775±0.828		
高校类型	"一流大学"建设高校	3.794±0.866	11.990***	"一流大学"建设高校，"一流学科"建设高校，省属重点高校＞新建地方本科高校
	"一流学科"建设高校	3.907±0.865		
	省属重点高校	3.774±0.814		
	新建地方本科高校	3.662±0.769		

注：* 为 $p<0.05$；** 为 $p<0.01$；*** 为 $p<0.001$。

本 章 小 结

本章围绕在线学习的现状和差异性进行分析。结果显示：

首先，本书虽然探讨的是在线学习第三次浪潮阶段的现状，但在新冠疫情突发阶段，其在线学习也体现出应急性特征，随着社会层面适应疫情后，在线学习也随之常态化。通过数据统计发现，应急期间在线学习的环境支持基本满足需求；教师上线积极，发布活动丰富；学生获得丰富的学习资源、互动频繁；学生对在线学习效果及满意度的评分也较好。在线学习常态化下，在线学习范式和在线学习模式发生了变化。使用混合式在线学习范式的学生占72.4%，使用传统课堂学习的学生占20.37%，只有7.23%的学生使用了纯在线学习。这个数据很好地体现出目前阶段纯在线学习不是主要的在线学习范式。在线学习模式的现状表明，MOOC、直播和录播是使用得最多的模式,相比2020年以前单一的MOOC学习模式,在线学习第三次浪潮拓展了更多的在线学习模式。多样化的在线学习模式更好地满足了学生们的需求。

其次,常态化下在线学习的差异性分析显示:① 就在线学习范式而言,混合式学习的环境支持、教学临场感、认知临场感显著高于纯在线学习。由此说明,混合式学习范式的学生对教学临场感的评价更高,在认知方面也有更好的表现。而混合式学习与纯在线学习在社会临场感、自主性临场感和在线学习满意度上没有显著性差异,但混合式学习的体验得分高于纯在线学习。② 就性别差异而言,男生的认知临场感、自主性临场感、在线学习效果和在线学习满意度显著高于女生。由此说明,男生在认知临场感和自主性临场感方面有更好的表现,在线学习效果和在线学习满意度的评价也较高。③ 就生源地差异而言,生源地为城镇的学生的环境支持、教学临场感、认知临场感、社会临场感、自主性临场感、在线学习效果和在线学习满意度显著高于农村的学生。由此说明,城镇学生的在线学习环境支持更好、在线学习体验更佳,在线学习结果的评价也较高。④ 就年级而言,一年级的环境支持、教学临场感、认知临场感、社会临场感、自主性临场感、在线学习满意度高于二年级、三年级;一年级的教学临场感、认知临场感、社会临场感高于四年级;二年级的教学临场感、认知临场感、社会临场感高于三年级。由此说明,一年级的学生对在线学习的环境支持的评价更高,在线学习体验更好,在线学习结果的评价也更高。随着年级的增加,在线学习体验的感知在随之减少。⑤ 就学科而言,人文科学和社会科学的教学临场感高于自然科学的学生,其差异具有统计学意义。⑥ 就高校类型而言,"一流大学"建设高校的环境支持、教学临场感、认知临场感、社会临场感、自主性临场感高于新建地方本科高校,"一流大学"建设高校的环境支持、教学临场感、自主性临场感大于省属重点高校;"一流学科"建设高校的环境支持、教学临场感、认知临场感、社会临场感、自主性临场感、在线学习满意度大于新建地方本科高校,"一流学科"建设高校的环境支持、教学临场感、自主性临场感大于省属重点高校;省属重点高校的环境支持、教学临场感、认知临场感、社会临场感、自主性临场感、在线学习效果、在线学习满意度大于新建地方本科,省属重点高校的在线学习效果大于新建地方本科。由此说明,"一流大学"建设高校、"一流学科"建设高校、省属重点高校的学生的环境支持更好,在线学习体验更好,在线学习结果的评价也较高。而新建地方本科高校的学生在线学习的环境支持、在线学习体验和在线学习结果的评价是最低的。由此,高校和教师在今后的在线学习活动安排中,应该关注混合在线学习范式的使用,保障不同个体特征的学生的在线学习需求,让学生们都能获得较为良好的在线学习结果。

第五章 在线学习的影响因素及作用机制研究

通过对我国高校本科生的在线学习现状进行文本分析和问卷调查,本书厘清了我国高校本科生在线学习环境支持、教学临场感、社会临场感、认知临场感、自主性临场感、在线学习效果及在线学习满意度的现状及差异性表现。为了进一步分析变量之间的关系,本章利用 SPSS 统计软件,采用逐步多元回归探析在线学习体验的影响因素和在线学习结果的影响因素;利用 Amos 统计软件,采用结构方程模型探析在线学习变量之间的作用机制。

第一节 在线学习的相关性分析

通过皮尔逊相关性分析检验环境支持、在线学习体验和在线学习结果的相关性,变量之间的相关系数如表 5.1 所示。

第一,就环境支持与在线学习体验的关系而言,环境支持与教学临场感、认知临场感、社会临场感和自主性临场感均呈显著的正相关。根据相关性系数大小判断,0.7 以上说明关系非常紧密;0.4~0.7 说明关系紧密;0.2~0.4 说明关系一般,由此可知,环境支持与教学临场感、认知临场感、社会临场感和自主性临场感的关系紧密。

第二,就环境支持与在线学习结果的关系而言,从相关系数可知,环境支持与在线学习效果、在线学习满意度的关系紧密。

第三,就在线学习体验中几个临场感的关系而言,从相关系数可知,教学临场感与认知临场感、社会临场感、自主性临场感的关系非常紧密;认知临场感与社会临场感和自主性临场感的关系非常紧密;社会临场感与自主性临场感的关系非常

表5.1 环境支持、在线学习体验与在线学习结果的相关性分析

	网络条件	使用培训	政策支持	设计与指导	促进理解	直接指导	触发事件	探究	整合	解决问题	情感表达	公开交流	凝聚力	自我效能	自我调节	在线学习效果	在线学习满意度
平台质量	0.821**	0.873**	0.843**	0.662**	0.669**	0.660**	0.646**	0.643**	0.654**	0.622**	0.611**	0.611**	0.621**	0.598**	0.563**	0.480**	0.553**
网络条件		0.822**	0.792**	0.608**	0.618**	0.613**	0.605**	0.608**	0.610**	0.593**	0.580**	0.578**	0.589**	0.570**	0.534**	0.462**	0.527**
使用培训			0.889**	0.664**	0.681**	0.674**	0.659**	0.657**	0.663**	0.637**	0.625**	0.623**	0.633**	0.607**	0.570**	0.493**	0.569**
政策支持				0.680**	0.687**	0.676**	0.647**	0.647**	0.661**	0.619**	0.620**	0.618**	0.633**	0.601**	0.566**	0.455**	0.546**
设计与指导					0.942**	0.918**	0.780**	0.794**	0.821**	0.746**	0.741**	0.748**	0.754**	0.727**	0.688**	0.485**	0.611**
促进理解						0.963**	0.833**	0.837**	0.851**	0.804**	0.785**	0.786**	0.793**	0.756**	0.707**	0.548**	0.659**
直接指导							0.826**	0.827**	0.836**	0.801**	0.780**	0.780**	0.786**	0.748**	0.697**	0.559**	0.659**
触发事件								0.943**	0.932**	0.935**	0.855**	0.848**	0.859**	0.832**	0.771**	0.666**	0.760**
探究									0.935**	0.930**	0.855**	0.843**	0.858**	0.826**	0.770**	0.659**	0.754**
整合										0.902**	0.848**	0.841**	0.859**	0.831**	0.780**	0.618**	0.734**
解决问题											0.836**	0.821**	0.839**	0.818**	0.754**	0.684**	0.756**
情感表达												0.924**	0.937**	0.860**	0.790**	0.689**	0.773**
公开交流													0.910**	0.841**	0.772**	0.663**	0.753**
凝聚力														0.873**	0.802**	0.678**	0.769**
自我效能															0.881**	0.702**	0.786**
自我调节																0.665**	0.754**
在线学习效果																	0.874**

注：** 在 0.01 级别（双尾），相关性显著。

紧密。

第四,就在线学习体验与在线学习结果的关系而言,从相关系数可知,教学临场感与在线学习效果和在线学习满意度的关系紧密;认知临场感与在线学习效果的关系紧密,与在线学习满意度的关系非常紧密;社会临场感与在线学习效果的关系紧密,与在线学习满意度的关系非常紧密;自主性临场感与在线学习结果的关系非常紧密。

第二节　在线学习体验和结果的影响因素分析

本部分将以在线学习体验、在线学习结果为结果变量进行逐步多元回归分析。在以往研究中,有学者把这种回归分析方法称为分层多元回归[1](Hierarchical multiple Regression,HMR)、序列回归模型[2](the Sequential Regression Model)、逐步多元回归[3]等,这种回归方法的目的在于将解释变量逐步进入回归方程,分析决定系数 R^2 的变化量,推测各解释变量对被解释变量的影响。

一、在线学习体验的影响因素研究

本部分将在线学习范式、性别、年级、学科、高校类型、生源地六个分类变量虚拟化后作为控制变量,分别以学生在线学习体验的教学临场感、认知临场感、社会临场感和自主性临场感为因变量,以环境支持为自变量,选择"逐步"的方法添加自变量,进行逐步多元回归分析。

(一) 教学临场感的回归分析

以教学临场感为因变量,共构建了5个回归模型。由模型1到模型5逐步纳

---

[1] Rockinsonszapkiw A J, Wendt J, Wighting M, et al. The Predictive Relationship among the Community of Inquiry Framework, Perceived Learning and Online, and Graduate Students' Course Grades in Online Synchronous and Asynchronous Courses [J]. International Review of Research in Open & Distance Learning, 2016, 17(3): 18-34.

[2] Alqurashi E. Predicting Student Satisfaction and Perceived Learning Within Online Learning Environments[J]. Distance Education, 2019, 40(1): 133-148.

[3] 李莹莹,张宏梅,张海洲. 疫情期间大学生网络学习满意度模型建构与实证检验:基于上海市15所高校的调查[J]. 开放教育研究, 2020(4): 102-111.

入控制变量和环境支持,结果如表 5.2 所示。模型 5 的 R^2 为 0.522,表明模型对教学临场感的解释率为 52.2%($F=1250.085, p<0.001$),说明模型 5 足够用以解释学生的教学临场感。

逐步多元回归分析结果表明,政策支持、学习平台质量以及使用培训对教学临场感的影响最大($\beta=0.272, p<0.001; \beta=0.178, p<0.001; \beta=0.147, p<0.001$)。这说明,政策支持、学习平台质量和使用培训每上升 1 个学位,学生的教学临场感可能分别提高 0.272 个单位、0.178 个单位和 0.147 个单位。而网络条件对教学临场感的影响比较微弱。

表 5.2 教学临场感逐步多元回归分析结果

变量	逐步投入顺序				
	模型 1	模型 2	模型 3	模型 4	模型 5
三年级					−0.053***
四年级					−0.055***
生源地					0.06***
自然科学					−0.037**
政策支持	0.595***	0.368***	0.281***	0.282***	0.272***
学习平台		0.27***	0.2***	0.197***	0.178***
使用培训			0.165***	0.164***	0.147***
网络条件				0.045***	0.046***
R^2	0.483	0.511	0.517	0.519	0.522
F	8571.278***	4803.543***	3276.894***	2475.879***	1250.085***
ΔR^2	0.483	0.029	0.006	0.002	0.003
ΔF	8571.278***	536.063***	109.744***	35.678***	48.713***
VIF_{max}	1	3.458	6.401	6.403	6.822

注:* $p<0.05$;** $p<0.01$;*** $p<0.001$。

(二) 认知临场感的回归分析

以认知临场感为因变量,共构建了 5 个回归模型。由模型 1 到模型 5 逐步纳入控制变量和环境支持变量,结果如表 5.3 所示。模型 5 的 R^2 为 0.489,表明模型对认知临场感的解释率为 48.9%($F=1252.434, p<0.001$),说明模型 5 足够用以解释学生的认知临场感。

多元逐步回归分析结果表明,使用培训、政策支持、学习平台质量以及对认知临场感的影响最大($\beta=0.195, p<0.001; \beta=0.183, p<0.001; \beta=0.173, p<$

0.001)。这说明,使用培训、政策支持、学习平台质量每上升1个单位,学生的认知临场感可能分别提高0.195个单位、0.183个单位和0.173个单位。而网络条件对认知临场感的影响比较微弱。

表5.3 认知临场感逐步多元回归分析结果

变量	逐步投入顺序				
	模型1	模型2	模型3	模型4	模型5
性别					0.054***
生源地					0.049***
社会科学					−0.024*
使用培训	0.587***	0.356***	0.228***	0.196***	0.195***
学习平台		0.265***	0.209***	0.173***	0.173***
政策支持			0.197***	0.182***	0.183***
网络条件				0.089***	0.086***
R^2	0.452	0.473	0.483	0.486	0.489
F	7560.166***	4125.512***	2859.849***	2172.505***	1252.434***
ΔR^2	0.452	0.022	0.01	0.003	0.001
ΔF	7560.166***	379.249***	173.455***	57.572***	40.965***
VIF_{max}	1	4.213	6.401	6.82	6.821

注:* $p<0.05$;** $p<0.01$;*** $p<0.001$。

(三) 社会临场感的回归分析

以社会临场感为因变量,共构建了5个回归模型。由模型1到模型5逐步纳入控制变量和环境支持变量,结果如表5.4所示。模型5的 R^2 为0.451,表明模型对社会临场感的解释率为45.1%,说明模型5足够用以解释学生的社会临场感。多元逐步回归分析结果表明,政策支持、使用培训以及学习平台对社会临场感的影响最大($\beta=0.206, p<0.001; \beta=0.164, p<0.001; \beta=0.152, p<0.001$)。这说明,学习平台质量、使用培训和政策支持每上升1分,学生的社会临场感可能分别提高0.206个单位、0.164个单位和0.152个单位。而网络条件对社会临场感的影响比较微弱。

表 5.4　社会临场感逐步多元回归分析结果

变　量	逐步投入顺序				
	模型 1	模型 2	模型 3	模型 4	模型 5
性别					0.042***
生源地					0.043**
人文科学					0.032*
使用培训	0.56***	0.309***	0.197***	0.164***	0.164***
政策支持		0.281***	0.221***	0.205***	0.206***
学习平台			0.19***	0.152***	0.152***
网络条件				0.092***	0.089***
R^2	0.414	0.436	0.446	0.45	0.451
F	6480.762***	3544.291***	2463.033***	1872.891***	1076.701***
ΔR^2	0.414	0.022	0.01	0.003	0.001
ΔF	6480.762***	356.657***	169.979***	57.203***	26.292***
VIF_{max}	1	4.788	6.401	6.82	6.822

注：* $p<0.05$；** $p<0.01$；*** $p<0.001$。

（四）自主性临场感的回归分析

以自主性临场感为因变量，共构建了 5 个回归模型。由模型 1 到模型 5 逐步纳入控制变量和环境支持变量，结果如表 5.5 所示。模型 5 的 R^2 为 0.406，表明模型对社会临场感的解释率为 40.6%，说明模型 5 足够用以解释学生的自主性临场感。多元逐步回归分析结果表明，政策支持、学习平台质量以及使用培训对自主性临场感的影响最大（$\beta=0.173, p<0.001;\beta=0.15, p<0.001;\beta=0.144, p<0.001$）。这说明，学习平台质量、使用培训和政策支持每上升 1 分，学生的社会临场感可能分别提高 0.173 个单位、0.15 个单位和 0.144 个单位。而网络条件对自主性临场感的影响比较微弱。

表 5.5　自主性临场感逐步多元回归分析结果

变　量	逐步投入顺序				
	模型 1	模型 2	模型 3	模型 4	模型 5
性别					0.087***
生源地					−0.05***
使用培训	0.517***	0.305***	0.182***	0.146***	0.144***

续表

变量	逐步投入顺序				
	模型1	模型2	模型3	模型4	模型5
学习平台		0.244***	0.19***	0.149***	0.150***
政策支持			0.189***	0.172***	0.173***
网络条件				0.102***	0.098***
R^2	0.369	0.388	0.397	0.402	0.406
F	5359.227***	2909.272***	2017.723***	1541.201***	1043.536***
ΔR^2	0.369	0.019	0.009	0.004	0.004
ΔF	5359.227***	290.344***	143.969***	67.658***	58.397***
VIF_{max}	1	4.213	6.401	6.82	6.821

注：$*p<0.05$；$**p<0.01$；$***p<0.001$。

综上，本部分利用逐步多元回归分析，探讨了环境支持对在线学习体验的影响。从以上数据中可发现，环境支持对在线学习体验的解释率达40%，影响较大。具体来看，对自主性临场感影响较大的分别是学习平台、使用培训、政策支持；对社会临场感影响较大的分别是政策支持、使用培训、学习平台；对认知临场感影响较大的分别是使用培训、政策支持和学习平台质量；而对教学临场感影响较大的分别是政策支持、学习平台和使用培训。在环境支持中，网络条件对在线学习体验的影响较小。

二、在线学习结果的影响因素研究

将在线学习范式、性别、年级、学科、高校类型、生源地六个分类变量虚拟化后作为控制变量，将环境支持、教学临场感、认知临场感、社会临场感和自主性临场感作为过程变量，以在线学习效果及满意度为结果变量进行逐步多元回归分析。通过逐步多元回归分析，决定系数R^2的变化量，推测各变量对在线学习效果及满意度的影响。

（一）在线学习效果的回归分析

本书对调查数据采用逐步多元回归方法分析各变量对在线学习效果的影响，结果如表5.6所示。结果发现，控制变量、环境支持、教学临场感、认知临场感、社会临场感和自主性临场感这些变量都对在线学习效果有显著预测力。逐步将变量纳入方程时ΔR^2具有统计学意义（$\Delta R^2=0.006$，$\Delta F=3.943$，$p<0.001$；$\Delta R^2=0.49$，$\Delta F=8909.407$，$p<0.001$；$\Delta R^2=0.027$，$\Delta F=520.005$，$p<0.001$；

$\Delta R^2=0.005, \Delta F=94.182, p<0.001; \Delta R^2=0.011, \Delta F=231.614, p<0.001; \Delta R^2=0.003, \Delta F=44.995, p<0.001)$。从结果可以看出,逐步加入在线学习环境支持和在线学习体验变量(教学临场感、认知临场感、社会临场感和自主性临场感)时,R^2 的值越来越大,最后一个模型对在线学习效果的解释率为54.2%。从 VIF_{max} 都小于10可知,解释变量之间不存在多元共线性关系。

对最终模型的变量进行组内比较,可发现:控制变量中,在线学习范式不影响在线学习效果;而性别、生源地、年级、高校类型这几个控制变量对在线学习效果的影响显著。在线学习环境支持($\beta=0.078, p<0.001$)、认知临场感($\beta=0.34, P<0.001$)、社会临场感($\beta=0.341, P<0.001$)、自主性临场感($\beta=0.438, P<0.001$)显著正向影响在线学习效果。这说明,环境支持、认知临场感、社会临场感和自主性临场感每升高1分,在线学习效果可能随之分别提高0.078个单位、0.34个单位、0.341个单位、0.438个单位。教学临场感显著负向影响在线学习效果($\beta=-0.296, P<0.001$)。这说明,教学临场感每升高1分,在线学习效果可能随之降低0.296个单位。从 β 值可以得出,影响在线学习效果最大的变量分别是自主性临场感、社会临场感和认知临场感,环境支持对在线学习效果影响较小。

表5.6 在线学习效果逐步多元回归分析结果

变量	逐步投入顺序					
	模型1	模型2	模型3	模型4	模型5	模型6
性别	0.126***	0.056***	0.072***	0.071***	0.051**	0.052***
生源地	−0.051**	0.063	0.067	0.07**	0.062**	0.063**
四年级	0.052*	0.072***	0.083***	0.086***	0.069***	0.071***
省属重点高校	0.074***	0.046**	0.041**	0.041**	0.037**	0.035***
自主性临场感		0.869***	0.491***	0.435***	0.443***	0.438***
社会临场感			0.42***	0.294***	0.349***	0.341***
认知临场感				0.195***	0.357***	0.340***
教学临场感					−0.26***	−0.296***
环境支持						0.078***
R^2	0.006	0.496	0.523	0.528	0.539	0.542
F	14.18***	1804.25***	1675.26***	1463.99***	1342.16***	1203.75***
ΔR^2	0.006	0.49	0.027	0.005	0.011	0.003
ΔF	3.943***	8909.407***	520.005***	94.182***	231.614***	44.995***
VIF_{max}	1.01	1.012	4.476	6.722	6.96	7.049

注:$*p<0.05$;$**p<0.01$;$***p<0.001$。

(二) 在线学习满意度的回归分析

如表 5.7 所示发现,人口统计学信息、环境支持、教学临场感、认知临场感、社会临场感和自主性临场感纳入方程时 ΔR^2 具有统计学意义($\Delta R^2=0.008, \Delta F=4.306, p<0.001; \Delta R^2=0.61, \Delta F=14681.518; \Delta R^2=0.039, \Delta F=1043.629; \Delta R^2=0.01, \Delta F=279.638; \Delta R^2=0.002, \Delta F=63.787; \Delta R^2=0.002, \Delta F=66.025$)。从结果可以看出,加入变量在线学习环境支持、教学临场感、认知临场感、社会临场感和自主性临场感之后,R^2 的值越来越大,最后一个模型对在线学习满意度的解释率为 67.2%。从 VIF_{max} 都小于 10 可知,解释变量之间不存在多元共线性关系。

对最终模型的自变量进行组内比较,可发现:控制变量中,年级变量显著影响在线学习满意度;在线学习环境支持显著正向影响在线学习满意度,在线学习满意度随环境支持得分的增加而增加($\beta=0.072, P<0.001$)。教学临场感显著负向影响在线学习满意度,在线学习满意度随教学临场感的得分增加而减少($\beta=-0.138, P<0.001$)。认知临场感显著正向影响在线学习满意度,在线学习满意度随认知临场感得分的增加而增加($\beta=0.31, p<0.001$)。社会临场感显著正向影响在线学习满意度,在线学习满意度随社会临场感得分的增加而增加($\beta=0.301, P<0.001$)。自主性临场感显著正向影响在线学习满意度,在线学习满意度随自主性临场感得分的增加而增加($\beta=0.398, P<0.001$)。从 β 值可以得出,影响在线学习满意度最大的变量分别是自主性临场感、认知临场感和社会临场感。学生自主性临场感、认知临场感和社会临场感每上升 1 分,在线学习满意度可能分别提高 0.398 个单位、0.31 个单位和 0.301 个单位。环境支持对在线学习满意度影响较小。而教学临场感每上升 1 分,在线学习满意度可能要降低 0.138 个单位。

表 5.7 在线学习满意度逐步多元回归分析结果

变量	投入变量顺序					
	模型1	模型2	模型3	模型4	模型5	模型6
性别	0.08***			0.027*		
生源地	0.082***					
一年级	0.082*	−0.032*	−0.033*	−0.036***	−0.03**	−0.034**
新建本科高校	−0.099***					
自主性临场感		0.884**	0.528***	0.399***	0.402***	0.398***
认知临场感			0.409***	0.261**	0.326***	0.310***
社会临场感				0.286***	0.309***	0.301***
教学临场感					−0.105***	−0.138***
环境支持						0.072***

续表

变量	投入变量顺序					
	模型1	模型2	模型3	模型4	模型5	模型6
R^2	0.008	0.619	0.658	0.668	0.67	0.672
F	19.397***	2976.654***	2936.429***	2633.35***	2327.929***	2091.28***
ΔR^2	0.008	0.61	0.039	0.01	0.002	0.002
ΔF	4.306***	14681.518***	1043.629***	279.638***	63.787***	66.025***
VIF_{max}	1.056	1.061	3.607	6.722	6.969	7.063

注：$*p<0.05$；$**p<0.01$；$***p<0.001$。

综上，本部分利用逐步多元回归分析，探讨了环境支持、教学临场感、认知临场感、社会临场感和自主性临场感对在线学习结果的影响。从以上数据中可发现，变量对在线学习结果的解释率在50%以上，影响都较大。

第三节 在线学习变量之间的作用机制分析

在线学习满足了学生个性化特征与多元化学习需求，也给学生们提供了丰富的学习体验，并收获了在线学习结果。从上一节可以看出，在线学习环境支持、在线学习体验变量能显著影响在线学习效果及满意度。但变量之间的作用机制不能通过回归分析所显示出来。有研究指出学生自身心理特征比以往任何时候都更加重要，能够让自己真正参与到在线学习中。[①] 新冠疫情应急期间，对学生的访谈得知在同样的"在线教学"下，学生之间会有不同的学习体验，也会产生不同的学习结果。基于此，本节运用Amos软件，采用结构方程模型对变量之间的作用机制做进一步分析，对变量之间是否存在中介效应进行检验，对不同群组的作用路径是否存在差异性进行检验。

一、总体样本作用机制分析

以探究社区理论和比格斯（Biggs）的"前期—过程—结果"模型为依据，构建环

---

① Novak K, Anderson M. How to Choose Words That Motivate Students During Online Learning[EB/OL]. (2021-03-03). https://www.edutopia.org/article/how-choose-words-motivate-students-during-online-learning.

境支持、在线学习体验与在线学习结果的结构关系模型。在本书中,环境支持属于保障在线学习活动在网络学习环境下正常开展的前提条件,可以视作前期变量。在线学习体验是学生在线学习参与中感知,属于过程变量,同时,在探究社区理论中,教学临场感和社会临场感可作为前期变量,对认知临场感有正向预测作用,而自主性临场感在其中起着中介作用。在线学习结果是学生在认知和情感方面的收获,属于结果变量。基于此,本研究以在线学习体验为环境支持和在线学习结果间的中介变量,由此构建环境支持、在线学习体验和在线学习结果的多重中介模型。

(一)环境支持、在线学习体验和在线学习效果的作用机制研究

1. 模型的优化与构建

在量表信效度检验的基础上,本书使用了 Amos 软件对图 1.4 进行了模型拟合和优化。对假设模型进行拟合后发现,"环境支持→自主性临场感""环境支持→认知临场感""环境支持→在线学习效果""教学临场感→自主性临场感"这 4 条路径系数均小于 0.10。研究表明,路径系数小于 0.1 不符合拟合要求,应予以删除。[①] 再次拟合后,在线学习效果结构方程模型的拟合指标值如表 5.8 所示,除了受到样本数据量大的影响卡方自由度比值较大之外,各拟合指数均在可接受水平内,表明模型拟合度好,模型结果具有较好的说服力。至此,得到本研究的最终标准模型,如图 5.1 所示。

表 5.8 环境支持、在线学习体验和在线学习效果的路径拟合结果

适配度指标	适配值	临界值	适配性
χ^2/df	31.817		
近似均方根误差(RMSEA)	0.058	低于 0.08 表示拟合良好,低于 0.05 表示拟合非常好	良好
规范拟合指数(NFI)	0.984	大于 0.90:普通;大于 0.95:良好	良好
塔克刘易斯指数(TLI)	0.981	大于 0.90:普通;大于 0.95:良好	良好
比较拟合指数(CFI)	0.985	大于 0.90:普通;大于 0.95:良好	良好
增量拟合指数(IFI)	0.985	大于 0.90:普通;大于 0.95:良好	良好
相对适配指数(RFI)	0.981	大于 0.90:普通;大于 0.95:良好	良好

2. 中介效应检验

为进一步深入研究变量之间的作用机制,本书通过结构方程模型来验证变量

[①] 周建华,陈凤菊,李政. 我国高校在线教学成效如何?:基于对 21 万本科生的调查[J]. 开放教育研究,2022,28(4):74-84.

之间的中介效应。在模型拟合的基础上,本书采用偏差校正的百分位Boot-strap法,该方法被证实为探究中介效应较为科学的方法,将抽取次数设定为5000次的95%置信区间。根据方杰等学者的研究表明,间接效应的Bootstrap95%置信区间不包含0,则该间接效应显著。① 环境支持、在线学习体验和在线学习效果的路径系数如表5.9所示。

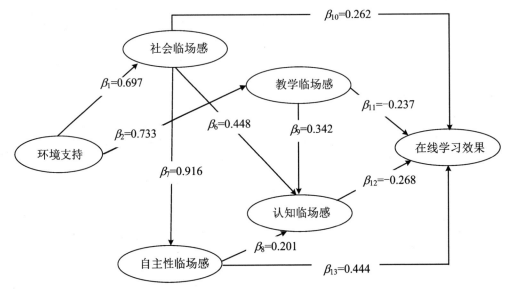

图5.1 环境支持、在线学习体验和在线学习效果的多重中介模型

表5.9 环境支持、在线学习体验和在线学习效果的路径系数

路径	标准化系数	SE	CR	p
环境支持→社会临场感	0.697	0.008	81.862	***
环境支持→教学临场感	0.733	0.007	87.568	***
社会临场感→自主性临场感	0.916	0.005	167.312	***
社会临场感→认知临场感	0.448	0.013	33.585	***
社会临场感→在线学习效果	0.262	0.030	9.675	***
教学临场感→认知临场感	0.342	0.008	45.154	***
教学临场感→在线学习效果	−0.237	0.019	−14.957	***
自主性临场感→认知临场感	0.201	0.013	16.821	***
自主性临场感→在线学习效果	0.444	0.027	19.160	***

---

① 方杰,张敏强,邱皓政.中介效应的检验方法和效果量测量:回顾与展望[J].心理发展与教育,2012(1):107-113.

续表

路　　径	标准化系数	SE	CR	p
认知临场感→在线学习效果	0.268	0.026	11.219	＊＊＊
环境支持→zczc	0.926			
环境支持→sypx	0.953	0.006	177.679	＊＊＊
环境支持→wltj	0.868	0.008	132.155	＊＊＊
环境支持→xxpt	0.920	0.006	156.193	＊＊＊
教学临场感→sjzz	0.949			
教学临场感→zjzd	0.971	0.005	229.036	＊＊＊
教学临场感→cjlj	0.993	0.003	264.767	＊＊＊
社会临场感→njl	0.966			
社会临场感→gkjl	0.947	0.005	222.541	＊＊＊
社会临场感→qgbd	0.969	0.004	252.385	＊＊＊
认知临场感→cpjj	0.953			
认知临场感→cpzh	0.959	0.004	217.657	＊＊＊
认知临场感→cpts	0.972	0.004	237.171	＊＊＊
认知临场感→cpcf	0.973	0.004	239.128	＊＊＊
自主性临场感→zwxn	0.975			
自主性临场感→nltj	0.903	0.006	167.260	＊＊＊
在线学习效果→xxcg1	0.891			
在线学习效果→xxcg2	0.934	0.008	140.491	＊＊＊
在线学习效果→xxcg3	0.932	0.008	140.157	＊＊＊

从表5.10的分析得出,在"环境支持→社会临场感→在线学习效果""环境支持→社会临场感→认知临场感→在线学习效果""环境支持→社会临场感→自主性临场感→在线学习效果""环境支持→社会临场感→自主性临场感→认知临场感→在线学习效果""环境支持→教学临场感→在线学习效果""环境支持→教学临场感→认知临场感→在线学习效果"6条路径上,p值小于0.001且间接效应的Bootstrap95％置信区间不包含0,具有统计学意义,这表明间接效应显著。其中,环境支持与在线学习效果之间以"环境支持→社会临场感→自主性临场感→在线学习效果"的中介效应值最大,其次是"环境支持→社会临场感→在线学习效果"。教学临场感在环境支持与在线学习效果之间的中介效应为负,但当加入认知临场感后,其中介效应值为正。可以看出,在线学习环境下,构建在线学习社区对于提高在线学习效果很重要,并通过增强学生的自主性临场感能够更有效地提高在线学习效果。

表 5.10　中介效应 Bootstrap 检验 1(标准系数)

路径	标准化效应值	SE	Bias-corrected 95% CI			Percentile 95% CI		
			Lower	Upper	p	Lower	Upper	p
环境支持→社会临场感→在线学习效果	0.183	0.029	0.126	0.241	0.000	0.124	0.240	0.000
环境支持→社会临场感→认知临场感→在线学习效果	0.084	0.012	0.061	0.108	0.000	0.061	0.108	0.000
环境支持→社会临场感→自主性临场感→在线学习效果	0.284	0.024	0.236	0.332	0.000	0.236	0.333	0.000
环境支持→社会临场感→自主性临场感→认知临场感→在线学习效果	0.034	0.006	0.025	0.047	0.000	0.024	0.046	0.000
环境支持→教学临场感→在线学习效果	−0.174	0.017	−0.207	−0.141	0.000	−0.207	−0.142	0.000
环境支持→教学临场感→认知临场感→在线学习效果	0.067	0.011	0.048	0.089	0.000	0.048	0.089	0.000

(二) 环境支持、在线学习体验和在线学习满意度的作用机制研究

1. 模型的优化与构建

对假设模型进行拟合后发现,"环境支持→自主性临场感""环境支持→认知临场感""环境支持→在线学习满意度""教学临场感→自主性临场感"这 4 条路径系数均小于 0.10,同理予以删除。再次拟合后,在线学习满意度结构方程模型的拟合指标值如表 5.11 所示,除了受到样本数据量大的影响,卡方自由度比值较大之外,各拟合指数均在可接受水平内,表明模型拟合度好,模型结果具有较好的说服力。至此,得到本研究的最终标准模型,如图 5.2 所示。

表 5.11　环境支持、在线学习体验和在线学习满意度的路径拟合结果

适配度指标	适配值	临界值	适配性
χ^2/df	28.658		
近似均方根误差(RMSEA)	0.055	低于 0.08 表示拟合良好,低于 0.05 表示拟合非常好	良好
规范拟合指数(NFI)	0.985	大于 0.90:普通;大于 0.95:良好	良好
塔克刘易斯指数(TLI)	0.983	大于 0.90:普通;大于 0.95:良好	良好
比较拟合指数(CFI)	0.985	大于 0.90:普通;大于 0.95:良好	良好

续表

适配度指标	适配值	临界值	适配性
增量拟合指数(IFI)	0.985	大于0.90:普通;大于0.95:良好	良好
相对适配指数(RFI)	0.982	大于0.90:普通;大于0.95:良好	良好

2. 中介效应检验

从表5.12的分析得出,"环境支持→社会临场感→在线学习满意度""环境支持→社会临场感→认知临场感→在线学习满意度""环境支持→社会临场感→自主性临场感→在线学习满意度""环境支持→社会临场感→自主性临场感→认知临场感→在线学习满意度""环境支持→教学临场感→在线学习满意度""环境支持→教学临场感→认知临场感→在线学习满意度"6条路径上,p值小于0.001且间接效应的Bootstrap95%置信区间不包含0,具有统计学意义,这表明间接效应显著。从标准化效应值可知,环境支持与在线学习满意度间以"环境支持→社会临场感→自主性临场感→在线学习满意度"的中介效应值最大,其次是"环境支持→社会临场感→在线学习满意度"。教学临场感的中介效应为负,但当加入认知临场感后,其中介效应值为正。同理可以看出,在线学习环境下,构建在线学习社区对于提高在线学习满意度很重要,并通过增强学生的自主性临场感能够更有效地提高在线学习满意度。环境支持、在线学习体验和在线学习满意度的路径系数如表5.13所示。

表5.12 中介效应Bootstrap检验2(标准系数)

路径	标准化效应值	SE	Bias-corrected 95% CI			Percentile 95% CI		
			Lower	Upper	p	Lower	Upper	p
环境支持→社会临场感→在线学习满意度	0.158	0.027	0.104	0.212	0.000	0.104	0.210	0.000
环境支持→社会临场感→认知临场感→在线学习满意度	0.083	0.011	0.063	0.107	0.000	0.063	0.106	0.000
环境支持→社会临场感→自主性临场感→在线学习满意度	0.302	0.024	0.257	0.350	0.000	0.257	0.351	0.000
环境支持→社会临场感→自主性临场感→认知临场感→在线学习满意度	0.035	0.005	0.026	0.047	0.000	0.025	0.046	0.000
环境支持→教学临场感→在线学习满意度	−0.081	0.014	−0.108	−0.051	0.000	−0.109	−0.052	0.000
环境支持→教学临场感→认知临场感→在线学习满意度	0.068	0.009	0.051	0.085	0.000	0.051	0.085	0.000

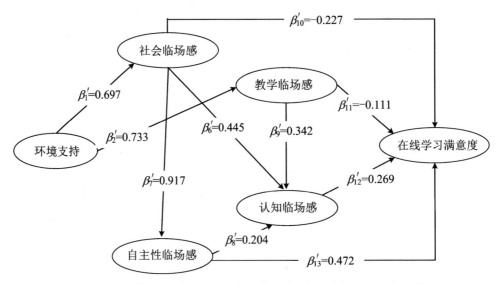

图 5.2　环境支持、在线学习体验和在线学习满意度的多重中介模型

表 5.13　环境支持、在线学习体验和在线学习满意度的路径系数

路　径	标准化系数	SE	CR	p
环境支持→社会临场感	0.697	0.008	80.903	＊＊＊
环境支持→教学临场感	0.733	0.007	87.554	＊＊＊
社会临场感→自主性临场感	0.917	0.005	166.467	＊＊＊
社会临场感→认知临场感	0.445	0.014	33.014	＊＊＊
社会临场感→在线学习满意度	0.227	0.025	9.980	＊＊＊
教学临场感→认知临场感	0.342	0.008	45.133	＊＊＊
教学临场感→在线学习满意度	−0.111	0.015	−8.462	＊＊＊
自主性临场感→认知临场感	0.204	0.013	16.909	＊＊＊
自主性临场感→在线学习满意度	0.472	0.023	23.599	＊＊＊
认知临场感→在线学习满意度	0.269	0.021	13.607	＊＊＊
环境支持→zczc	0.926			＊＊＊
环境支持→sypx	0.953	0.006	177.853	＊＊＊
环境支持→wltj	0.868	0.008	132.155	＊＊＊
环境支持→xxpt	0.920	0.006	156.193	＊＊＊
教学临场感→sjzz	0.949			
教学临场感→cjlj	0.993	0.004	264.479	＊＊＊
教学临场感→zjzd	0.971	0.003	228.845	＊＊＊

续表

路径	标准化系数	SE	CR	p
社会临场感→qgbd	0.969			
社会临场感→gkjl	0.947	0.004	222.509	***
社会临场感→njl	0.966	0.004	252.254	***
认知临场感→cpjj	0.953			
认知临场感→cpzh	0.959	0.004	217.645	***
认知临场感→cpts	0.972	0.004	236.794	***
认知临场感→cpcf	0.973	0.004	238.718	***
自主性临场感→zwxn	0.974			
自主性临场感→nltj	0.905	0.006	168.240	***
在线学习满意度→myd1	0.923			
在线学习满意度→myd2	0.932	0.006	163.401	***
在线学习满意度→myd3	0.924	0.006	154.593	***
在线学习满意度→myd4	0.902	0.007	144.208	***

二、不同群组样本作用机制分析

本研究差异性分析部分显示，不同背景的学生对在线学习各变量的评价具有显著性差异。为了进一步挖掘这些不同背景的学生中在线学习各变量的作用机制是否也存在显著性差异，本书继续采用 Amos 软件，对不同群组样本作用机制进行分析。

(一) 不同在线学习范式群组检验

以在线学习范式不同划分为两类群组，以在线学习效果为结果变量进行群组检验。不同在线学习范式群组的拟合指标值1如表5.14所示，各拟合指数均在可接受水平内，表明模型拟合度好。由表5.15可知，纯在线学习的学生群组与混合式学习的学生群组的作用机制中有3条路径存在显著性差异。分别是：① 纯在线学习学生群组中教学临场感作用于认知临场感的路径系数为0.480，略高于混合式学习学生群组，两者具有显著性差异。这说明，在纯在线学习学生群组中，教学临场感对认知临场感的影响略大。② 混合式学习学生群组中自主性临场感作用于在线学习效果的路径系数为0.285，高于纯在线学习学生群组，两者具有显著性差异。这说明，混合式学习学生群组中，自主性临场感对在线学习效果的影响更大。③ 纯在线学习学生群组中社会临场感作用于在线学习效果的路径系数为

0.638,高于纯在线学习学生群组,两者具有显著性差异。这说明,纯在线学习学生群组中,社会临场感对在线学习效果的影响更大。而其他路径没有显著性差异。

表 5.14 不同在线学习范式群组路径拟合结果 1

适配度指标	适配值	临界值	适配性
χ^2/df	25.027		
近似均方根误差(RMSEA)	0.051	低于 0.08 表示拟合良好,低于 0.05 表示拟合非常好	良好
规范拟合指数(NFI)	0.965	大于 0.90:普通;大于 0.95:良好	良好
塔克刘易斯指数(TLI)	0.962	大于 0.90:普通;大于 0.95:良好	良好
比较拟合指数(CFI)	0.967	大于 0.90:普通;大于 0.95:良好	良好
增量拟合指数(IFI)	0.967	大于 0.90:普通;大于 0.95:良好	良好
相对适配指数(RFI)	0.96	大于 0.90:普通;大于 0.95:良好	良好

表 5.15 不同在线学习范式群组路径表 1

路径	纯在线学习		混合式学习		z-score
	Estimate	p	Estimate	p	
社会临场感→自主性临场感	0.929	0.00	0.885	0.00	−1.578
教学临场感→认知临场感	0.480	0.00	0.430	0.00	−1.736*
自主性临场感→认知临场感	0.465	0.00	0.501	0.00	1.367
自主性临场感→在线学习效果	0.109	0.191	0.285	0.00	1.991**
教学临场感→在线学习效果	−0.262	0.00	−0.321	0.00	−0.910
社会临场感→在线学习效果	0.638	0.00	0.420	0.00	−2.311**
认知临场感→在线学习效果	0.257	0.00	0.375	0.00	1.569

注:* $p<0.1$;** $p<0.05$;*** $p<0.01$。

以在线学习范式不同划分为两类群组,以在线学习满意度为结果变量进行多群组检验。不同在线学习范式群组的拟合指标值 2 如表 5.16 所示,各拟合指数均在可接受水平内,表明模型拟合度好。由表 5.17 可知,不同在线学习范式的学生群组的作用机制中有 2 条路径存在显著性差异。分别是:① 纯在线学习学生群组在教学临场感作用于认知临场感的路径系数为 0.479,略高于混合式学习群组,两者具有显著性差异。② 纯在线学习学生群组在社会临场感作用于在线学习满意度的系数为 0.515,高于混合式学习学生群组,两者具有显著性差异。这说明,纯在线学习学生群组中,社会临场感对在线学习满意度的影响更大。而其他路径没有显著性差异。

表 5.16 不同在线学习范式群组路径拟合结果 2

适配度指标	适配值	临界值	适配性
χ^2/df	22.496		
近似均方根误差(RMSEA)	0.048	低于0.08表示拟合良好, 低于0.05表示拟合非常好	良好
规范拟合指数(NFI)	0.968	大于0.90:普通;大于0.95:良好	良好
塔克刘易斯指数(TLI)	0.965	大于0.90:普通;大于0.95:良好	良好
比较拟合指数(CFI)	0.969	大于0.90:普通;大于0.95:良好	良好
增量拟合指数(IFI)	0.969	大于0.90:普通;大于0.95:良好	良好
相对适配指数(RFI)	0.963	大于0.90:普通;大于0.95:良好	良好

表 5.17 不同在线学习范式群组路径表 2

路径	纯在线学习		混合式学习		z-score
	Estimate	p	Estimate	p	
社会临场感→自主性临场感	0.929	0.00	0.885	0.00	−1.582
教学临场感→认知临场感	0.479	0.00	0.430	0.00	−1.724*
自主性临场感→认知临场感	0.465	0.00	0.501	0.00	1.354
自主性临场感→在线学习满意度	0.231	0.00	0.336	0.00	1.429
教学临场感→在线学习满意度	−0.204	0.00	−0.166	0.00	0.709
社会临场感→在线学习满意度	0.515	0.00	0.358	0.00	−2.021**
认知临场感→在线学习满意度	0.377	0.00	0.338	0.00	−0.628

注:* $p<0.1$;** $p<0.05$;*** $p<0.01$。

(二) 不同性别群组检验

以性别不同划分为两类群组,以在线学习效果为结果变量进行群组检验。不同性别群组的拟合指标值 1 如表 5.18 所示,各拟合指数均在可接受水平内,表明模型拟合度好。由表 5.19 可知,男女学生群组的作用机制中有 3 条路径存在显著性差异。分别是:① 男学生群组中教学临场感作用于认知临场感的路径系数为 0.477,略高于女学生群组,两者具有显著性差异。这说明,在男学生群组中,教学临场感对认知临场感的影响略大。② 女学生群组中自主性临场感作用于在线学习效果的路径系数为 0.306,高于男学生群组,两者具有显著性差异。这说明,女学生群组中,自主性临场感对在线学习效果的影响更大。③ 男学生群组中社会临场感作用于在线学习效果的路径系数为 0.650,高于女学生群组,两者具有显著性差异。这说明,男学生群组中,社会临场感对在线学习效果的影响更大。而其他路径没有显著性差异。

表 5.18 不同性别群组路径拟合结果 1

适配度指标	适配值	临界值	适配性
χ^2/df	25.208		
近似均方根误差(RMSEA)	0.051	低于 0.08 表示拟合良好, 低于 0.05 表示拟合非常好	良好
规范拟合指数(NFI)	0.965	大于 0.90:普通;大于 0.95:良好	良好
塔克刘易斯指数(TLI)	0.961	大于 0.90:普通;大于 0.95:良好	良好
比较拟合指数(CFI)	0.966	大于 0.90:普通;大于 0.95:良好	良好
增量拟合指数(IFI)	0.966	大于 0.90:普通;大于 0.95:良好	良好
相对适配指数(RFI)	0.96	大于 0.90:普通;大于 0.95:良好	良好

表 5.19 不同性别群组路径表 1

路径	男		女		z-score
	Estimate	p	Estimate	p	
社会临场感→自主性临场感	0.889	0.00	0.889	0.00	0.045
教学临场感→认知临场感	0.477	0.00	0.422	0.00	−3.068***
自主性临场感→认知临场感	0.493	0.00	0.492	0.00	−0.051
自主性临场感→在线学习效果	0.095	0.145	0.306	0.00	2.922***
教学临场感→在线学习效果	−0.260	0.00	−0.332	0.00	−1.418
社会临场感→在线学习效果	0.650	0.00	0.384	0.00	−3.763***
认知临场感→在线学习效果	0.337	0.00	0.366	0.00	0.470

注:* $p<0.1$;* * $p<0.05$;* * * $p<0.01$。

以性别不同划分为两类群组,以在线学习满意度为结果变量进行群组检验。不同性别群组的拟合指标值 2 如表 5.20 所示,各拟合指数均在可接受水平内,表明模型拟合度好。由表 5.21 可知,男女学生群组的作用机制中有 3 条路径存在显著性差异。分别是:① 男学生群组中教学临场感作用于认知临场感的路径系数为 0.476,略高于女学生群组,两者具有显著性差异。② 女学生群组中自主性临场感作用于在线学习满意度的路径系数为0.342,高于男学生群组,两者具有显著性差异。这说明,女学生群组中,自主性临场感对在线学习满意度的影响更大。③ 男学生群组中社会临场感作用于在线学习满意度的路径系数为0.445,高于女学生群组,两者具有显著性差异。这说明,男学生群组中,社会临场感对在线学习满意度的影响更大。而其他路径没有显著性差异。

表5.20　不同性别群组路径拟合结果2

适配度指标	适配值	临界值	适配性
χ^2/df	22.572		
近似均方根误差(RMSEA)	0.048	低于0.08表示拟合良好,低于0.05表示拟合非常好	良好
规范拟合指数(NFI)	0.967	大于0.90:普通;大于0.95:良好	良好
塔克刘易斯指数(TLI)	0.964	大于0.90:普通;大于0.95:良好	良好
比较拟合指数(CFI)	0.969	大于0.90:普通;大于0.95:良好	良好
增量拟合指数(IFI)	0.969	大于0.90:普通;大于0.95:良好	良好
相对适配指数(RFI)	0.963	大于0.90:普通;大于0.95:良好	良好

表5.21　不同性别群组路径表2

路径	男		女		z-score
	Estimate	p	Estimate	p	
社会临场感→自主性临场感	0.888	0.00	0.889	0.00	0.046
教学临场感→认知临场感	0.476	0.00	0.422	0.00	−3.065***
自主性临场感→认知临场感	0.493	0.00	0.492	0.00	−0.056
自主性临场感→在线学习满意度	0.247	0.00	0.342	0.00	1.672*
教学临场感→在线学习满意度	−0.150	0.00	−0.177	0.00	−0.675
社会临场感→在线学习满意度	0.445	0.00	0.352	0.00	−1.669*
认知临场感→在线学习满意度	0.359	0.00	0.339	0.00	−0.399

注:* $p<0.1$;** $p<0.05$;*** $p<0.01$。

(三) 不同生源地群组检验

以生源地不同划分为两类群组,以在线学习效果为结果变量进行多群组检验。不同生源地群组的拟合指标值1如表5.22所示,各拟合指数均在可接受水平内,表明模型拟合度好。由表5.23可知,城镇与农村的学生群组的作用机制中有4条路径存在显著性差异。分别是：① 城镇学生群组在社会临场感作用于自主性临场感的路径系数为 0.873，略低于农村学生群组，两者具有显著性差异。这说明，农村学生群组中社会临场感对自主性临场感的影响略大。② 城镇学生群组在教学临场感作用于认知临场感的路径系数为 0.462，高于农村学生群组，两者具有显著性差异。这说明，城镇学生群组中教学临场感对认知临场感的影响更大。③ 城镇学生群组在自主性临场感作用于认知临场感的路径系数为 0.460，略低于农村学生群组，两者具有显著性差异。这说明，农村学生群组中自主性临场感对认知临场感的影响略大。④ 城镇学生群组在社会临场感作用于在线学习效果的路径系数为 0.492，高于农村学生群组，两者具有显著性差异。这说明，城镇学生群组中社会临场感对在线学习效果的影响更大。而其他路径没有显著性差异。

表 5.22　不同生源地群组路径拟合结果 1

适配度指标	适配值	临界值	适配性
χ^2/df	25.027		
近似均方根误差（RMSEA）	0.051	低于 0.08 表示拟合良好，低于 0.05 表示拟合非常好	良好
规范拟合指数（NFI）	0.965	大于 0.90：普通；大于 0.95：良好	良好
塔克刘易斯指数（TLI）	0.962	大于 0.90：普通；大于 0.95：良好	良好
比较拟合指数（CFI）	0.967	大于 0.90：普通；大于 0.95：良好	良好
增量拟合指数（IFI）	0.967	大于 0.90：普通；大于 0.95：良好	良好
相对适配指数（RFI）	0.960	大于 0.90：普通；大于 0.95：良好	良好

表 5.23　不同生源地群组路径表 1

路径	城镇		农村		z-score
	Estimate	p	Estimate	p	
社会临场感→自主性临场感	0.873	0.00	0.903	0.00	1.716*
教学临场感→认知临场感	0.462	0.00	0.417	0.00	−2.68***
自主性临场感→认知临场感	0.460	0.00	0.524	0.00	4.051***
自主性临场感→在线学习效果	0.260	0.00	0.281	0.00	0.364
教学临场感→在线学习效果	−0.326	0.00	−0.304	0.00	0.521
社会临场感→在线学习效果	0.492	0.00	0.395	0.00	−1.677*
认知临场感→在线学习效果	0.345	0.00	0.378	0.00	0.655

注：* $p<0.1$；** $p<0.05$；*** $p<0.01$。

以生源地不同划分为两类群组，以在线学习满意度为结果变量进行多群组检验。不同生源地群组的拟合指标值 2 如表 5.24 所示,各拟合指数均在可接受水平内,表明模型拟合度好。由表 5.25 可知,城镇和农村的学生群组的作用机制中有 5 条路径存在显著性差异。分别是:① 城镇学生群组在社会临场感作用于自主性临场感的路径系数为 0.873,略低于农村学生群组,两者具有显著性差异。② 城镇学生群组在教学临场感作用于认知临场感的路径系数为 0.462,高于农村学生群组,两者具有显著性差异。③ 城镇学生群组在自主性临场感作用于认知临场感的路径系数为 0.460,略低于农村学生群组,两者具有显著性差异。④ 城镇学生群组在教学临场感作用于在线学习满意度的路径系数为 -0.206,低于农村学生群组,两者具有显著性差异。这说明,城镇学生群组中教学临场感对在线学习满意度的负效影响更大。⑤ 城镇学生群组在认知临场感作用于在线学习满意度的路径系数为 0.423,高于农村学生群组,两者具有显著性差异。这说明,城镇学生群组中认知临场感对在线学习满意度的影响更大。而其他路径没有显著性差异。

表 5.24　不同生源地群组路径拟合结果 2

适配度指标	适配值	临界值	适配性
χ^2/df	22.246		
近似均方根误差(RMSEA)	0.048	低于 0.08 表示拟合良好,低于 0.05 表示拟合非常好	良好
规范拟合指数(NFI)	0.968	大于 0.90:普通;大于 0.95:良好	良好
塔克刘易斯指数(TLI)	0.965	大于 0.90:普通;大于 0.95:良好	良好
比较拟合指数(CFI)	0.969	大于 0.90:普通;大于 0.95:良好	良好
增量拟合指数(IFI)	0.969	大于 0.90:普通;大于 0.95:良好	良好
相对适配指数(RFI)	0.963	大于 0.90:普通;大于 0.95:良好	良好

表 5.25　不同生源地群组路径表 2

路径	城镇		农村		z-score
	Estimate	p	Estimate	p	
社会临场感→自主性临场感	0.873	0.00	0.902	0.00	1.716*
教学临场感→认知临场感	0.462	0.00	0.417	0.00	-2.668***
自主性临场感→认知临场感	0.460	0.00	0.524	0.00	4.038***
自主性临场感→在线学习满意度	0.304	0.00	0.347	0.00	0.929
教学临场感→在线学习满意度	-0.206	0.00	-0.142	0.00	1.855*
社会临场感→在线学习满意度	0.383	0.00	0.356	0.00	-0.580
认知临场感→在线学习满意度	0.423	0.00	0.292	0.00	-3.215***

注:* $p<0.1$;** $p<0.05$;*** $p<0.01$。

(四) 不同年级群组检验

以年级不同划分为四类群组,以在线学习效果为结果变量进行多群组检验。不同年级群组的拟合指标值1如表5.26所示,各拟合指数均在可接受水平内,表明模型拟合度好。由表5.27可知,各年级学生群组的作用路径中有5条路径存在显著性差异。具体是:① 一年级学生群组中,社会临场感作用于自主性临场感的路径系数为0.856,低于二年级学生群组,也低于四年级学生群组,路径系数的比较具有显著性差异。这说明,与一年级学生群组相比,二年级学生群组和四年级学生群组中,社会临场感对自主性临场感的影响更大。② 一年级学生群组中,教学临场感作用于认知临场感的路径系数为0.472,高于二年级学生群组,路径系数的比较具有显著性差异。这说明,与二年级学生群组相比,一年级学生群组中教学临场感对认知临场感的影响更大。③ 一年级学生群组中,自主性临场感作用于认知临场感的路径系数为0.451,低于二年级学生群组,也低于四年级学生群组,路径系数的比较具有显著性差异。这说明,与一年级学生群组相比,二年级学生群组和四年级学生群组中,自主性临场感对认知临场感的影响更大。④ 一年级学生群组中,教学临场感作用于在线学习效果的路径系数为-0.254,高于三年级学生群组,路径系数的比较具有显著性差异。这说明,与一年级学生群组相比,三年级学生群组中教学临场感对在线学习效果的负向影响更大。⑤ 一年级学生群组中,社会临场感作用于在线学习效果的路径系数为0.397,低于三年级学生群组,也低于四年级学生群组,路径系数的比较具有显著性差异。这说明,与一年级学生群组相比,三年级学生群组和四年级学生群组中,社会临场感对在线学习效果的影响更大。

表5.26 不同年级群组路径拟合结果1

适配度指标	适配值	临界值	适配性
χ^2/df	13.607		
近似均方根误差(RMSEA)	0.037	低于0.08表示拟合良好,低于0.05表示拟合非常好	良好
规范拟合指数(NFI)	0.963	大于0.90:普通;大于0.95:良好	良好
塔克刘易斯指数(TLI)	0.96	大于0.90:普通;大于0.95:良好	良好
比较拟合指数(CFI)	0.965	大于0.90:普通;大于0.95:良好	良好
增量拟合指数(IFI)	0.965	大于0.90:普通;大于0.95:良好	良好
相对适配指数(RFI)	0.957	大于0.90:普通;大于0.95:良好	良好

表 5.27　不同年级群组路径表 1

路径	一年级		二年级			三年级			四年级		
	Estimate	p	Estimate	p	z-score	Estimate	p	z-score	Estimate	p	z-score
1	0.856	0.00	0.927	0.00	3.488***	0.880	0.00	1.024	0.905	0.00	2.028**
2	0.472	0.00	0.374	0.00	−4.882***	0.468	0.00	−0.158	0.437	0.00	−1.445
3	0.451	0.00	0.560	0.00	5.837***	0.462	0.00	0.495	0.530	0.00	3.375***
4	0.267	0.00	0.331	0.00	0.926	0.206	0.00	−0.728	0.136	0.00	−1.383
5	−0.254	0.00	−0.330	0.00	−1.560	−0.380	0.00	−2.075**	−0.343	0.00	−1.405
6	0.397	0.00	0.353	0.00	−0.633	0.602	0.00	2.429**	0.611	0.00	2.29**
7	0.325	0.00	0.410	0.00	1.439	0.308	0.00	−0.232	0.410	0.00	1.076

注：① *$p<0.1$；**$p<0.05$；***$p<0.01$。

② 路径 1：社会临场感→自主性临场感；路径 2：教学临场感→认知临场感；路径 3：自主性临场感→认知临场感；路径 4：自主性临场感→在线学习效果；路径 5：教学临场感→在线学习效果；路径 6：社会临场感→在线学习效果；路径 7：认知临场感→在线学习效果。

以年级不同划分为四类群组，以在线学习满意度为结果变量进行多群组检验。不同年级学生群组的拟合指标值 2 如表 5.28 所示，各拟合指数均在可接受水平内，表明模型拟合度好。由表 5.29 可知，各年级学生群组的作用路径中有 6 条路径存在显著性差异。具体是：① 一年级学生群组中，社会临场感作用于自主性临场感的路径系数为 0.855，低于二年级学生群组，也低于四年级学生群组，路径系数的比较具有显著性差异。② 一年级学生群组中，教学临场感作用于认知临场感的路径系数为 0.471，高于二年级学生群组，路径系数的比较具有显著性差异。③ 一年级学生群组中，自主性临场感作用于认知临场感的路径系数为 0.451，低于二年级学生群组，也低于四年级学生群组，路径系数的比较具有显著性差异。④ 一年级学生群组中，教学临场感作用于在线学习满意度的路径系数为 −0.113，高于二年级学生群组，路径系数的比较具有显著性差异。这说明，与一年级学生群组相比，二年级学生群组中教学临场感对在线学习满意度的负向影响更大。⑤ 一年级学生群组中，社会临场感作用于在线学习满意度的路径系数为 0.365，低于四年级学生群组，路径系数的比较具有显著性差异。这说明，与一年级学生群组相比，四年级学生群组中社会临场感对在线学习满意度的影响更大。⑥ 一年级学生群组中，认知临场感作用于在线学习满意度的路径系数为 0.308，低于二年级学生群组，路径系数的比较具有显著性差异。这说明，与一年级学生群组相比，二年级学生群组中认知临场感对在线学习满意度的影响更大。

表 5.28　不同年级群组路径拟合结果 2

适配度指标	适配值	临界值	适配性
χ^2/df	12.205		
近似均方根误差($RMSEA$)	0.035	低于 0.08 表示拟合良好，低于 0.05 表示拟合非常好	良好
规范拟合指数(NFI)	0.965	大于 0.90：普通；大于 0.95：良好	良好
塔克刘易斯指数(TLI)	0.963	大于 0.90：普通；大于 0.95：良好	良好
比较拟合指数(CFI)	0.968	大于 0.90：普通；大于 0.95：良好	良好
增量拟合指数(IFI)	0.968	大于 0.90：普通；大于 0.95：良好	良好
相对适配指数(RFI)	0.96	大于 0.90：普通；大于 0.95：良好	良好

表 5.29　不同年级群组路径表 2

路径	一年级		二年级			三年级			四年级		
	Estimate	p	Estimate	p	z-score	Estimate	p	z-score	Estimate	p	z-score
1	0.855	0.00	0.927	0.00	3.49***	0.880	0.00	1.037	0.904	0.00	2.026**
2	0.471	0.00	0.374	0.00	−4.87***	0.468	0.00	−0.153	0.437	0.00	−1.451
3	0.451	0.00	0.560	0.00	5.82***	0.463	0.00	0.493	0.530	0.00	3.379***
4	0.321	0.00	0.340	0.00	0.348	0.321	0.00	0.008	0.272	0.00	−0.648
5	−0.113	0.00	−0.228	0.00	−2.89***	−0.186	0.00	−1.443	−0.155	0.00	−0.837
6	0.365	0.00	0.339	0.00	−0.455	0.364	0.00	−0.014	0.505	0.00	1.891*
7	0.308	0.00	0.394	0.00	1.806*	0.374	0.00	1.092	0.276	0.00	−0.514

注：① *p<0.1；**p<0.05；***p<0.01。

② 路径 1：社会临场感→自主性临场感；路径 2：教学临场感→认知临场感；路径 3：自主性临场感→认知临场感；路径 4：自主性临场感→在线学习满意度；路径 5：教学临场感→在线学习满意度；路径 6：社会临场感→在线学习满意度；路径 7：认知临场感→在线学习满意度。

(五) 不同学科群组检验

以学科不同划分为三类群组，以在线学习效果为结果变量进行多群组检验。不同学科群组的拟合指标值 1 如表 5.30 所示，各拟合指数均在可接受水平内，表明模型拟合度好。由表 5.31 可知，人文科学学生群组、社会科学学生群组、自然科学学生群组的作用路径中有 1 条路径存在显著性差异。具体是，人文科学学生群组中，教学临场感作用于认知临场感的路径系数为 0.392，低于社会科学群组，也低于自然科学学生群组,路径系数的比较具有显著性差异。这说明,与人文科学学生群组相比,社会科学学生群组和自然科学学生群组中教学临场感对认知临场感的影响更大。而其他路径没有显著性差异。

表 5.30 不同学科群组路径拟合结果 1

适配度指标	适配值	临界值	适配性
χ^2/df	12.793		
近似均方根误差(RMSEA)	0.051	低于 0.08 表示拟合良好,低于 0.05 表示拟合非常好	良好
规范拟合指数(NFI)	0.962	大于 0.90:普通;大于 0.95:良好	良好
塔克刘易斯指数(TLI)	0.959	大于 0.90:普通;大于 0.95:良好	良好
比较拟合指数(CFI)	0.965	大于 0.90:普通;大于 0.95:良好	良好
增量拟合指数(IFI)	0.965	大于 0.90:普通;大于 0.95:良好	良好
相对适配指数(RFI)	0.956	大于 0.90:普通;大于 0.95:良好	良好

表 5.31 不同学科群组路径表 1

路径	人文科学		社会科学			自然科学		
	Estimate	p	Estimate	p	z-score	Estimate	p	z-score
1	0.915	0.00	0.876	0.00	−1.501	0.891	0.00	−1.018
2	0.392	0.00	0.446	0.00	2.084**	0.445	0.00	2.18**
3	0.504	0.00	0.482	0.00	−0.929	0.502	0.00	−0.091
4	0.299	0.00	0.260	0.00	−0.442	0.261	0.00	−0.447
5	−0.282	0.00	−0.328	0.00	−0.748	−0.312	0.00	−0.506
6	0.348	0.00	0.438	0.00	1.026	0.485	0.00	1.600
7	0.320	0.00	0.408	0.00	1.212	0.331	0.00	0.154

注:① $*p<0.1$;$**p<0.05$;$***p<0.01$。
② 路径 1:社会临场感→自主性临场感;路径 2:教学临场感→认知临场感;路径 3:自主性临场感→认知临场感;路径 4:自主性临场感→在线学习效果;路径 5:教学临场感→在线学习效果;路径 6:社会临场感→在线学习效果;路径 7:认知临场感→在线学习效果。

以学科不同划分为三类群组,以在线学习满意度为结果变量进行多群组检验。不同学科群组的拟合指数值 2 如表 5.32 所示,各拟合指数均在可接受水平内,表明模型拟合度好。由表 5.33 可知,人文科学学生群组、社会科学学生群组、自然科学学生群组的作用机制中有 2 条路径存在显著性差异。分别是:① 人文科学在教学临场感作用于认知临场感的路径系数为0.392,略低于社会科学学生群组,两者有显著性差异;略低于自然科学学生群组,两者有显著性差异。② 人文科学学生群组在社会临场感作用于在线学习满意度的路径系数为0.282,低于社会科学学生群组,两者有显著性差异。这说明,社会科学学生群组中,社会临场感对在线学习满意度的影响更大。而其他路径没有显著性差异。

表5.32 不同学科群组路径拟合结果2

适配度指标	适配值	临界值	适配性
χ^2/df	11.571		
近似均方根误差(RMSEA)	0.048	低于0.08表示拟合良好,低于0.05表示拟合非常好	良好
规范拟合指数(NFI)	0.964	大于0.90:普通;大于0.95:良好	良好
塔克刘易斯指数(TLI)	0.962	大于0.90:普通;大于0.95:良好	良好
比较拟合指数(CFI)	0.967	大于0.90:普通;大于0.95:良好	良好
增量拟合指数(IFI)	0.967	大于0.90:普通;大于0.95:良好	良好
相对适配指数(RFI)	0.959	大于0.90:普通;大于0.95:良好	良好

表5.33 不同学科群组路径表2

路径	人文科学		社会科学			自然科学		z-score
	Estimate	p	Estimate	p	z-score	Estimate	p	
1	0.915	0.00	0.876	0.00	−1.492	0.890	0.00	−1.012
2	0.392	0.00	0.446	0.00	2.091**	0.445	0.00	2.182**
3	0.505	0.00	0.482	0.00	−0.943	0.503	0.00	−0.093
4	0.359	0.00	0.306	0.00	−0.730	0.328	0.00	−0.443
5	−0.183	0.00	−0.163	0.00	0.407	−0.164	0.00	0.395
6	0.282	0.00	0.407	0.00	1.707*	0.378	0.00	1.343
7	0.316	0.00	0.367	0.00	0.841	0.328	0.00	0.192

注:① *$p<0.1$;**$p<0.05$;***$p<0.01$。
② 路径1:社会临场感→自主性临场感;路径2:教学临场感→认知临场感;路径3:自主性临场感→认知临场感;路径4:自主性临场感→在线学习满意度;路径5:教学临场感→在线学习满意度;路径6:社会临场感→在线学习满意度;路径7:认知临场感→在线学习满意度。

(六) 不同高校群组检验

以高校类型不同划分为四类群组,以在线学习效果为结果变量进行多群组检验。不同高校类型群组的拟合指标值1如表5.34所示,各拟合指数均在可接受水平内,表明模型拟合度好。由表5.35可知,"一流大学"高校学生群组、"一流学科"高校学生群组、省属重点高校学生群组和新建地方本科高校学生群组的作用路径中有5条路径存在显著性差异。具体是:①"一流大学"高校学生群组中,社会临场感作用于自主性临场感的路径系数为0.849,低于省属重点高校学生群组和新建地方本科高校学生群组,路径系数的比较具有显著性差异。这说明,与"一流大学"高校学生群组相比,省属重点高校学生群组和新建地方本科高校学生群组中,社会临场感对自主性临场感的影响更大。②"一流大学"高校学生群组中,教学临场感作用于认知临场感的路径系数为0.465,高于新建地方本科高校学生群组,路径系数的比较具有显著性差异。这说明,与新建地方本科高校学生群组相比,"一流大学"高校学生群组中教学临场感对认知临场感的影响更大。③"一流大学"高校学生群组中,自主性临场感作用于认知临场感的路径系数为0.488,低于新建地方本科高校学生群组,路径系数的比较具有显著性差异。这说明,与"一流大学"高校学生群组相比,新建地方本科高校学生群组中自主性临场感对认知临场感的影响更大。④"一流大学"高校学生群组中,自主性临场感作用于在线学习效果的路径系数为0.115,低于其他类型高校学生群组,路径系数的比较具有显著性差异。这说明,与"一流大学"高校学生群组相比,其他类型高校学生群组中自主性临场感对在线学习效果的影响更大。⑤"一流大学"高校学生群组中,社会临场感作用于在线学习效果的路径系数为0.532,高于新建地方本科高校学生群组,路径系数的比较具有显著性差异。这说明,与新建地方本科高校学生群组相比,"一流大学"高校学生群组中社会临场感对在线学习效果的影响更大。

表5.34 不同高校群组路径拟合结果1

适配度指标	适配值	临界值	适配性
χ^2/df	13.55		
近似均方根误差(RMSEA)	0.037	低于0.08表示拟合良好,低于0.05表示拟合非常好	良好
规范拟合指数(NFI)	0.963	大于0.90:普通;大于0.95:良好	良好
塔克刘易斯指数(TLI)	0.96	大于0.90:普通;大于0.95:良好	良好
比较拟合指数(CFI)	0.965	大于0.90:普通;大于0.95:良好	良好
增量拟合指数(IFI)	0.965	大于0.90:普通;大于0.95:良好	良好
相对适配指数(RFI)	0.957	大于0.90:普通;大于0.95:良好	良好

表 5.35 不同高校群组路径表 1

路径	高校 1			高校 2			高校 3			高校 4		
	Estimate	p		Estimate	p	z-score	Estimate	p	z-score	Estimate	p	z-score
1	0.849	0.00		0.870	0.00	0.686	0.902	0.00	2.02**	0.914	0.00	2.25**
2	0.465	0.00		0.473	0.00	0.264	0.429	0.00	−1.404	0.394	0.00	−2.46**
3	0.488	0.00		0.478	0.00	−0.353	0.495	0.00	0.314	0.532	0.00	1.69*
4	0.115	0.00		0.341	0.00	2.185**	0.262	0.00	1.77*	0.412	0.00	3.03***
5	−0.291	0.00		−0.318	0.00	−0.330	−0.294	0.00	−0.052	−0.356	0.00	−0.890
6	0.532	0.00		0.410	0.00	−1.194	0.444	0.00	−1.063	0.315	0.00	−2.24**
7	0.433	0.00		0.280	0.00	−1.577	0.364	0.00	−0.860	0.366	0.00	−0.763

注：① *$p<0.1$；**$p<0.05$；***$p<0.01$。

② 路径1：社会临场感→自主性临场感；路径2：教学临场感→认知临场感；路径3：自主性临场感→认知临场感；路径4：自主性临场感→在线学习效果；路径5：教学临场感→在线学习效果；路径6：社会临场感→在线学习效果；路径7：认知临场感→在线学习效果。

③ 高校1为"一流大学"建设高校；高校2为"一流学科"建设高校；高校3为省属重点高校；高校4为新建地方本科高校。

以高校类型不同划分为四类群组，以在线学习满意度为结果变量进行多群组检验。不同高校类型群组的拟合指标值2如表5.36所示，各拟合指数均在可接受水平内，表明模型拟合度好。由表5.37可知，"一流大学"高校学生群组、"一流学科"高校学生群组、省属重点高校学生群组和新建地方本科高校学生群组的作用路径中有2条路径存在显著性差异。具体是：①"一流大学"高校学生群组中，社会临场感作用于自主性临场感的路径系数为0.849，低于省属重点高校学生群组，路径系数的比较具有显著性差异。②"一流大学"高校学生群组中，社会临场感作用于在线学习满意度的路径系数为0.322，低于省属重点高校学生群组，路径系数的比较具有显著性差异。这说明，与"一流大学"高校学生群组相比，省属重点高校学生群组中社会临场感对在线学习满意度的影响更大。其他路径没有显著性差异。

表 5.36 不同高校群组路径拟合结果 2

适配度指标	适配值	临界值	适配性
χ^2/df	20.472		
近似均方根误差(RMSEA)	0.034	低于 0.08 表示拟合良好，低于 0.05 表示拟合非常好	良好
规范拟合指数(NFI)	0.967	大于 0.90：普通；大于 0.95：良好	良好

续表

适配度指标	适配值	临界值	适配性
塔克刘易斯指数(TLI)	0.964	大于0.90:普通;大于0.95:良好	良好
比较拟合指数(CFI)	0.969	大于0.90:普通;大于0.95:良好	良好
增量拟合指数(IFI)	0.969	大于0.90:普通;大于0.95:良好	良好
相对适配指数(RFI)	0.962	大于0.90:普通;大于0.95:良好	良好

表 5.37 不同高校群组路径表 2

路径	高校 1[①]		高校 2			高校 3			高校 4		
	Estimate	p	Estimate	p	z-score	Estimate	p	z-score	Estimate	p	z-score
1	0.849	0.00	0.870	0.00	0.679	0.902	0.00	2.034**	0.889	0.00	1.644
2	0.465	0.00	0.473	0.00	0.264	0.429	0.00	−1.402	0.435	0.00	−1.219
3	0.488	0.00	0.478	0.00	−0.344	0.495	0.00	0.305	0.497	0.00	0.456
4	0.357	0.00	0.356	0.00	−0.005	0.267	0.00	−1.369	0.325	0.00	−0.519
5	−0.119	0.00	−0.116	0.00	0.043	−0.189	0.00	−1.330	−0.170	0.00	−1.019
6	0.322	0.00	0.327	0.00	0.073	0.438	0.00	1.792*	0.371	0.00	0.828
7	0.334	0.00	0.299	0.00	−0.469	0.362	0.00	0.448	0.345	0.00	0.188

注:① *$p<0.1$;**$p<0.05$;***$p<0.01$。

② 路径1:社会临场感→自主性临场感;路径2:教学临场感→认知临场感;路径3:自主性临场感→认知临场感;路径4:自主性临场感→在线学习满意度;路径5:教学临场感→在线学习满意度;路径6:社会临场感→在线学习满意度;路径7:认知临场感→在线学习满意度。

综上可知,不同学生群组在在线学习各变量的作用机制中部分路径存在显著性差异。

本 章 小 结

本章利用皮尔逊相关分析、逐步多元回归分析和结构方程模型,探讨了变量之间的关系和作用机制。主要研究结果如下:

(1) 环境支持、在线学习体验和在线学习结果的相关系数表明:① 环境支持与在线学习体验的关系紧密;② 环境支持与在线学习结果的关系紧密;③ 在线学习体验中几个临场感的关系非常紧密;④ 教学临场感与在线学习结果的关系紧密;认知临场感与在线学习效果的关系紧密,与在线学习满意度的关系非常紧密;社会

---

① 注:高校1为"一流大学"建设高校;高校2为"一流学科"建设高校;高校3为省属重点高校;高校4为新建地方本科高校。

临场感与在线学习效果的关系紧密,与在线学习满意度的关系非常紧密;自主性临场感与在线学习结果的关系非常紧密。

(2) 从逐步多元回归分析的结果来看:① 政策支持、学习平台质量和使用培训是预测在线学习体验的重要变量,而网络条件对在线学习体验的影响较小。② 自主性临场感、社会临场感、认知临场感和环境支持显著正向影响在线学习效果和在线学习满意度,其中,环境支持的影响最小。教学临场感显著负向影响在线学习效果和在线学习满意度。

(3) 采用 Amos 软件构建变量之间的结构方程模型,集中探讨环境支持、在线学习体验和在线学习结果的作用机制。环境支持能够通过正向预测社会临场感、教学临场感,正向预测在线学习结果。其中社会临场感在环境支持和在线学习结果之间起着重要的中介作用;社会临场感、自主性临场感在环境支持和在线学习结果之间起着最重要的链式中介作用,链式中介效应值最大;教学临场感在环境支持和在线学习结果之间为负向中介效应,但加入认知临场感,中介效应值为正。

(4) 在不同在线学习范式、性别、年级、生源地、学科和高校类型学生群组中,环境支持、在线学习体验和在线学习结果的作用机制中部分路径存在显著性差异。其中:① 不同在线学习范式的学生群组在教学临场感与认知临场感、自主性临场感与在线学习效果、社会临场感与在线学习效果、社会临场感与在线学习满意度的作用路径中存在显著性差异。② 不同性别的学生群组在教学临场感与认知临场感、自主性临场感与在线学习效果、自主性临场感与在线学习满意度、社会临场感与在线学习效果、社会临场感与在线学习满意度的作用路径中存在显著性差异。③ 不同生源地的学生群组在社会临场感与自主性临场感、教学临场感与认知临场感、自主性临场感与认知临场感、社会临场感与在线学习效果、教学临场感与在线学习满意度、认知临场感与在线学习满意度的作用路径中存在显著性差异。④ 不同年级的学生群组在社会临场感与自主性临场感、教学临场感与认知临场感、自主性临场感与认知临场感、教学临场感与在线学习效果、社会临场感与在线学习效果、教学临场感与在线学习满意度、社会临场感与在线学习满意度、认知临场感与在线学习满意度的作用路径中存在显著性差异。⑤ 不同学科的学生群组在教学临场感与认知临场感、社会临场感与在线学习满意度的作用路径中存在显著性差异。⑥ 不同高校的学生群组在社会临场感与自主性临场感、教学临场感与认知临场感、自主性临场感与认知临场感、自主性临场感与在线学习效果、社会临场感与在线学习效果、社会临场感与在线学习满意度的作用路径中存在显著性差异。

综上可知,不同学生群组的在线学习各变量的作用机制中部分路径存在显著性差异。

第六章 在线学习的质性分析

本书选择了我国 7 所高校 16 名本科生作为研究对象,以"前期—过程—结果"模型和探究社区理论作为分析框架,从环境支持、在线学习体验、在线学习结果方面进行半结构化访谈,从而挖掘出在线学习的差异性、影响因素及其作用机制后面的原因,解释和补充量化研究结果。

第一节 在线学习差异性的质性分析

本书的量化研究表明,不同在线学习范式、性别、生源地、年级、学科和高校类型的学生的在线学习各变量的表现都存在着显著性差异,同时,在线学习变量之间的作用机制中部分路径也存在显著性差异。在访谈中,学生们围绕在线学习的差异性展开了叙述,更好地解释和补充了量化研究结论。

一、不同在线学习范式:学生偏爱的混合式学习

通过与受访者交谈,学生们提出希望教师今后能使用混合式教学,这样他们就能使用混合式学习范式。虽然面对面教学和纯在线教学都有各自的优势,但其中的缺点也很明显。国外一些学者对纯在线课程和混合授课课程也进行了比较。阿克约尔等人发现与纯在线课程相比,学生对混合授课课程有更好的认知,而且教学临场感和认知临场感有显著性差异。谢伊也得出了同样的结论,并补充说,混合授课课程的学生能感觉与同龄人之间的情感,社交联系更加紧密,学生的群体凝聚力显著更高。埃斯特拉(Hooman Estelami)的研究结果表明定性课程使用混合式学

习方式能使得学习效果感知和学生成绩分数得到改善。① 可以看出,以往国外学者的研究已经证实混合式学习范式在在线学习体验和在线学习结果中具有显著性差异。本书的量化研究结果也呈现出混合式学习和纯在线学习范式对环境支持、教学临场感和认知临场感的评价具有显著性差异,且在教学临场感与认知临场感、自主性临场感与在线学习效果、社会临场感与在线学习效果、社会临场感与在线学习满意度之间的作用路径中有显著性差异。通过访谈,获得了学生们的一些看法。

> 我希望教师能将纯在线和面对面结合起来教学,这样的话两个的优点都能发挥出来。因为两个本来也比较互补嘛,他们的缺点也可以相互弥补一下,所以结合起来的效果会更好一些。(XK-ND-06)
> 我喜欢那种有面对面和线上一起的混合式学习范式。因为有时候老师的时间也是有限的嘛,在课堂学习的过程当中,如果有不懂的就先记下来了,希望老师在线上集中给大家解答,或者是老师给我们布置一些问题,做了之后他在线上给我们解答。这种混合式学习范式既节约时间又高效。(XJ-LS-10)
> 终归还是觉得应提倡那种混合式学习,既能反复观看线上的知识点;也需要线下由老师更好地指导实际操作。这是纯在线学习不能实现的。这样线上线下相结合,不仅节约了时间,还能够更符合我们个性化的学习需要。(ZD-HD-15)

虽然在线学习正处于显著增长的态势,但纯在线学习实践还处于起步阶段,而混合式学习正好能取两者之长,补两者之短。使用混合式学习范式能保持教师与学生更多的时间接触,学生也可以获得超出技术环境所需的人文关怀,避免了面对面到纯在线这种从仅基于"人"的教学转向仅基于"机器"的教学。② 因此,学生们希望混合式学习范式成为未来的有效选择。

> 我觉得混合式学习更合适一些。因为现在的纯在线学习,包括未来一段时间,它可能并不能做到完全跟线下上课一模一样。我觉得更多的问题可能是学生的观点不能够让老师及时了解,得不到老师及时反馈,包括鼓励。其实,老师的反馈和鼓励还是挺重要。(XK-ND-12)
> 因为做实验和测量也是要通过某个知识点去指导操作的,这就得让学生先去了解某个知识点。如果有在线学习的一些视频,就可以去先了解更多的东西。比

---

① Estelami H. The Effects of Survey Timing on Student Evaluation of Teaching Measures Obtained Using Online Surveys[J]. Journal of Marketing Education,2015,37(1):54-64.
② Blood-Siegfried J E, Short N M, et al. A Rubric for Improving the Quality of Online Courses[J]. International Journal of Nursing Education Scholarship,2008,5(1):1-13.

如说我们的测量实习,在实践学习中会有一些有关仪器的使用、测量重点、测量的高度和过程介绍,这一部分就可以通过线上了解。虽然工科比较特殊,实验和实践比较多,这些实践性的课程是需要线下开展的,但是线上学习也是必需的。因为通过在线学习能够扩展一些理论性的知识点,线下上课时就可以把侧重点放在实践环节,节约很多时间。所以,那种混合式的课堂比纯在线和纯面对面课堂更合适。(ZD-HD-13)

受访者们的观点表明,混合式学习才是普通高校教学改革的方向以及在线教育的理性思考旨归。一方面,混合式学习提高了教师指导的频次和质量;另一方面混合式学习还增强了教师与学生、学生与学生之间的互动和情感交流。新兴的信息技术将给学生提供多感官体验以增强学习的沉浸感,面对面的交流互动能给学生带来情感联系和凝聚力。这些在线学习体验让学生在线学习的主观自主性得到加强。从量化结果和访谈分析可知,混合式学习是学生们对未来在线学习范式的期待。因此,高校教学改革将日益聚焦于混合式学习新趋势,将在线和传统面授的各自优势有机结合起来,为学生提供混合式学习,以便更有效地顺应信息化、个性化学习的需要。[①]

二、不同学科和课程:在线学习的选择性不同

与学生的访谈还表明,教师采用什么样的教学方式需要根据课程性质来选择,以满足学习目标和授课质量。比如,工、农、医、艺术、体育等学科中很多课程不适合纯在线学习,因为这些学科的很多课程都会涉及实际操作,需要老师现场演示并面对面指导。斯泽托(Elson Szeto)的研究表明,在工程课程的混合式学习中,学生获得预期的学习成果更多地依赖于教学临场感,教师的表现可以带来教学临场感的领导作用,这比社会和认知临场感更重要。[②] 本书量化研究也表明,不同学科的学生的教学临场感具有显著性差异,且教学临场感与认知临场感之间的作用路径存在显著性差异。因此,教师使用什么样的教学方式授课应结合不同学科、不同类型的课程来选择,这样才能更好地促进学生的意义建构。学生们这样解释:

我可以说哪一种最不适合在线学习。我认为是实验、实践课,那些需要动手操

[①] 韩锡斌,王玉萍,张铁道,等.远程、混合与在线学习驱动下的大学教育变革:国际在线教育研究报告《迎接数字大学》深度解读[J].现代远程教育研究,2015(5):3-11.

[②] Szeto E. Community of Inquiry as an Instructional Approach: What Effects of Teaching, Social and Cognitive Presences are There in Blended Synchronous Learning and Teaching? [J]. Computers & Education,2015,81:191-201.

作和面对面解决的课程,不是单纯通过脑力就可以解决的课程不适合在线学习。例如,我们有一门实验课因为采用虚拟实验,造成理解不透,或者是没有达到好的效果。也不知道自己在干什么,每天就点点鼠标,做一份实验报告就行了,收获很小。(DX-XD-14)

除了纯知识性的学习,实习啊、需面对面操作指导的课程采用纯线上就会不太好。比如我报的校选"戏剧鉴赏",这门课在线学习的时候,老师很难给你做示范,你只能看到一个很小的电脑演示。还有体育课问题,因为大学的体育课不只是足、篮、排,也不止在家随便动一动。比如说想学个高尔夫、瑜伽、健美操、学个舞龙舞狮什么的,这些都得线下课程才能实现。如果都选择上网课,真的就只能天天听老师讲考这、考那的,基本就在那儿放着自己干别的去了。(DX-XD-09)

因为我们工程专业相对特殊一点,需要做一些地质方面、材料方面的实验,还涉及一些测量,这些实验和测量都得实际动手才能掌握,在动手过程中需要教师及时指导才可能学得更好。所以这些环节如果都采用纯在线的话,就会影响我们的学习效果。(ZD-HD-13)

实操课程还是需要老师直接指导和面对面交流互动的。因为我们很多实验是一点一点做的,包括做账什么的,是需要很多个同学一起做的。比如说一组需要四五个同学,轮着来做,每人体验不同的角色,这也是在线课程没有办法实现的。(XK-ND-12)

2020年初突发的新冠疫情让学生们开展了近一个学期的纯在线学习。"战时"的在线学习堪称一场"学习革命",它启发了我国高等教育从构建数字化、网络化、个性化、多样化及终身化教育体系角度进行战略思考和统筹部署,更好地服务于信息化时代的高校人才培养。① 在线学习得到了社会各界的广泛关注。但纯在线学习不足以成为全日制高校本科生学习的"全部"。我国高校目前有14个学科门类,每一个学科的课程类型都有较大的差异。相较于传统的理论课,那些工、农、艺、医等学科的实操课、实验课、术科课、实践课等课程在使用在线学习范式时会有较大的差异。虽然目前的VR、AR、MR、虚拟仿真等技术在增强,但教师在选择在线教学时要根据实际课程需要来考虑。

三、不同学生背景:在线学习的"落差"表现

有研究表明,互联网实现了在线学习的方便性和灵活性,并为解决高等教育公

---

① 韩筠.以信息技术构建高等教育新型教学支持体系:基于抗疫期间在线教学实践的分析[J].高等教育研究,2020,41(5):80-86.

平性问题提供了可能。① 不确定性的新冠疫情背景,居家(居寝)在线学习成为学生们保障学习进度的必选。但在线学习对网络环境和硬件设备要求高,不同地区、不同高校、不同年级及不同家庭经济背景的学生"苦乐不均"。量化研究显示,不同生源地的学生的在线学习体验和在线学习结果呈显著性差异,且作用机制中部分路径存在显著性差异。这是受学生所在区域网络覆盖情况影响的,不能与其他同学一样获得等质的教育。有学生表示:

我们家在农村,网络不是特别的好。家里面虽然拉网,但它是电视广播的网,所以我只能用流量来听课。可山里的信号不太好,网络不是特别的流畅,导致有时听着听着就断线了。还有一次遇到下雨,我们家那里一下雨的话就会停电。停电之后家里面的网络就直接是2G网,课都上不了,只能直接请假。(XJ-LS-10)

我室友她是漠河那边的,网络质量不好,所以他只能用流量来在网上学习。听她说,用流量上网课真是太考验人的耐心了。因为她自己总遇到网络卡顿进不了课程学习空间,那会她还挺郁闷的。(ZD-HD-15)

还有学生表示所在学校为新建地方本科高校,由于免费校园网络不是全覆盖,他们的在线学习节奏会受影响。也有学生说出了其所处的年级带给自己的独特感受。

我们学校的免费校园网络没有覆盖到学生寝室,回到寝室如果需要完成在线学习任务,我只能用流量。不过,用流量来学习,学习节奏很受影响。(XJ-XS-11)

我现在一年级,对班上的同学不像师兄师姐他们那样熟悉,所以老师让同学们在群里互动交流,我可不想,因为谁也不认识,还是听老师讲就好。(DX-XD-14)

家庭经济状况及父母支持等方面不一样,在线学习也会有很大的差异。

我家没有连WiFi,如果老师发布了学习任务,我总是不能及时去学习,还是很受影响的。深究起来还是因为我家没有钱去安装WiFi,因为它一年需要一笔不少的费用。(XJ-LS-04)

在线学习带给我的不仅是经济压力,还有更多的精神压力。如果老师继续选择在线教学,我担心自己的学习会跟不上。(XJ-XS-11)

---

① Caruth G D, Caruth D L. Distance Education in the United States: from Correspondence Courses to the Internet[J]. Turkish Online Journal of Distance Education, 2013, 14(2):141-149.

从学生们的表述中可知,在线学习这一新的学习方式引出了教育公平问题。那些家庭经济情况较差、边远地区的弱势学生将因没有良好的学习设备或网络而不能获得与传统课堂那样等质的学习机会。这个情况不只是中国的特例,国际组织机构也开始关注相关情况。联合国教科文组织汇总了一份停课的负面清单,其中一条指出:无法平等地访问在线学习平台,缺乏技术或良好的互联网连接是继续在线学习的障碍,特别是家庭贫困的学生尤甚。因此,弱势学生群体的在线学习问题应该受到政府部门、高校等相关部门和机构的重视。

学生的回答还反映出父母对在线学习的态度会影响他们的在线学习。受到我国传承了几千年的儒家文化思想的影响,父母的价值取向引导和影响着学生对待在线学习的态度。当今大学生的父母大多是20世纪70年代及以后出生的一辈,所接受的教育为传统的在教室中的课堂学习,并且是在中年左右才开始接触网络及使用智能设备。传统课堂学习已经使其形成根深蒂固的"学习惯性"和"学习记忆",很大程度上影响了父母对在线学习的态度。而父母作为提供在线学习设备、网络条件的直接支持者,如果他们对待在线学习的态度是积极的、认可的,那将给孩子带来学习的动力;如果他们对待在线学习的态度是消极的、不认可的,那么亲子之间将产生一些矛盾,这会成为孩子在线学习的阻力。

在线学习过程中,我得到了父母精神上的理解,他们还用实际行动来支持我在家的网课学习。比如,他们在我上网课的时候都不打扰我,知道我什么时候要上课了,就会提前给我准备好一些水果什么的,让我安静在那上课,非常支持我。他们还会主动帮我查一下学习所需要的电子稿或电子书等资料什么的,为我的在线学习做一些准备。(XJ-NX-08)

就像我了解的一个朋友,他爸妈对网络的接受程度不是很大。即使是因为在线学习需要上网,他的父母也觉得孩子上网是为了玩游戏,为了娱乐,他们对网课的接受意愿不是很高。说实话,如果父母们都是这种态度,我们的在线学习可能会受到有一定的限制。(ZD-SD-05)

新冠疫情突发那段时间的在线学习,家里刚好在忙春季农活。父母偶尔会在上课期间叫我去做这、做那,这就会打断我的听课时间和听课的效率。当回到学校之后,我还挺开心的,因为不用再在学习时间管家务事了,我就能够安心地学习了。(XJ-LS-10)

在家学习那段时间,爸妈看到我又在那里用手机,就会开始责备,甚至因为误解而抢手机什么的。他们认为只有回到学校在教室里才能得到老师的教育和指导。但实际上不一定是这样子的。(ZD-SD-03)

刚开始上网课时,其他地方都不能去,只能待在家里面,就感觉好像什么事情也不能干,每一天就学学睡睡。在家待久之后就会对学习和生活逐渐丧失了信心,

会跟家里人经常发生矛盾。那段时间跟家里人吵架次数很多,也都比较严重。(XK-ND-12)

实际上,父母应该认识到在线学习将作为学生常用的一种学习方式。父母不仅要在学习设备、网络条件、学习氛围等方面支持孩子的在线学习,还要在精神方面支持孩子,避免因为观念和态度上的差异激化家庭矛盾。有同学提出自己要主动和父母多沟通,或是以角色互换的方式来获得彼此的理解。

父母刚开始对于这种东西还是有点不太了解,也经常去督促我认真听课、集中注意力,告诉我尽量少碰一些游戏软件。后来,他们看到我逐步进入在线学习的状态,后续就非常支持了,让我在家多学习,完成自己的学业。(ZD-HD-13)

可以让家长一起来听上一两节课,大家都感受一下,可能更好一点。这样他们也知道我一天在电脑上或者手机上在干什么,或者说他们工作或者做什么的时候,我也可以去看一看,就还是多沟通吧。感觉父母和孩子之间多沟通,相互体验,角色互换会缓和因为对待在线学习态度不一致而引起的家庭矛盾吧。(XK-ND-06)

由此可看出,父母并非完全否定在线学习的存在意义。他们也知道新冠疫情发生后,在线学习为滞留在家中或学校寝室的学生提供了正常的学习机会,弥补因特殊情况而阻断的课堂学习。因此,对于国家政策支持下的在线学习,他们是持肯定态度的。但重点在于他们担心在线学习过程中网络给学生带来的诱惑大于在线学习给予学生带来的学习收获。在线学习的确与传统教室上课不一样,不仅学习设备直接连通网络,增加了学习注意力不集中的可能性,更有甚者是没有教师和周围同学的督促,父母又不能时刻在孩子身边陪着,于是他们才会对在线学习产生消极态度。而这一切的解决之策,除了父母要主动理解、接受在线学习这种新的学习方式之外,学生还得主动行动,让父母放心自己能够自觉学习、认真学习。由此,学生们做好在线学习的自我监督,才是解决他们与父母之间矛盾的关键所在。如果学生能够自觉认真学习,父母会全力做好在线学习所需的学习设备配备、学习氛围营造及网络条件支撑等支持工作的。

第二节 在线学习影响因素及作用机制的质性分析

基于在线学习实践经验的积累,学生们已经开始认识到在线学习会给他们带来许多收获。从教育公平的角度来看,在线学习为那些由于时间、地域、地质灾害、疫情等特殊情况限制而无法获得正常课堂学习机会的学生提供了教育机会。从学习主体的角度来看,以往的研究围绕在线课程、在线教学方式本身,而没有深入到学生中去了解在线学习受哪些因素影响。本书通过与学生们交谈,从而获得学生们的想法,进而解释和补充以上量化研究结果。

一、环境支持的讨论:"硬件"与"软件"的配合

与传统课堂学习相比,在线学习需要依托互联网、在线学习平台等特殊学习环境才能实现,因此,环境支持决定了在线学习是否能顺畅进行,是开展在线学习最基本的前提。因为在线学习不再是单向的教师拿着教材教,学生拿着笔记本在下面记,而是要在网络条件、学习平台等软硬件支持下才能开展的学习活动。在这个过程中,任何一个环节出问题都会影响到学生的在线学习体验,从而影响到他们的在线学习结果。量化研究表明,环境支持显著性影响在线学习结果,但影响作用较小。环境支持与在线学习结果之间更多是通过中介变量来起作用的。

(一) 在线学习环境体现出灵活性和方便性

在线学习与传统"规定时间和地点"的课堂学习有着很大的差异。传统的课堂学习活动基本上是由学校和教师根据教学计划决定的,但这也是学生个性化学习需求无法得到满足的原因。而相比传统课堂学习,在线学习更具有灵活性和方便性。

1. 随时随地学习,不受时间和空间的限制

能够随时随地参与在线课程,这对学生来说无疑是很有吸引力的。Cole 等人(2014)指出"方便性"是大多数学生对在线学习感到满意的原因。在线学习的灵活性和方便性似乎超过了任何其他潜在缺点。学生指出,新冠疫情出现后,自己随时处于暂时居家隔离或在校隔离状态,在线学习的方便性和灵活性让他们没有停止学习。在线学习给学生提供了选择想要上的和需要上的课程的机会。比如有同学这样说道:

我觉得我还是喜欢在线学习比面对面课堂学习多一点。因为即使 2020 年初居家隔离那会,也能让我们继续开展学习,非常地方便。(DX-HK-01)

新冠疫情常态化阶段,因为零星的、散发的病例在局部地区出现,有些高校采取了封校措施,要求学生在寝室开展在线学习。在线学习的方便性让教学进程没有停止过。还有的学生指出由于天气原因,造成师生去教室上课受阻,教师也会灵

活选择在线教学,保证了教学进度的正常进行,学生也能较好地适应在线学习。

有一天下了很大的暴雨,我们不太方便出寝室,老师也受困在他们住的小区,于是那天我们就改成了在线学习。我觉得这样真的很方便。在线学习避免了大家湿漉漉地到达教室,也可以让教师不用着急来回赶着上课。如果以后遇到类似恶劣天气,比如沙尘暴,或者冬天特别冷的情况,教师如果还能够采用在线学习,是对学生的一种情感上的关怀和生活上的帮助吧,表现得更加人性化。(ZD-HD-14)

我们上学期有一门"发展心理学",当时12周以后老师就把课程改成了线上。同学们自己学习"中国大学慕课"里面的课程,提交一些在线的作业,开展群内的讨论,真的很方便,节约了很多通勤时间。刚好那会儿也快进入期末了,在线学习为其他科目的复习提供了更多的时间。(XJ-NX-07)

从同学们的表述中可以看出,在线学习环境体现出的灵活性和方便性保证了他们能够在虚拟空间建立在线学习社区,共同开展学习活动。教师在在线学习环境下,也能准时上线进行教学,保证了学习活动的正常开展。传统课堂学习中,由于教师是按照固定时间和固定地点执行教学计划,学习过程被视作一成不变的活动。但在线学习的广泛实践,让学生感受到在线学习活动带来的便利性。因此,出于对学生学习方便性的审思和教学改革的追求,在线学习可以作为达成增加教学的灵活性、促进教学方式多样化、吸引更多学生开展在线学习、追求以学生为中心教学实践等目的的策略。

2. 可以反复学习,更好地控制学习进度

录播、MOOC等在线学习模式能够使学生结合自身需求自主选择学习内容、调整学习节奏、构建符合自身的学习策略,真正实现以学生为中心的个性化学习。① 学生在课后根据自己的需要,随时随地查阅教师讲课和讨论的材料。这种学习模式对教师也有益。教师对课程的一些重复部分就不用再花时间去准备,而只需要更新教学内容,补充学生所需的学习材料即可。这种学习模式能够让教师将更多教学时间安排在组织课程研讨、答疑解惑、直接指导等重要教学过程方面。有同学就认为在线学习中能够反复学习这个特点有效地增强了学习效果。

我们这学期的 c-shop 和 3D-Max 使用了"中国大学慕课"平台上的在线课程。因为这些课程需要熟悉软件的属性、操作方法,还有各种功能的特点等这些很细的内容。而这些知识点都是可以在平台上反复观看的,让我们能更好地掌握自己的

---

① 刘和海,潘阳."以学习者为中心":赋权理论视角下的个性化学习实践逻辑[J].中国电化教育,2018(8):100-106.

学习节奏。还有腾讯课堂,它也有一个回放功能,完全可以再回放老师上课讲操作的部分,反复多次跟着视频操作步骤来做,这一点真的很好。要是平时线下授课,如果你没有及时记下老师上课讲的知识点,之后要想再去复习就会有一定的困难。(ZD-SD-05)

无疑,无论学生是否处于新冠疫情防控期间,在线学习环境的灵活性和方便性能够保证学习活动的正常开展。灵活的在线学习让师生避免了因特殊情况而影响正常的教学和学习活动。在线学习在使学生随时随地学习、反复学习上是成功的。在线学习让学生可以追求自己的学习兴趣、可以按照自己的学习节奏前进、可以实现个性化和多样化的学习计划,让学生承担了更多的学习责任。由此,这是促使大学教师开展教学改革的部分原因,也让越来越多的教师、管理者和学者开始审视在线学习的价值。

(二) 网络环境:"硬件需求"与"质量现状"之间的差异

网络环境是在线学习的硬件设施。几乎无处不在的高速网络与在线学习的软件平台相结合,为在线学习的开展奠定了技术支持。目前的网络环境较好地支持了教师和学生之间同步或异步的交流互动。[1] 本书量化研究结果显示,网络条件显著影响在线学习体验,但影响较小。究其原因,目前的网络条件还有待提高。与以往的按需在线学习不同,2020 年开始的在线学习涉及的范围更广、学习者更多、学习的时间更密集,而且学习模式增加了直播、在线研讨等,这些都需要高质量的网络来提供技术保障。而当全国高校师生齐涌网上,一时间,海量访问就给在线学习平台的服务器带来了巨大的压力。麦格德(Nevine Sobhy Abdel Megeid)指出:基础设施不足、连接限制和下载速度慢会导致学习者感到沮丧并影响学习的方便性。[2] 沃茨(Lynette Watts)也指出:当在线学习界面出现访问或连接性问题时,学生可能会变得非常沮丧并与学习过程脱节。[3]

影响在线学习的可能是网络吧。因为一旦没有网络,就只能用流量。可是用流量的时候就会出现网络状态不佳,很卡、延迟,有的时候跟不上。网络卡顿还会导致进不去课程房间的现象产生。(ZD-HD-15)

---

[1] Allen I. Going the Distance: Online Education in the United States[R]. Sloan Consortium, 2011.
[2] Megeid N S A. E-learning Versus Blended Learning in Accounting Courses[J]. Quarterly Review of Distance Education, 2014, 15(2): 35-56.
[3] Watts L. Synchronous and Asynchronous Communication in Distance Learning: a Review of the Literature[J]. Quarterly Review of Distance Education, 2016, 17: 23-33.

如果老师直播的时候使用高分辨率视频的话,那我经常就会有卡顿的问题。(ZD-SD-05)

因为网络服务跟不上,居寝学习时常常出现直播卡顿、在线学习平台上不去、课程视频播放不了、资料下载不下来等问题。(XK-ND-12)

居家上网课的时候,我们没有课本,网络也不很好,非常担心学习进度。特别是刚开始上网课那会儿,我们那边还遇到了停电,差不多停了三天,没电没网,真的担心赶不上教师的教学进度。(XJ-LS-10)

上网课的时候会有点着急,比如对方的设备连接不佳、有人掉线,这是我感触比较深的一个方面。(ZD-SD-03)

对疫情应急期间57所高校的在线教学质量报告和研究人员的问卷调查表明,在线学习最常遇到的问题就是网络拥堵和卡顿、服务器崩溃、直播课进不去和有回音杂音、课程视频不能及时回放、在线学习平台加载慢和资源下载难等问题。而继续调查在线学习的现状也表明,网络服务质量不佳也是环境支持方面的最大问题,学生们对其评分最低。如果学生的在线学习长期受制于网络服务质量,那将阻碍教师教学进程,在线学习社区连接不上,以至于影响学生们的意义建构。所以,提高网络服务质量应作为一个非常重要问题来解决。学生只有在网络顺畅的环境中,才能有效地开展在线学习。本书中学生们的经验表明,对于他们来说,是否能在顺畅的网络条件下开展在线学习活动,影响到在线学习参与过程中的感知。

(三) 政策、平台及培训:影响在线学习常态化运行的重要环节

突如其来的新冠疫情推动了在线学习进入第三次浪潮,我国高校学生全员上线,涉及面广,为在线学习常态化发展提供了机遇。但有学者指出在线学习不过是知识经济时代的又一次泡沫,新冠疫情过去,课堂依旧恢复传统面授教学,学生也就恢复到传统的课堂学习。因为现代文明面临的每一个高度复杂的系统性问题,都不是短时间内能够迅速解决的。在线学习的问题就是如此。如果长期计划得不到重视,通过实施短期的策略就想见效,那就不可能一劳永逸地解决问题。[①] 不过也有学生根据自己的切身体会表示在线学习这种学习方式非常方便,希望在线学习不仅仅作为应急性措施,而应该将它常态化。从我国高校本科生人才培养现实情况来看,在线学习常态化已具备技术支持,可传统的课堂学习不是短时期内通过应急性或命令式的在线学习就能够产生翻天覆地变化的。从对学生的访谈得知,他们认为平台搭建、政策保障和教师培训等软硬件环境支持是影响在线学习常态

---

① 丽贝卡·D.科斯塔.守夜人的钟声:我们时代的危机和出路[M].李亦敏,译.北京:中信出版社,2017:177-178.

化运行的重要因素。

1. 平台搭建是基础

对于选择在线学习的学生来说，良好可靠的互联网连接是绝对必要的。同样，学习平台也很重要，因为当它出现问题时会造成学生严重的挫败感并阻碍学习。比如，就有同学指出平台缺乏监督、提醒等功能。

因为在线学习平台没办法对学生实时监控，所以在线学习有很多钻空子的机会，这就可能会使我们产生侥幸心理。比如说我在家里干什么老师是不知道的，可能就找个人把微信挂那儿了。或者说我在打游戏，老师叫到我，我就关声音回答一下，他完全不知道。我觉得线上的监督感不强。（ZD-SD-03）

像我们学校一般采用××学习平台，我也不知道为什么，反正班上总有同学忘记去学习或到期末的时候就不记得在上面考试。这个平台也没有邮箱、短信、电话或微信等提醒功能，我就觉得这点不是特别好，在这方面还是可以改善一下。（XJ-LS-10）

如果××学习平台具备能够时刻扫脸或者指纹认证，或具有能够时刻注意到学生是否在认真听讲，通过眼神和行动就可以观测到同学的学习动态的功能，那样体验感就会加强了。（XK-ND-16）

当学生使用在线学习平台开展学习活动时，就与平台系统建立了紧密的联系。这通常会超出常规的个人关注。在线学习越多，越依赖在线学习平台。但在线学习平台有限的功能经常会破坏整体体验。只有学习平台拥有足够强大的功能，才能满足更多学生个性化和多样化的学习需求。也就是说，在某种程度上，即使自主性强的学生，也需要功能强大的平台与他们一同监督和保障学习过程。

访谈中发现，学生们希望高校能提供多样化、个性化的平台和学习空间，提供更多的优质学习资源。知识经济时代，一个国家的国际竞争力取决于该国人才培养的质量，而人才培养质量取决于能否为学习者提供优质的学习平台和空间。[①] 因此，在线学习平台如果根据大学生的认知特点、在线学习技能来优化在线学习空间，就能够促进大学生对在线学习资源的充分利用。

刚开始上网课的时候大家都比较排斥。之前有很多人在应用商店里对"××在线学习平台"（为了避免产生麻烦，此处省略学生所说的具体在线学习平台的名称）给了一颗星的评分，那个平台都差点被淘汰了。所以还是有很多人一开始比较

[①] 黄荣怀,张进宝,经倩霞,等.面向2030教育发展议程的全球教育信息化发展战略：解读《青岛宣言》教育目标行动框架[J].开放教育研究,2016,22(1):37-42.

不满意"××平台",从心里面抵触它。(XK-ND-12)

新冠疫情背景下的在线学习是政府部门为防止疫情蔓延而硬性规定的,由于在线学习平台一下聚集这么多需求各异的学生,难免会有不好的评价。在线学习平台功能逐渐升级后,学生们逐渐接受了这种学习方式。有学生表示,在今后的学习中,不管是必修课、选修课抑或各类职业资格考试,他们都会试图选择自己所认可的在线学习平台上的学习资源来开展学习。因此,要使学生在线学习常态化,搭建功能齐全、质量过关的平台是基础。

这个学期我们的必修课和选修课等课程也开展了在线学习,但其实像我们现在要考的证好多,自己也会买课来学习。印象很深刻的是我考的计算机二级证书,3月份才考,但寒假在家的时候我就买了"××平台"的课程。那会我已经在家通过在线学习,了解了理论知识点和操作练习。我觉得各个学习平台能为我们提供各方面的优质课程,真的挺好的。(XJ-LS-10)

一开始自己就特别不喜欢在线学习,后面那段时间学校要求必须在线上上课之后,我就开始喜欢了,以至于到现在自己还经常在线学习。只要一有时间,我都会用手机观看一些课程视频,学习一些新的东西。现在,如果课后还有不懂的东西,我也会找"××平台"中的相关课程来继续学习,弄懂重点和难点,并巩固知识点。(XJ-NX-07)

"××平台"确实是非常好的获取知识的途径。它上面有一些题目的讲解,我觉得还是比较有用。在老师讲课后,当发现哪个知识点还没有完全理解透,我会选择通过在线课程学习作为补充,这是一种查缺补漏的方式吧,挺好的。(DX-XD-14)

有同学还说如果学校自身能够建立一个在线课程平台,与学校购买的平台一起,就能为在线学习常态化提供支持。还有同学说在学校之间建立在线学习联盟,就可以在线上实现跨区域、跨校间研讨、辩论之类的学习活动了。

大一刚入学时,因为学校本身就有课程平台,就为我们开设了很多在线课程。一个学期中教师会用3~4节线下课进行答疑和关于期末考试的知识点讲解。(ZD-SD-05)

如果大家把在线学习当成一个日常的东西来看,就不会觉得奇怪。不会想着学校是不是又因为特殊情况才线上授课。我想着学校之间是不是可以形成那种在线高校联盟,比如说深大和一些北京高校一起搞个在线协作学习圈。学生们不一定要汇聚在一起,但通过线上协作学习圈,就可以参加学校之间各种学习活动了。我觉得可以发挥线上课堂优势,把它变得更生活化一些。学生和老师在学校的引导下,让老师接受,并督促学生慢慢适应。因为学生自己可能很难去做些改变,但是如果在学校和老师的引导下,他们会慢慢地去接受并喜欢上在线学习的。(ZD-SD-03)

2. 政策保障是前提

时代赋予高等教育的使命是培养身心健康、德才兼备的创新型人才。这种创新型人才的培养需要高校开展教育教学改革,为学生学习目标的达成、学习过程、学习评价和监控提供良好的学习环境,促进学生知识、能力、品格得到综合发展,从而释放学生学习及发展的最大潜力。① 信息技术与教学活动相融合作为高等教育教学改革的重要工作,需要国家各级政府部门联合教育行政管理部门和高校出台相关的政策性文件才能保证该项工作的顺利推进。

如果政策支持的话,可以让在线学习生活化,使得在线学习不是为了应对特殊情况而去选择,而是已经融入我们生活当中。比如老师可以随时因天气恶劣等情况改变上课方式,这就可以说是一种常态化了。经历过特殊的新冠疫情,真正的目的是建立政策保障,推动大部分在线学习常态化。(DX-XD-09)

因为我们这一代大学生一开始是接受线下学习的,如果选择纯在线或混合式,可能整个教学活动包括教学的目标、作业或课程考核都会有些变化。毕竟它是在不同的模式下进行教学的,我觉得应该还是蛮大的一个可以探索的地方。因此,我想有关部门是不是可以制定相关的政策性文件来推动在线学习常态化呢,多方联动之后才能从强制性安排到习惯性使用转变。(ZD-SD-03)

弹性的教学时空是未来教育的基本标志。② 许多学生认为,经过新冠疫情期间在线学习的实践,他们体验到在线学习的有效性。尽管如此,有些教师们还是恢复了传统面对面教学。与在线学习相比,传统面对面课程中体验到的是整齐划一的节奏,这对于学生来说多样化和个性化的学习需求就没有得到满足。从学生的访谈中得出,只有出台相关政策性文件,才能保障在线学习常态化。如果没有政策保障,教师们就会跟随传统教学"车辙"继续行驶,就像忘记了在线教学一样。

3. 教师培训是关键

教师信息技术使用培训是提升教师在线教学技能的重要措施,也是保证学生们能够获得良好的在线学习体验和在线学习结果的重要手段。但从实际情况来

---

① 林毓锜. 我国高校学习改革的由来、发展与创新[J]. 高等工程教育研究,2008(4):62-67.
② 黄荣怀,汪燕,王欢欢,等. 未来教育之教学新形态:弹性教学与主动学习[J]. 现代远程教育研究,2020,32(3):3-14.

看,全员在线学习是为了应对突如其来的疫情而开展的。教师们在毫无准备或者只在短时期内接受简单培训过后就开展了在线教学。因此,是否有培训、培训的有效性如何直接决定了在线教学的质量。让教师参与培训主要可以概括为两方面,一方面是思想观念,另一方面是操作技能。

思想观念指的是教师要能接受在线学习,将在线学习的重要性放在与传统课堂学习一样的水平上。在实际的教学过程中,如果教师对在线教学重要性的重视程度不够,那么,学生也会被这种观点所影响。一旦继续在线学习,他们就会"划水""溜号"。总之,学生不会拿出线下上课时的专注度来对待在线学习。学生表示:

需要老师引导,让学生认识到在线学习和线下是同等重要的,在线学习同样能够有那种浓厚的学术氛围。(ZD-SD-05)

操作技能是指在在线教学实践中,教师能够熟练操作各种在线学习平台和各种软件。从受访者回答的内容来看,并非所有的学生都对教师使用这些新技术感到满意。他们认为教师们在线教学技术操作熟练性不够。因此,从学生的角度来说,教师在线教学的培训非常有必要。其目的是通过增加教师在线教学的专业性以提高他们在线教学的技能。新冠疫情应急期间对学生的访谈中学生称:"需要为教师提供在线教学仪器设备的支持与使用指导""需要对教师提供平台教学技术的培训或支持";继续开展调查和访谈,学生也同样指出需要对教师进行相应的技术操作培训。

我觉得应该给老师组织多次在线教学培训,让他们可以深入思考怎么样发挥在线教学特性。因为之前我也看过关于指导教师该如何去备课,设计与组织在线教学的文章。在线教学跟传统教学不一样,传统教学一般是通过对教师进行线下教育资格的系统培训,没有任何在线教学的知识点。所以我觉得如果说教师后面还是要发展线上线下课程,那从源头考证培训时就要进行系统的训练和考量。还有,老师还是要提高自身对于线上课程备课重要性的理解和重视度吧。它不仅仅是把备课转移到了线上,而是要思考当看不到学生反应的时候,该怎么样去观察或者说用另一种方式去调度课程。这样的话,效果可能不会差,甚至会更好。(ZD-SD-03)

一些教师在使用在线学习平台或其他软件方面不太清楚怎么用,我觉得学校应该对教师做相应的培训;而且面对面教学方式他们已经比较习惯了,如果突然间大面积改的话,一时半会也很难改过来吧,所以最好是线上线下结合,循序渐进地改变。(XK-ND-06)

我想是不是学校没对老师在线教学展开培训呢？如果那样的话,在线教学对老师来说是一项考验吧。有的老师可能年龄比较大,他对一些现代化的东西可能不是特别容易操作,或者说操作起来有一些麻烦,因而展现出来的效果就没有一些年轻老师的效果好。比如有的时候打开一些东西可能会遇到一些错误；或者教师讲得很投入,结果却一直是闭麦的状态；或者画面没有传输出去,也会对课堂的效果造成一些影响。(XJ-NX-07)

教师对平台功能的熟练程度不太好,他们都没有摸透里面的功能就给我们上课了。学校里面应该出台相应的措施,给老师提供机会普及和培训软件怎么用,提升在线教学的质量水平。(XJ-LS-04)

由此可见,学生认为给予教师充分的培训,让教师接受在线教学并掌握操作技能是影响在线学习质量的关键所在。但从教师培训的数量来看,高校在线教学和技术辅导团队只为一小部分对在线教学感兴趣的、主动提出需要帮助的教师提供支持,无法辐射到每一位教师。因而,不是每一位教师都能熟练操作各种在线教学设备。如果教师技术操作不熟练,教学时间将被耽误,也可能面临教学断片的尴尬境遇,如此,学生的在线学习体验就大打折扣。学生表示"一节课就等老师在那里找找找、点点点,眼看下课时间到了,可教学内容还没讲多少,效果好差啊!"(XJ-LS-10)如果在线教学时教师总是要摸索很久才能搞清楚如何上课、提问、布置作业等操作,那么就会影响学生对在线学习满意度的评价。

综上,在线学习的环境支持方面必须是强大的,这样才能在灵活、方便、网络顺畅的在线学习环境中开展在线学习活动。高校在平台搭建、政策保障、相关培训方面的"有为"将会影响在线学习活动的开展以及高质量在线学习结果的获得。

二、教学临场感的反馈:"过多"与"不足"之间的博弈

伴随着在线学习重要性的不断凸显,教师也在不断适应新的教学方式,以保证学生在线学习与课堂学习同质等效。在线学习研究者一致认为,提高在线学习质量最有效的策略是教师给学生布置灵活的学习任务、明确学习任务的截止时间、提供个性化和多样化的学习内容、开展清晰且结构化的在线讨论,并提供及时和过程性的反馈和评估。① 在探究社区理论框架中,教师的角色是学习的促进者、指导者、引导者和支持者,教学要以学生的学习和发展为中心。当教师根据教学目标,设计和组织好在线教学活动,并指导学生开展在线学习,将能有效地促进学生对意

---

① 韩锡斌,王玉萍,张铁道,等.迎接数字大学:纵论远程、混合与在线学习:翻译、解读与研究[M].北京:清华大学出版社,2016:68.

义的分析、构建与确认。但本书量化分析的结果显示,在线学习过程中教学临场感虽然评分最高,但却显著负向影响在线学习结果。通过访谈得知,这是因为教师在在线教学中,教学观念陈旧、课程设计缺乏考量、课程组织过程中使用平台过多、教师促进学生交流互动不足。正因为如此,也就能很好地解释了为什么在进行问卷调查过程中,学生们的调查数据表明教学临场感显著负向影响着在线学习结果,即在线学习结果随教学临场感升高而减少。作用机制分析还显示,教学临场感作为中介变量,其中介效应为负,但当再加入认知临场感后,链式中介变量对在线学习结果的影响效应为正。这也就说明,学生们并不认为在线学习过程中教学临场感不重要,而是因为在在线学习过程中,他们没有更好地体验到教师在线教学过程中应该有的教学临场感来促进意义建构,以获得良好的在线学习结果。

(一) 教师教学观念陈旧

我国高校的课堂教学往往是在教师主导下进行的。此时,学习的主体——大学生,由于受教师课堂的管控,对学什么和如何学只能按照教师的指挥进行,对自身学习和发展并没有准确的认知。由于以"教师、教室和教材为中心"的老三中心教学观念的根深蒂固,在在线教学过程中,老师往往也是在全程讲授,使得学生在这个不受监控的、轻松的在线学习环境中更加不注重自己对学习的责任。

现在基本上大学里面授课都是用 PPT 及配合讲解这种形式。在线教学时教师依旧这样上课,所以说线下课堂和线上是没多大区别的。(DX-HK-01)

我觉得首先要改变一下教学的观念吧。因为在线教学(即使是直播课程)跟线下的还是不一样。如果和线下一样,学生的课堂反馈肯定会有一定的限制。对于课堂反馈需求比较大的课程,互动是必需的。尤其是那种理论教学,需要经常课堂提问,及时考察学生的学习情况和理解程度。但如果线下课程换成在线,老师直播时长还是固定的,反馈就会受限制、有延迟。因此,需要把更多的时间交给课堂的互动,而不是老师一直在讲、在念 PPT。(ZD-SD-05)

他(老师)真的就是讲课背稿子这种情况。我觉得老师还是要提高上课的技巧。因为说实话,老师如果以在线教学改革作为契机,是能够提高自己的教学能力的。一位好的老师不仅做研究,还要把自己毕生所学用大学生喜闻乐见的方式传达给他们。如果能通过线上教学促使老师去反思自己,我觉得是很好的一个契机,那么老师就要提高自己的教学能力了。(ZD-SD-03)

选择什么样的教学方式是与实际教学工作需要和要达到的教学目标密切相关的。在"以学生为中心"教学理念的指导下,在线教学的目标不仅是学科知识点的获取,更重要的是学生的核心能力发展和兴趣的培养。因此,在线学习需要改变教师的角色,他们将作为学科内容专家、教学设计师、互动协调人以及学习指导者。但如果学生不满意教师的教学,这会给他们带来消极的学习体验,特别是当教师完全沉浸在自己的"教学独白"中,忽视学生的学习时,学生感到完全被漠视。这种感觉会导致学生对老师的不信任,甚至会抱有"敌意"去看待教师的存在,这就与学习社区形成了鲜明的对比。有研究就表明,学生的在线学习体验的影响因素依次为教师教学、学生自主学习能力和平台及技术设施。① 因此,教师教学临场感在学生在线学习中是非常重要的。

也有学生表示,因为在线教学不便于了解学生的考勤情况,所以教师才会选择传统课堂教学。

我觉得教师又回到面对面教学可能是为了便于考勤。线上的话,老师要点全班人的名字,过程是比较花费时间的。而线下的话,老师可以大致扫一眼,就基本能知道谁没有到,这还是比较方便。(XJ-NX-07)

老师可能想的是面对面他可以盯着学生学习,这种感觉可能要好一点。在在线教学过程中,要是遇到那些不自觉的同学,偶尔叫他起来回答问题,人都不知道在哪里。作为老师,他的内心都是希望更多的学生掌握知识,出发点是好的。他还是希望学生能认真听课,认真完成布置的任务,课下巩固相关的知识,而不是一直在玩,只要考试的时候考过就行。(XJ-LS-10)

(二) 在线课程设计的考量不够

课程设计是在线教学过程中的重要一环,备受师生关注。高效的课程设计需要教师做好课程目标、内容选择、技术使用、互动时间和方式、作业要求、上课要求及考试等方面的安排。这是学生在线学习之前老师们的准备工作。也就是说,课程设计是学生感知教学临场感的比较重要的参照。当面对老师们将课堂从线下照搬到线上,学生们对老师的课程设计有自己的想法。

我觉得老师在进行课程设计的时候,真正的目的不是对心理学史(学生所上的一门在线课程)记住多少,而核心的目的是让学生掌握一种学史的方法和思维。这种方法还可以应用到后面的学习中。培养学生的核心素养、学科意识是比较重要的。(DX-XD-09)

学生还指出,教师应该将信息技术更好地融入课堂,为学生提供额外的学习材

---

① 贾文军,黄玉珍,陈武元.大学生在线学习体验:影响因素与改进策略[J].高等教育研究,2021,42(3):60-69.

料,做好在线课堂安排,让在线课堂更有趣味性。在线学习过程中,学生面对的是冷冰冰的电脑、手机或 iPad 等学习设备,教师只有通过增加课程的趣味性才能激发学生学习的积极性。因此,有同学表示:

我觉得教师需要事先把教学的内容提供给大家。比如说这堂课需要讲哪一节,就提供给学生相关的学习资料,并且说明这堂课的学习任务。不能说是强制吧,教师起码得鼓励学生去预习。这样,课上就会有更多的时间留给教师和学生互动交流。比如我们这学期学的大学物理课程,老师会事先把他上课讲的 PPT 部分录成一个视频提前发给我们。我们提前观看视频,学习之后,老师上课时就可以主要讲解习题、进行提问和反馈。我觉得这样的教学效果还是不错的。(ZD-SD-05)

我觉得老师在设计课程时,应该多增加一些趣味性,使课堂有意思。有时候老师安排的课程时间太长,一上午都坐在那里,感觉很累。所以我觉得还是应该分开一点时间,休息一下或者怎么样。(XJ-XS-02)

老师在上课的时候可以采取不同的形式,不要跟线下上课那种一板一眼的一样。如果按照教材学下来的话,我们观看网课就会很乏力,学得很困难,可能没有那么多新鲜感。或者是让课堂更有趣,增加一些师生之间的互动,或者是在 PPT 设计上让学生集中注意力,不是很死板的教学模式。(XK-ND-12)

在线学习环境下的教与学是把学生的学习与发展作为根本出发点和落脚点,其课程设计中教学方法、教学手段、互动方式等都要科学设计与衔接。而这种设计并不是针对如何教学,而是针对如何促进学习,包括重新审视学习目标、重新组织学习内容和学习过程、重新整合学习模式和策略、重新设计学习评价方式。因此,有学生指出,教师在设计课程前,可以听听学生们的意见,多从学生的角度去设计课程内容及教学环节。

我觉得老师的教学(课程)设计要多听一听学生的意见。有的时候老师可能觉得这样安排就很好,但在线教学环境下,老师是没有办法直接知道底下学生到底有没有听懂,他就看不出来是有问题的。所以老师需要用一种比较要平易近人的态度去倾听学生的想法。这样的话,学生会提供一些反馈,帮助老师把课程设计得更加完美,也更加贴合学生的实际情况。(XJ-NX-07)

如果老师真的想提高课堂效率,他们就要从学生角度出发进行课程设计,让学生愿意来听你的课。否则上的课程非常无聊,激发不了学生学习的积极性,老师讲得再天花乱坠,同学们也是不感兴趣。(DX-XD-14)

教师首先应该要把学生的兴趣和积极性提上来。因为如果学生积极性或者兴趣不高的话,课堂的参与度可能也就不高。如果老师只讲自己的 PPT,学生的积极性和注意力很容易被身边的其他东西转移走。所以我认为老师可以给同学们做一下动员什么的,再提出一些要求,增加一些惩罚的措施。由于现在学生都比较看重分数,老师可以从分数上去管控学生,可能效率会提高一些。(XK-ND-16)

不同的教学(课程)设计所能取得的人才培养质量是不一样的,课程设计是存在优劣差异的。因此,教师需要在内容选择、时间安排、技术使用、互动设计、评估方式等方面深思熟虑。例如,将课程内容游戏化可以促进学生参与。那些设计得更好的在线课程越能够拥有更多的"听众",并始终能够吸引学生投入到在线课程学习中,这样,学生收获较高的学术成就的概率也就更大。①

(三) 课程组织过程中平台使用过多

由于不同在线学习平台涵盖的学习资源和功能不一样,为了满足教学需要,高校实现了教师对在线学习平台选择的自由。但这一"自由"选择,却带给学生一定的困扰。应急期间57所高校的在线教学调查数据显示,64.3%的学生认为"使用平台太多,经常来回切换"对他们造成了困扰。还有同学说:"本学期修读了10门课程,每门课程教师都选择了不一样的学习平台。由于上课平台、作业提交、学习资源获取平台不统一,我一直在不同的学习平台之间来回切换,造成了一定的困扰。"从中可以看出,过多平台的使用给学生在线学习造成了一定的困扰。后续的访谈中,学生们也认为平台过多是课程组织过程中出现的主要问题之一。

比如××学习平台各方面的功能比较齐全,但是可能它缺少了某一项功能,而这项功能又在另一个学习平台上有。这样,老师就会选择好几个平台来一起使用,真的太不方便了。如果有一个功能更全面的软件或者平台适用于所有的课程,就好太多了。(XK-ND-06)

我自己有一点体会。有一门课好像是需要在另一个平台上做作业,但老师只是在开学的时候稍微提了一句,后面就没有再做任何说明。最后,我们班很多同学在那个平台上面的作业就没有完成,影响了期末评分,这是比较惨痛的教训。因为平台太多了,可能是两个或好几个软件搭配起来使用,我们就不太兼顾得过来。比如,交作业的时候用作业帮、上课的时候用腾讯会议,有自学任务的时候用MOOC。(XK-ND-12)

对于学生来说,使用过多的在线学习平台,就得让学生在短时间内去学会很多

---

① Bonfield C A, Salter M, Longmuir A, et al. Transformation or Evolution?: Education 4.0, Teaching and Learning in the Digital Age[J]. Higher Education Pedagogies,2020, 5(1):223-246.

软件的操作。学生从注册账号开始,到怎么去查找老师发布的任务,再到怎么去完成老师发布任务,最后怎么去提交,一系列操作下来,前期的压力真的很大。最主要不只是一个,而是需要操作多个。(ZD-HD-13)

老师选用的授课软件可以少一点就好了。因为选的课程多了之后就会有点杂。有时候软件不容易激活;有的时候上课会进错上课房间,比如腾讯会议记成腾讯课堂。所以就希望老师们能统一软件,方便我们进去学习。(ZD-HD-15)

显然,如果教师使用过多的平台,会给学生带来如操作困难、进错上课房间、忘记课程作业或考试等问题。这些问题给学生们带来一些不好的体验,就会影响到其在线学习结果。对于本科生来说,一学期平均有8门课,如果教师在一门课中使用较多的在线学习平台,的确会给学生增加很多任务和压力,从而会降低学生参与课堂的积极性。而且,在线学习平台使用过多,还会造成无法统一收集学生所有的学习行为记录。这样,教师就无法将相关学习行为有效、全面地纳入综合考核评价体系中。

(四) 教师促进学生参与交流互动不足

就在线学习而言,生—生、师—生、学生—内容的互动有效性将直接影响学生在线学习的质量。[1] 麦库姆斯(Barbara Mccombs)指出在"以学生为中心"的在线课堂中,应能够给所有学生提供公平和积极参与课堂的机会,支持学生去尝试互动的、有吸引力的学习。[2] 在线学习中学生的互动表现受到教师教学过程中倾向于讲授还是互动,有没有做好及时的互动引导,教师能否在促进互动交流中发挥关键性作用等方面的影响。教师在线教学时,如果不能为学生提供建设性的反馈意见,也不能促进课堂讨论,那只能是将他们的传统课堂搬家至线上而已。

在线学习我觉得最好是要有更多的互动性,让学生能够参与进来。因为在线学习本来就不能像线下那样可以面对面交流。如果缺少互动性,我觉得学生就更容易干自己的事情,就不太会去理会老师了。比如说像教育心理学这方面的课程,就可以做一些小游戏,或者通过小测试来调动大家积极参与课堂。(XK-ND-06)

在线学习实践表明,学生们的确面临着一个新的学习方式的转化。在这种完全不同的学习方式中,教师如果只是简单地模仿和复制传统面对面教学,这只会失

---

[1] 崔允漷,余文森,郭元祥等. 在线教学的探索与反思:笔谈[J]. 教育科学,2020,36(3):1-24.

[2] Mccombs B. Learner-Centered Online Instruction[J]. New Directions for Teaching and Learning,2016,2015(144):57-71.

去在线学习的应有之义。加里森等学者就指出,在线学习已从技术使用、内容覆盖转移到学生的学习和参与上。缺少互动交流不仅会使学生们丧失改善学习活动的机会,同时也会妨碍新学习时代对在线学习特征的充分利用。① 因此,学生常常将在线课程满足他们学习需求的程度、参与程度用来衡量在线学习的效果和满意度。

其实学生很容易就分辨出哪些老师课程上得更好,哪些老师的线下教学和在线教学都是"PPT"天下。有些老师一讲完知识点,也不做其他任何互动和指导,就叫学生上去做题,我们都还没理顺,很懵。就感觉那门课很难,会让人特别反感。(XJ-LS-10)

增加互动环节对于在线教学来说是非常必要的,对我来说,上课的时候老师通过提问的方式与学生互动,就能够参与其中,然后就会听得认真吧。(XK-ND-16)

有学生还指出,他们的老师对于学生所提的问题能及时反馈的通常有限。而在线教学缺乏互动交流环节的原因是多样的,包括老师认为会耽误时间、设备有限,抑或忙于自己的讲课没有特别注意学生的问题等。例如,有同学就指出:

那门课每次课前签完到之后,老师就直接发任务。我们课下完成之后提交上去,老师只是偶尔做一下反馈。其实很多时候并没有什么反馈,到下一堂课时又直接布置一些新的任务让我们去做。(XK-ND-06)

由于一些老师的设备受限,可能不是很支持开启教学演示,也不支持直播的时候能看到侧边栏的评论。因此,学生的反馈也不一定能够及时地被老师看到。而且有时老师自己讲得太激动的时候,就不会去注意到学生的提问。(ZD-SD-05)

老师会分小组讨论展示并评价。平时作业里面规定了会有三个讨论或者个人汇报、举手发言来回答问题。但直接让学生开麦回答问题这种方式用得少一些,因为老师可能觉得线上不是很好叫人吧。有时候不在线,或者说对方连接了但开不了麦就可能会耽误时间,之后就不叫人发言了。(ZD-SD-03)

特别是我们数学专业,我把疑问或想法发过去之后,如果老师过一会儿才看到,那时自己的思路就已经断掉了,刚才的想法没有得到及时交流和指导。在线教学的老师大多数给我们展示PPT,当然也会跟我们进行语言还有视频的互动,但是更多的还是老师在讲,我们听,互动很少。(XJ-XS-11)

在直播课的时候遇到一些不懂的问题,我就会在评论区发言。但像腾讯课堂(现在不知有没有改好)当时是有一些bug的,有些同学发出的评论只有部分人能

---

① Garrison D R, Anderson T. 21世纪的网络学习:研究和实践框架[M]. 丁新,译. 上海:上海高教电子音像出版社,2008:2.

看到。如果恰巧老师没有看到评论,或者老师当时忙着讲课没有时间去看评论,自己的问题就会被忽视,这样就会干扰到自己后续课程学习的情况。(ZD-SD-05)

从上述回答可以得出,由于在线教学互动交流环节比较难以开展,教师较少发挥促进和指导作用。学生们还指出,有效的互动交流不是老师突然就某个知识点的"复述"式提问,而更多的是让学生参与到深度学习中,一个学生说:

老师上课期间,有时候会点某个同学来回答问题。我们就会有一种突然紧张又突然松一口气的感觉。我们想的那种师生互动,可能不是点名复述老师刚刚所讲的内容,而应该是更有意思的组织方式。比如教师可以根据课程内容,提出相应的任务或解决的问题,之后进行小组分组,然后分配任务。这样,同学们就可以在小组里边就要解决的问题进行交流互动了。(XK-ND-12)

此外,学生们认为,教师将提问和回答问题作为加分项有助于鼓励同学们积极讨论,增加同学们之间的学习竞争性。所以,教师应该增设回答其他问题的加分环节。例如,涉及同学发布的帖子,老师可以根据在他们发布的帖子中提出的观点或问题的深度来决定学生们互动交流的加分。这样的互动交流才会促进学生们深入思考问题,让学生们提出有见地的观点和看法,而不是人云亦云、蜻蜓点水的互动。

三、认知临场感的实际情况:欠缺深度学习

从量化分析的研究结果来看,认知临场感正向显著影响在线学习效果和在线学习满意度,其影响作用较大。这说明在线学习不仅是"技术体验""互动体验""教学体验",更重要的是在这个过程中促进学生实现高阶的意义建构。多元中介效应检验发现,教学临场感在环境支持与在线学习结果间具有负向中介效应,但当加入认知临场感,教学临场感和认知临场感的链式中介效应为正。这更进一步说明,学生的意义建构能够有效调节教学临场感对在线学习结果带来的负效应影响。通过访谈,本书得到了学生们认知临场感的一些实际情况。

(一) 学生能够较好地触发事件和探索问题

我国高校本科生的专业学习往往是在选课时就已确定。此时,选课的主体——本科生由于对专业领域不了解和对专业知识能用来解决什么实际问题没有准确的认知。因此,学生的学习内容往往围绕教材或教师上课的 PPT 课件,而学生收获的是系统性的知识存储。另外,学生考试的题型往往是选择题、填空题、名词解释或简答题。为了应付考试,学生们总是围绕着 PPT 课件、书本来回记忆和

理解,呈现浅显的学习过程。但日常生活和工作中遇到的问题往往是综合性的,需要学生主动去发现问题,搜集多方面的信息才能解决。基于此,在线学习为学生发现问题和探索问题提供了更好的平台。

在线学习是多元化的,里面的知识也更加广阔,我能够更主动地去寻找问题。如果我们发现教师课堂讲授的知识点对于完成课程任务具有局限性,就会马上搜索相关信息和概念。对于获取知识信息来说,互联网还是比较快速的。(ZD-HD-13)

在网络环境下,我会更愿意通过网络去搜索相关的信息来学习。我喜欢在网络上查找别人对问题的理解,或者别人对问题的思考。通过别人的回答,结合自己的思考来进行消化和吸收。(ZD-SD-05)

我觉得大家一起思考的过程是很重要的。因为一个人的思想是有限的,有一定的狭隘性,考虑的不会那么多。在和同学一起讨论的过程当中,同学提出观点和见解之后,我会发现自己的考虑好像少了某一些东西,或者多了哪一些东西。(XJ-LS-10)

自己感觉不懂的地方会问老师,但老师还没有及时反馈的时候,我就会直接到一些常用的学习平台上去搜索相关的课程,通过寻找相关的资源,去巩固知识和解决遇到的学习困难。(XJ-LS-10)

从认知角度来说,学习在一定程度上是枯燥和刻板的。但在线学习环境下,学生能够更自由、更灵活地运用各种网络资源,能与在线学习社区中的其他学习者一同去寻求问题和探索问题答案,这是一种积极的体验,它能较好地提高学生的在线学习满意度。由于互联网和学习平台中海量的信息为学生搜索信息提供了方便,在线学习扩展了学生学习的范围,而不再局限于教材课本中的知识点。加之各专业的知识更新速度在不断加快,仅仅依赖书本知识不能培养出能适应急剧变化的社会所需要的人才。由此,拓宽学生的知识面,加深学生对知识点的理解显得格外重要。正因为如此,在在线学习过程中,学生不仅会有教师推送的学习资料,还能主动到互联网上搜索相关信息。这为大学生触发事件和探索问题提供更多的可能性。但接下来在探究社区中,如果教师没有发挥好指导者、调节者、促进者、监督者和管理者的角色作用,随后学生们之间的协作和批判性对话将会缺失,在线学习认知过程也将止步于此,不能实现高阶学习。

(二) 学生欠缺整合和解决问题的深度学习

学生们的好奇心不仅是想了解这是什么,还想知道如何将这些理论概念应用到现实生活场景中。布隆伯格(Phyllis Blumberg)指出,不管什么学科,教师可以指导学生将所学知识与个人生活或未来职业生涯相联系,引导学生应用这些知识来理解所学内容的价值,提高学生高阶认知学习能力。① 因此,涉及认知临场感中最后两步——整合和解决问题决定了学生学习的深度,也决定了对在线学习效果的影响程度。但这是一个高度反思的阶段,使得它成为认知临场感的一个极具挑战性的阶段。如果学生能够在认知过程中达到整合和解决问题阶段,通过新旧知识的相互作用,建立更深层的、灵活的、丰富的认知结构来实现意义建构,那么他们就实现了高阶学习的目标,就能有效地增强其在线学习的效果。在此过程中,学生通过持续性地反思和批判性对话,其自我认识能力、自我判断能力及自我调控能力也在不断地提高,形成了良性循环。

我们同学之间一般会用在线群组来探讨老师留下的任务,开展头脑风暴,比如说我们会根据任务来自由发表自己的观点。但往往就到此就结束了,结果总是不太理想,总感觉我们还差一步才能完成任务。(ZD-HD-13)

因为我学的是地理科学,其实它与日常生活还是密切相关的。当在实际生活中遇到某个气象现象时,我会想到它的成因,思考造成这种天气情况的因素。至于与同学们一起协作,共同用课本知识解决什么具体问题,我们还是欠缺这方面的能力的。(XJ-XS-02)

积极探索现实中的问题,并将所学专业知识整合运用其中,会激活学生们的社交互动和讨论过程。在这一过程中,当达成一致的见解,或得出新的观点时,他们就达到了高阶学习阶段,由此收获积极的学习成果。但我国从小学到大学的教育,很大程度上都是围绕知识传授而展开的,数不清的大大小小的考试强化了学生对标准答案、考试分数的追求,而不是对复杂问题解决过程的关注。② 有同学指出:

结果导向对我来说是非常重要的。比如说高中的时候为了高考,现在我要绩点,所以我就会去认真学习书本知识,这是单纯地从结果出发。说真的,至于这一门科目的学习对未来工作实践有什么用我还是比较迷茫的,但是我就会去学它,毕竟我要绩点,得往上爬。说起来肯定有些功利,但是事实就这么着。现在大学里边的氛围就是这样,大家都在不停地往上爬,都在不停地去追求自己的绩点。因为它决定了评奖评优、保研、出国留学和工作机会等等,这也是没办法的。(DX-XD-14)

在线学习过程中,我与同学之间的头脑风暴是比较少的,思维导图也做得不好,一般都是听完老师的课,就自己去干自己的事儿了。虽然学习有一定的局限

---

① Blumberg P. Factors that Influence Faculty Adoption of Learning-Centered Approaches [J]. Innovative Higher Education New York,2016,41(4):303-315.
② Elder L, Paul R. 什么是批判性思维[M]. 北京:外语教学与研究出版社:序言.

性,但主要还是按照自己的学习方法来。我还是属于个人学习的状态,没有形成学习团队,学习过程中还是自己一个人。(XK-ND-16)

尽管当前我国高校课程考核中还无法使用综合鉴定的方法来评价学生,但是理论界对于仅仅使用"考试分数"评价会牺牲学生未来的可能性、阻碍学生批判性思维和创新性能力的发展这一观点是认可的。也有同学清楚地认识到,在学习的过程中,思维的培养更加重要。因为拥有学习思维往往能够让学生在未来的工作中更具有迁移能力,能够抵御行业的变化,更容易获得更好的发展未来。

我们一直都在学习知识点。但培养思维是更加重要的,教师强调这一点比停留在知识本身这一个层次要更加的关键。高校老师普遍都是在做研究的教授,他就需要去上一些本科生的课程。也不仅仅是在线课程,对整体的课程都这样。老师们要提高学生的学科素养,要提高学生知识的迁移能力,而不仅仅是学到书本的东西。(DX-XD-09)

具体来说,每个学生都有不同的学习潜力、智力和能力。学生的批判性思维能力和解决问题能力作为核心素养中的重要内容,是当前及今后高校人才培养的核心目标。因此,教师要关注在线学习过程中学生有意义的学习,包括形成批判性思维能力和问题解决能力的高阶学习目标。教师支持学生积极思考,并将知识应用于解决实际问题。这意味着学生有意义的学习是综合运用了阐述、分析、评估、推论、自我调节等思考方法进行一个有目的的判断和解决问题的过程,从而可以改善学习结果。[1] 这样,当学生遇到问题时,他们就能够主动地、自主地谋求解决问题的策略,能有规划、有步骤地处理问题,能适切、合理并有效地提出适应环境、解决生存和发展问题的办法。

四、自主性临场感的发现:自主学习与外部激励

尽管"灵活性"和"方便性"是最常听到的学生们对在线学习的评价,但学生的学习效果和满意度不仅仅取决于这些因素。本书量化分析结果显示,自主性临场感显著正向影响在线学习效果和在线学习满意度,且影响是最大的。多元中介效应检验发现,社会临场感在环境支持与在线学习结果间具有较强的中介作用,当加入自主性临场感后,社会临场感和自主性临场感的链式中介效应值更大。这说明,通过社会临场感能促进学生提高其在线学习效果和在线学习满意度。而如果学生

---

[1] 马志强. 在线学习评价研究与发展[M]. 北京:中国社会科学出版社,2017:67-68.

在在线学习社区中感知到更多的自主性临场感,那么他们的在线学习结果将会更好。本书继续深入访谈学生对自主性临场感影响在线学习效果和在线学习满意度的深层原因。学生将"主动学习","不能做懒学生"排在首位。积极参与的学生可能会表现出一系列的行为,如更自信、更自律,能够自我监督、自我调节、自我激励,能为在线学习做好准备。

(一) 自主学习尤为重要

教育的目标,特别是在高等教育层面,教师需要引导及帮助学生发展成为自主、积极和自信的学习者。"我想"才能"我行","我行"终至"我能"。受访者指出,在线环境的好处是更加自主和灵活,因为学生可以根据自己的学习时间安排课程和作业,抑或根据自己的学习进度灵活选择学习内容。波尼基(Laurie J. Bonnici)等人也指出:自主学习是在线学习的根源,它能让学生决定学习节奏,灵活地满足对个人时间和个人认知水平的需求。[1] 郭文革的研究表明,在线学习的成绩与学生自主学习能力有密切的关系,在线学习要求学生具有很强的自主学习能力,因此,能够较好地完成在线课程的都是那些一流的、优秀的学生。[2] 如果学生嗷嗷待哺地等着老师喂知识、等着老师告诉发现了什么问题、需要查找什么资料来解决所发现的问题,那么他永远都不知道自己如何思考、发现问题、探索问题、分析问题及主动寻找解决问题的办法。

当访谈者谈到在整个在线学习中对他们的学习结果影响最大的因素时,他们的回答都是"我自己",这很好地解释和补充了量化研究结果,说明了自主性的重要性:

我感觉自律性要大于一些外界的东西。因为像老师给予了知识点,自己还需要补充的那些知识点就完全要通过自己去检索获得。或者如果老师已经给你准备了一些拓展资料,也需要自己主动去学习,分析消化才行。所以我感觉最大的问题还是出在学生自身,我会把自律性或者自己看待学习的重视程度、时间管理这些放在第一位。(XJ-XS-11)

我觉得学生个人的自律性、自我管理的能力是最重要的。因为学习的主体是学生个人,这也就涉及在家或在寝室学习的自律性问题。比方说有的学生可能确

---

[1] Bonnici L J, Maatta S L, Klose M K, et al.. Instructional Style and Learner-Centered Approach: a Cross-Institutional Examination of Modality Preference for Online Course Delivery in a Graduate Professional Program[J]. Studies in Higher Education,2016,41(8):1389-1407.

[2] 郭文革,陈丽,陈庚. 互联网基因与新、旧网络教育:从 MOOC 谈起[J]. 北京大学教育评论,2013,11(4):173-184.

实是在线,但是也许这台设备正在播放课程,手机上却在玩游戏,或者在聊天、购物等。他的心思并没有放在学习上。(XJ-NX-07)

只不过一个是坐在教室、一个在家(或在寝室),你只要自觉就会没有什么差别。它不会因为老师的讲课质量真的决定什么,那些大家平常认为学习好的同学,也是因为这些同学自觉性好,主动学,所以他才能学得好,最后期末考试的分数才高。(XJ-LS-10)

鉴于在线学习环境的特殊性,即使采用直播教学模式,教师和学生实时上课时,学生的物理学习空间内一直只有自己陪伴自己。面对"冰冷的计算机",导致"在线"易,"在学"难。与传统的学习环境相比,在线学习要求学习者对执行与互联网相关的操作不仅要充满信心,并且能够自我管理学习过程。因为在技术支持下的正式学习和非正式学习环境中,学习内容更加开放。学生可以获得海量的学习资源,可以通过个性化、精准化和智能化技术获得学生关注的或者个人需要的信息。这使得学生获得的信息更加精准,而不是沉溺在信息的海洋中,实现从"人找学习资源"到"学习资源找人"的转变。所以,学生需要了解自己的学习进度,以及如何从互联网上选择和使用可靠的教育资源来深化理解和消化知识。① 在这种环境下开展学习,学生需要更加自主和独立的学习能力。

21世纪,学生需要接受知识、技能和品格三个方面的教育。如果将这三个方面结合起来,就能产生学习者的"元学习"能力,即如何去适应、计划、管理、监督、反思和激励自己的学习能力。② 因此,学生要积极调整适应在线学习环境,制定学习目标,根据学习进度不断改进学习策略,还要具有自我反思和监督的能力。未来,没有照本宣科的教学,只有自我驱动的学习。③

在线学习更有利于我去制定学习目标、改进学习策略、享受努力学习的过程。(DX-XD-14)

有学生表示,如果课堂中遇到的问题只需自己查找资料就能解决,他们就不想听课了,他们会按照自己的学习节奏和接受度来调整学习策略。比如有学生会在课堂上先做其他课程的作业,课后再回看课程视频。这种学生虽然没有好好听课,

---

① Park H, Shea P. A Review of Ten-Year Research Through Co-citation Analysis:Online Learning, Distance Learning, and Blended Learning[J]. Online Learning,2020,24(2):225-244.
② 安东尼·塞尔登,奥拉迪梅吉·阿比多耶. 第四次教育革:人工智能如何改变教育[M]. 吕晓志,译. 北京:机械工业出版社,2019:79.
③ 曹培杰. 人工智能教育变革的三重境界[J]. 教育研究,2020,41(2):143-150.

但他对自己学习状态比较了解,在学习过程中自我责任感强,能够推进学习进程。

当上过那位老师的几次课之后,我发现老师布置的作业、提出的绝大部分问题都是可以通过查找教材和PPT课件,或百度搜索一下就可以解决,不一定真的需要老师指导。这种时候我可能就自律不了了,有时候也直接不想自律了。因为我很明确这样听老师讲下去会特别无聊,所以自己索性先去做别的事情,比如说利用这段时间先完成别的课程作业,之后再另找时间回看(视频播放倍数调至1.5~2倍)。(ZD-SD-05)

也不乏有同学因为在线学习过程中没有老师监督,直接不想听课而"划水"和"溜号"。不得不说,这样的学生,由于不能很好地进行自我调节,他们将在网络的海洋里迷失方向,其实是对自己学习缺乏责任感。有同学就表示:

当自己不够自律,没有做好课前预习等准备,如果教师在课程教学时组织欠周密、时断时续,师生互动以文字为主,我就会参与度不高,甚至去玩游戏,效果欠佳。(DX-HK-01)

在线学习环境下,对于电子设备的把控肯定是有一定的难度的。那会儿我一直没有手机,为了上网课,我妈给了我一台手机。当时本来是为了更好地学习,但是毕竟有了网络就会跟同学聊天,也会去玩游戏、购物等,于是学习过程就不是太主动和认真了。(DX-XD-14)

线上可能因为老师不在旁边,有的时候可能会溜号。用电脑听课时,有时候会去看小视频之类的,听课不太集中,专注力不够,效率不高。因为没有像课堂上老师监督着的感觉,所以不能集中听课。(ZD-HD-15)

大学完全是自主和自由的学习,但感觉我很不适应这种自由。因为原先十多年一直是系统地学习,比如说老师已经规定好这个时间段早读、背英语,这种有老师监督的、班级的系统学习能够让我感到更充足,也感觉每一天过得很有规律。(XJ-XS-02)

57所高校的调查问卷数据显示,49.6%的学生认为:没有电子教材,学习资源比较分散,在这种情况下,我不愿意去自己找资料来补充学习需求。同一班级的学生,同样的教师教学,有的人就能收获满满,有的人却一无所获,这是因为自身的学习主动性不同,这也就表明了提高学生学习自主性的重要性。

追究深层次原因会发现,这是由于学生们缺乏经验。他们不仅会遇到网络、学习平台使用、学习资源查找、在线听课方面的不适应,还会遇到在线学习技巧选择、与教师同学的交流不畅等问题。这才使得他们感到异常的失败,显示出焦虑和无助,持续学习的信心备受打击,最后只能放弃或糊弄。一所高校调研数据显示,60%的学生反映在线学习比传统课堂学习的压力大。另一所高校在调研中也发现学生们的在线学习任务过重。学生表示:每天从早上起来一直听课到下午,晚上还得像高中那会一样做作业到 12 点,真的好累,哪有时间去钻研自己感兴趣的东西呢?

学习不是为学生做什么,而是学生要做什么。因为学习是个体独特的体验经历,学生只有积极地、头脑清晰地、并全身心地参与其中,才能在体验过程中构建意义。在线学习让学生能够更自主安排学习进度、选择学习内容和策略、参与师生互动。因此,让学生们养成积极地、主动地、持续地参与在线学习的习惯,并形成自主调节和监控学习的能力至关重要,而那些无法有效自主学习的学生将会感到不满意,也就导致较低的在线课程参与度。

(二) 使用外部激励激发在线学习的积极性

在线学习过程分为五个循序渐进阶段,分别是访问课程和学习动机的激发、在线的社会化交互、信息交流、知识建构、自我发展。第一个阶段中的激发学习者在线学习动机非常重要。在在线学习环境下,有学习动机的学生比没有动机的学生更易成功。[1] 如果没有学习动机,接下来的社会化交互、信息交流、知识建构及自我发展四个阶段将受阻。但因为在线学习环境的特殊性,无法实现传统的课堂学习中有老师监督、有规章制度的约束、有周围同学的及时提醒,所以在线学习的一个显著的问题是缺乏纪律。即使学生较为自律,也难免会因缺乏纪律而受到网络的干扰。在线学习过程中,如果没有较强的学习动机的话,会影响到在线学习结果。比如有同学说:

> 我会用一些物质上的东西来鼓励和奖励自己。比方说老师的课可能有些难,但是如果我非常认真、投入地把它听下来,做好笔记,并做好及时复习的话,那我会给自己奖励一会儿看剧的时间,或者说奖励自己买个好吃的。我会用物质方面来奖励一下自己,提高学习积极性。除此之外,我还会用考试结果来驱动自己。我会对自己说:你得要花更多时间把老师讲的知识点理解透,因为考试并不会因为它难就不考,甚至有的时候还会考得更多一些,不能因为觉得难就产生畏难情绪而自我放弃。我就是这样通过了解课程最终会面临什么样的考试来鼓励自己不能松懈。(XJ-NX-07)

> 我个人比较喜欢打游戏嘛,于是,我就会告诉自己如果听课认真,下课之后就

---

[1] LaRose R, Whitten P. Re-thinking in Structional Immediacy for Web Courses: a Social Cognitive Exploration[J]. Communication Education,2000,49(4):320-338.

可以多打两把游戏。这种激励也是起作用的,而且我父母对我也会有相应的奖励,他们都会说你认真听完课,我们会给你买什么。偶尔心里面会感到特别的惊喜,就会认真地听完,期待父母给的惊喜。(XJ-LS-10)

我会看一些励志的电视剧,看他们努力,自己也想努力,也想做题。另外,我也给自己设定学习目标,希望在大二的时候自己的绩点排名能更好点,可以获得一些奖学金。想到这些我就会更努力了。(ZD-HD-15)

相比课堂学习时,在线学习处于网络环境中,学生们更容易受到聊天软件、购物软件、游戏软件的诱惑而导致学习分心,注意力不集中。这与需要达到的高阶学习目标和自我发展之间存在着较大冲突。此时,适当的外部激励不消说是一个好的动力来源。但学生们靠评优评先、奖学金、绩点、父母的奖励、游戏、美食等外部激励来激发在线学习的动力是不持久的。这是因为外部的激励的增多减少了学生的自我意识的增强,削弱了自我体验。在长期以来的传统教学中,教师通过讲授,将知识输送给学生,学生只是作为可以操控的客体。这样的教学模式忽视了学生发挥学习的主体性,势必会导致学习被动、缺乏内在动机,并最终导致学生只关注成绩而不关注自己的学习及成长过程。

心理学的研究表明,个体只有基于内在的动机作出行动选择,他的行动才会具有信念和力量,这样他才能真正地信奉他所做的事情。内部动机与课堂参与度、有意义的认知参与、目标掌握度显著正相关,而外部动机与浅层认知和自主持续性弱相关。[①] 因此,学生只有基于内在动机,才会觉得在线学习的任务本身就很有趣和令人愉快,并愿意持久参与其中,达到深度学习。

今天的大学生面对的是瞬息万变及竞争激烈的世界性环境,他们对待学习不能再被动地嗷嗷待哺了。作为学习主体,学生只有主动地接受、探索、控制和评价学习活动,实现自主的行为,才能真正掌握学习的主动权。高校本科生多数年龄在18~22岁,他们的心智已经基本成熟,具有自觉意识、自我识别、自我选择、自我探索、自我约束、自我反思、自我评价、自我激励和自我监督的能力,并伴随参与社会实践活动不断丰富和更进一步发展自身的自主性。因此,学生需要转变在线学习观念,由依托教师"被动学习"向"自主学习和协作学习"转变,这样才能使学生对在线学习乐于学、勤于学、持续学和深度学。

---

① Walker C O, Greene B A, Mansell R A. Identification with Academics, Intrinsic/Extrinsic Motivation, and Self-Efficacy as Predictors of Cognitive Engagement[J]. Learning and Individual Differences,2006,16(1):1-12.

五、社会临场感的表现:融合与矛盾

教育的本质,在雅斯贝尔斯看来,是人对人的主体间灵肉的交流活动,是人与人的精神相契合的过程。① 一门在线课程感觉更像一本互动的书,而不是教室。② 在线学习时,学生在生—生、师—生、学生—内容之间的互动中形成在线学习社区。量化研究表明,社会临场感正向影响在线学习结果,其影响作用次于自主性临场感和认知临场感。在环境支持与在线学习结果之间,社会临场感起着重要的中介作用。但现实中,学生在线学习体验到的社会临场感存在着矛盾现象。这是因为,尽管学生在线学习时能够参与交流、敢于表达,但学生们却感到距离感、没有凝聚力。在线课堂面临为学生学习提供了自认为安全的在线学习社区环境及面对冷冰冰的计算机感受不到周围同学和教师之间凝聚力的悖论式问题。

(一) 敢于表达与距离感之间的矛盾

通过对访谈资料的分析发现,学生们对社会临场感存在积极和消极两方面的真实感受。积极方面的表现在于:一方面,在虚拟环境中互动交流的手段多种多样,既有同步的 QQ、微信、各直播学习平台的发言区,也有异步的邮件、慕课平台的留言区和讨论区等;另一方面,为那些不敢参与课堂讨论或提问的、害羞的学生提供了一个舒适地带,这种在线课程能够帮助学生轻松地、勇敢地表达。

> 相比于上学期,我在上网课的时候联系了更多的人。因为线上通过微信或者语音通话聊天比较方便。本来不太熟的同学都能大胆地进行交流,彼此会在关于学习方面互相交流,促进大家说出自己的看法。总的来说,对于同学和老师之间的这种情感的交流还是得到了一定的提升。(ZD-HD-15)

> 线下课堂时,如果老师有时候讲得太快了,或者出了什么差错,学生可能不是很有胆量去直接提出来。因为你直接这么跟老师讲,可能会感觉有一点点顶撞和不尊重老师。但在线上课程时,就敢直接打字说出来,大家有什么问题会比较直接地在评论框里说出来,这种方式我自己是很满意。(ZD-SD-05)

> 线下的话我觉得交流没有线上这么方便。因为假如是一个大班的话,我们一般是150~180个人,班级比较大,老师就可能没办法一一解答。线上的话你可以以多种方式和老师交流,可以通过学习平台举手功能,或者课间的时候发语音,还

---

① 雅斯贝尔斯.什么是教育[M].童可依,译.北京:生活·读书·新知三联书店,1991.2-3.
② Sutterlin J. Learning is Social with Zoom Video Conferencing: in Your Classroom[EB/OL].(2021-03-03). https://elearnmag.acm.org/archive.cfm?aid=3236697&doi=10.1145%2F3302261.3236697#.

可以在平台讨论区留言,这些方式让我们敢于说出自己的疑问,能够更快更好地解决问题。(DX-HK-01)

而消极方面表现在,虽然在线学习使学生们交流方式更多样,也更敢于表达,互动表面看上去比传统课堂更活跃,但高频率的互动却没有达到预期的效果。原因是:在线学习时学生会产生孤独感和距离感,感到沮丧和缺乏学习动力,难以适应虚拟学习环境。传统课堂教学中,学生与教师总是面对面,彼此的距离就仅在讲台上、下之间,能够随时接收到彼此之间的肢体、面部表情等语言和非语言表达。但在线学习时,学生与教师之间却是冷冰冰的电脑里和电脑外的距离。如果教师不深入学生的内心与学生进行深层次的互动,学生就感受不到教师的关怀,就会更加感受到内心的孤独。

视频直播教学给我们的感觉也不像面对面那样子,比较有距离感。(ZD-SD-05)

在虚拟环境空间,同样的实时互动,感觉老师、同学不是真实存在,还是那句话——距离感。就感觉还是有距离感,没面对面的交流舒服。(XJ-XS-11)

以这种文字的形式进行的表达还是会觉得有距离感,不生动。没有眼神,没有肢体语言和口头语言结合,只有文字这种表达是非常生硬的。(ZD-HD-13)

在线的时候,如果教师主要的交流方式不是让大家直接开麦克风交流(比如腾讯会议),而是需要打字交流(比如腾讯课堂),就会感觉和同学之间有一定的距离感。(ZD-SD-05)

在线学习之所以会出现距离感的情况,主要是因为人需要直接的情感。学生和老师、学生与学生之间需要一些情感上的交流和互动。但相比于面对面授课能直接感受到眼神、面部表情、声调、肢体等表达方式,在虚拟环境中进行文字或视频的互动表达是由计算机作为中介来传递的。这类单一的图像或者声音的交流互动的直接性往往非常低。而且如果网络存在卡顿,师生之间的表达过程就会有延迟现象,最终导致交流互动效果大打折扣。

频繁地发弹幕和众多的群聊天导致互动效率低下。57所高校在线教学质量报告数据显示:① 对学生而言,学习反馈难以被教师注意。和其他娱乐直播活动一样,在线学习中弹幕数量也较多,10分钟的课程学生所发的弹幕条数高达120条以上;抑或学生聚集性在聊天框中发信息,很多同学提出请教老师的问题,但这些信息中也夹杂着很多非学术性问题。如此频繁的互动造成学生想咨询教师的问题得不到及时解答。② 对教师而言,所抛出的问题得不到学生认真地回答。尽管教师们针对课程内容抛出了讨论任务,但学生上课的情形却是同时打开多个聊天工具,各种群聊天侵占了学生学习的时间,难以集中精力思考回答老师的问题。由此看出,对线上师生互动的考察发现,虽然师生互动看似更频繁了,方式也更多样了,但互动的深度却未达到高质量的效果。

因此,只有通过深层次的互动,师生、生生之间在情感上和认知上才会进一步升华。应通过鼓励学生充分利用课程平台中的互动协作工具,加大学习者之间的互动和协作①,让学生们以较好的学习态度顺利完成在线学习,提高在线学习的满意度。学生们还表示:如果学生在线学习时没有获得良好的交流互动的体验,那么他们就会希望教师选择传统课堂教学。

(二) 在线学习社区的统一性与集体凝聚力较弱之间的矛盾

教师在在线教学过程中,通过创造以协作为中心的在线学习社区来设计学习活动、指导和监督学生学习。在这里,教师营造出相互信任和相互尊重的在线学习氛围,组织课堂讨论和促进小组协作。当学生们与他人互动并达成共识时,也即说明在线学习社区中的协作学习正在发挥作用,促进实现个人的意义建构。由此学生们也就会感觉到自己与在线学习社区相联系,从而产生集体凝聚力。集体凝聚力对增加和改善互动有积极影响。学生只有感知到适当程度的集体凝聚力,才能在与他人互动中感到舒适。

因为只有大家共同交流嘛,你才能够从别人的身上得到一些长处,也能发现自己的不足,正所谓独学而无友,则孤陋而寡闻。如果自己不会,也不要碍于面子不肯问同学。我觉得只有这种互相取长补短,才能够让班级的凝聚力得到凸显,同学们也会更加团结。同学之间越沟通、越交流、越互动,所感受到的集体凝聚力就越强。(XJ-NX-07)

有同学会在B站开直播间形成学习共同体来一起学习,这样的方式能够避免隔离产生的孤独感。比如还有个网络种树的软件forest,它是为了控制我们的手机使用,就很有意思。它会让学习共同体里的成员共同种下一片森林,如果你先使用了手机,不好好学习,森林就会逐渐消亡,所以它能起到一种集体性的督促作用。如果班里的学习氛围也这样,那就好了,大家在一起学习,相互监督,共同成长。(DX-XD-09)

在线课程能为学生建立在线学习社区,提供更多与同伴一起学习的机会,实现协作学习中的个人责任和集体合作的相互依存,使学生共同完成有意义的学习任

---

① 江毓君,白雪梅,伍文臣,等.在线学习体验影响因素结构关系探析[J].现代远距离教育,2019(1):27-36.

务。不过,当被问及同学之间能不能感受到传统课堂中那种集体凝聚力时,学生们表示,尽管同龄人交流没有障碍,但在线学习时形成的集体凝聚力很少感觉到。

因为周围没有伙伴在,在线学习的氛围营造感也不强。我感觉上网课就跟平时上网一样,没有什么课堂的感觉,也没有黑板、课桌椅这种日常的教室因素。这种在线学习环境对于第一次接触的我们来说真的挺难的。(ZD-SD-03)

在线学习过程中凝聚力很少,只有玩得比较好的几个同学会一起聊天,但仅限于小团体,跟班级已经无关。(DX-XD-14)

对于问题回答这方面感觉不到凝聚力。如果问题有一定难度的话,大家可能担心自己会讲错,还是会有一定的胆怯感。尤其是超级有难度的问题,感觉同学之间不是特别有凝聚力,大家都会比较闷,不敢讲话。而且有时候因为隔着屏幕你也不知道同学在干什么。(ZD-SD-05)

感觉整个班级在课堂上的学习氛围,包括分配的一些集体任务比较难以完成,难以感受到班级中学习的凝聚力。很多时候网络沟通只是简单通过字面或语音传递,不能像面对面沟通那样更详细传递信息。(ZD-HD-13)

研究发现,在线小组作业常常令成员之间产生时间或任务分配的分歧。那么,教师就有必要在课程开始时明确告知学生关于参与互动的目的、任务及个人在小组中的责任,使学生不断融入集体中,成为学习共同体中的一员,为共同的任务承担起个人和集体责任,渐进式地习惯合作式学习。还有些学生指出有一定的前期感情基础(两次以上共同在线学习)才能形成更紧密的学习共同体关系,建议用更多的时间让学生融入在线学习共同体中。

大一新生对班上的同学和老师还不认识,突然要全体线上上课,就可能会存在不适应或者很怯场的感觉。这个时候,我觉得需要老师安排时间去破冰。如果像我们这种,已经在一起相处几年了,同学之间都很熟,就会认为线下什么样,线上也就那样。大家都很熟就还好,可能这也是跟前期感情基础有关系。(ZD-SD-03)

相比之下,线上课程强烈的距离感会形成师生之间的脱离关系。由于学生无法及时获得教师的反馈,学生在被漠视后感觉到无助,让他心烦意乱。而在线下课程中,师生能更方便地在一起讨论,很容易就建立紧密的关系。因此,这些学生认为,要让他们感到集体之间的凝聚力和感情的话,还是面对面课堂比较好,解释道:

平时线下课程的时候,如果对老师讲的东西有疑问的话,可以及时扭头跟同桌说一两句话,问一下他是怎么理解这样的问题。但是在线课程的话,身边是没有同学,没有办法,你要交流的话,就只能通过 QQ 或微信去找同学私聊,或者是直接在课堂里面直接在公屏上打出来提问。这种方式就没有面对面的效果好。(ZD-SD-05)

在线下的话,大家都凑在一块,更有一起学习的感觉,那种氛围有助于班上学风的培养。(DX-XD-14)

本 章 小 结

本章利用半结构化访谈,以 7 所高校的 16 名本科生为访谈对象,探讨了在线学习的差异性、在线学习的影响因素及作用机制背后的原因,解释和补充量化研究的结果。主要研究结果如下:

(1) 在线学习差异性的质性分析表明:

① 学生对在线学习范式的选择更倾向于混合式学习。这是因为传统课堂学习和纯在线学习都有明显的缺点,而混合式学习能够弥补两者的不足,能发挥其优越性。量化结果显示,混合式学习与纯在线学习范式在环境支持、教学临场感和认知临场感的评价上均有显著性差异,在在线学习变量之间的作用机制中部分路径存在显著性差异。这与国外研究结果一致。受访者的回答和解释补充了这一研究结论。他们认为,混合式学习是高校教学改革的方向以及在线教育的理性思考。

② 不同学科和课程在对在线学习的选择上有差异。量化研究结果已表明,不同学科学生的教学临场感具有显著性差异,且教学临场感与认知临场感之间的作用路径也有显著性差异。从受访者的回答可知,因为不同学科和课程所需教师的直接指导的程度不同,这就更好地解释和补充了这一结论。他们认为,由于工、农、医、艺等学科的实验、实践、实操类课程需要教师面对面的指导、面对面的交流和互动,因此,教师在选择在线教学范式时需要根据实际需要来选择,纯在线学习不足以成为全日制高校本科生学习的"全部"。

③ 不同生源地、不同高校、不同年级、不同家庭经济背景和父母支持的学生的在线学习经历存在"苦乐不均"的落差表现。这是学生所在区域和高校的网络覆盖情况,与同学之间熟悉情况及家庭经济状况不一样等客观因素所造成的。在学生的回答中,他们还反映父母对待在线学习的态度会影响他们的在线学习。有的同学的父母不仅在学习设备、网络条件等方面给予支持,在精神方面也全力支持;而有的同学的父母却不认可在线学习,从而造成亲子关系破裂等问题。

(2) 在线学习影响因素及作用的质性分析表明:

① 环境支持的讨论集中在软硬件条件的配合。其一,在线学习环境体现出灵活性和方便性,这种学习环境能够让学生随时随地学习而不受时间和空间的限制,

也能让学生反复学习,更好地控制学习进度。在线学习环境保证了他们能够在虚拟学习空间建立在线学习社区,共同开展学习活动。其二,网络环境体现出"硬件需求"与"质量现状"之间的差异。学生们认为影响在线学习的因素有网络条件,一旦出现访问或连结性问题,他们就会与学习过程脱节,从而影响其对在线学习参与过程的感知。其三,政策、平台及培训是影响在线学习常态化运行的重要环节。因为平台搭建是基础、政策保障是前提、教师培训是关键。

② 教学临场感的反馈体现出"过多"与"不足"之间的博弈。量化研究表明教学临场感显著负向影响在线学习结果,且教学临场感的中介效应呈负向性。通过访谈得知,这是因为教师在线教学过程中,教学观念陈旧、课程设计考量不够、课程组织过程中使用了过多的在线学习平台以及教师促进学生交流互动不足。当教师在此过程中不是"满堂灌",而是能有效促进和指导学生的意义建构,这将抵消教学临场感对在线学习结果的负向影响。

③ 认知临场感的实际情况是缺乏深度学习。访谈结果显示,认知临场感正向显著影响在线学习结果是因为学生在网络学习环境下能够较好地触发事件和探索问题。网络学习环境为在线学习社区中学习者们发现问题和探索问题提供了更好的平台。但由于缺乏教师促进者角色的发挥,学生常常停留在探索层面,还欠缺整合解决问题的深度学习。

④ 自主性临场感是影响在线学习结果最主要的因素,也是在线学习各变量间的最重要的中介变量。因为面对"冷冰冰"的计算机,导致"在线"易,"在学"难,由此,他们认为只有"我自己"能够推进学习进程。访谈结果显示,学生们对自主学习的认识较好,但更多是使用外部激励方式来促进自己参与在线学习。因为即使他们已经很自律,当面对没有纪律要求和孤单的学习氛围时,他们还是会有控制不住的时候。这种情况下,学生们通常靠评优评先、奖学金、绩点、父母的奖励、游戏或美食等外部激励方式来激发他们学习的动力。

⑤ 社会临场感是影响在线学习结果的重要影响因素,其次它还是一个重要的中介变量。学生们感知到较好的社会临场感是因为在网络环境下他们敢于表达,促进课堂讨论。这能够让学生更好地获得自主性临场感,从而更有效地增强在线学习效果。但现实中还存在着敢于表达与距离感之间、在线学习社区的统一性与集体凝聚力较弱之间的矛盾。

第七章 在线学习的优化策略研究

毋庸置疑,2020年新冠疫情发生后,在线学习进入第三次浪潮,我国高校的在线学习推广使用已取得显著成效。但学生在线学习还存在一些问题,如纯在线和传统的面对面学习虽各有优点,但也存在一定的缺陷;网络条件、平台功能有待加强;教师"讲"得太多,学生参与较少而没有"学"好;网络学习环境能够构建在线学习社区并提供多样化的互动方式,但互动的学术性和质量不高且凝聚力不强;在线学习时,学生意识到自主学习的重要性,能够更好地触发事件和探索问题,但只处于低阶学习阶段,且主要通过外部激励来激发自己在线学习的积极性,内部动机欠缺。因此,结合所发现的问题,本章将反思在线学习应遵循的原则及需处理好的几对关系,从而提出更加切合实际的优化路径。

第一节 关于在线学习的反思

无论国内还是国外,无论疫情持续多久,在线学习发展都需要站在数字化知识经济时代人才培养转型的高度,从整体上认识和把握其重要性。麻省理工学院教授塔恩吉达(Getachew Engida)指出:"高校应该主动作为,积极适应变化,发挥引领和支撑作用,而不能仅仅满足于疫情或灾难发生之后的被动反应。"[1]通过分析我国高校本科生在线学习的现状及差异、在线学习的影响因素以及在线学习变量之间的作用机制,本书认为高校要想从根本上优化学生的在线学习,需要遵循三个基本原则,处理好四对关系。

---

[1] 清华大学. 清华大学发起全球大学特别对话 共商新冠疫情下在线教育合作与发展[EB/OL]. (2020-04-25). https://news.tsinghua.edu.cn/info/1003/78493.htm?from=groupmessage&isappinstalled=0.

一、在线学习应遵循的原则

目前,各高校都在努力为学生提供方便灵活、个性化和多样化、公平、高质量的在线学习。结合本书量化和质性数据分析,笔者总结出在线学习应遵循促进学生主动学习、确保"高质量交互"和促进学生深度学习的原则。

(一) 促进学生主动学习

罗素(Bertrand Arthur William Russell)曾说过:"只有自发产生学的愿望,才能成为教育的推动力。"[1]通过让学生们"动起来",让他们产生自发学习的愿望。这里可以从两个方面去理解和把握让学生"动起来",即让他们成为自主学习者和持续学习者。[2]

1. 促进学生自主学习

传统的课堂学习,教师仅通过讲授的方式将知识从讲义或 PPT 课件输入到学生的笔记本中,这是"被动""静止"的学习过程。这样的课堂学习令学生形成只喜欢完成规定作业的学习方式。[3] 但在当代学习理论的指导下,学生不是知识的被动接受者,而是知识的主动建构者。教师不能把学生看作等待"灌"知识的"空容器",而是承认他们是学习过程中的积极参与者。在线学习能让学生实现从被动接受者向主动建构者转变。因为与传统的课堂学习不同,在线学习没有老师、同学和家长的监督,它能够促进学生自觉、主动、积极、认真并负责任地对待学习。因而需要学生承担更多的责任和发挥更多的主观能动性。

而具体到在线学习真实场景中,学生在在线课程中会感到孤立感,对在线学习的期望和动机不高。显然,虽然在线学习具有较多优势,但只有学习者成为自主学习者,愿意去参与相关的学习活动,并能够自我调节学习过程,才能真正实现向主动建构者的转变。愿意去参与是指学生要具有较高的效能感,相信自己能够做;能够自我调节是指学生要在学习过程中做好目标规划、监督学习状态、反思和调节学习策略、评价学习效果等。如果在线学习效能感较低,学习者可能较少参与在线学习活动,与老师或同学互动的机会也较少,从而导致对在线学习的不满;如果不能

---

[1] 伯兰特·罗素.论教育:幸福之路[M].欧阳梦云,王晓澜,译.北京:文化艺术出版社.1998:511.
[2] 莱斯利·莫勒,杰森·B.休特.无限制的学习:下一代远程教育[M].王为杰,译.上海:华东师范大学出版社.2015:266-268.
[3] 斯洛塔 J D,林 M C.课堂环境中基于网络探究的科学教育[M].赵建华,译.上海:华东师范大学出版社,2015:57.

有效调节学习过程,学习者的在线课程参与率也将会降低。① 因此,只有那些愿意去参与并能自我调节的学习者才会参与在线学习,才会去承担更多的学习责任,并在学习过程中发挥更多的主观能动性与同学和老师分享。当学生在线学习的自主性越高,更积极、主动地参与在线学习时,他们就越有可能在在线学习环境中获得成功。

因此,学习者自主性是在线学习所必不可少的,表现为因掌握获取、整合信息变得更加主动。与此同时,学习者的自主性越明显,他们就会越自信去实现更高阶的认知目标,当他们对在线学习有了更多的期待,就会追求更好的在线学习效果和更高的在线学习满意度。

2. 促进学生持续学习

所谓的持续学习是指学习者一直保持着学习状态。1972年,联合国教科文组织就强调学习对世界上的每一个人都是至关重要的,并出现了"学习社会"这个词。② 学习将成为一种生活方式,每个人都要端正态度和采取行动来持续性学习,并寻找到适合持续性学习的新的学习方式。在线学习有助于满足学生多样化和个性化的学习需要,并使得学生对在线学习原理有更本质的理解,推动他们成为持续性的在线学习者。因此,学习可以通过传统课堂和在线学习的方式来进行,并塑造学习共同体。高校学生要成为持续学习者,就需要将课内的规定学习和课后的补充学习、大学四年为工作做准备的专业学习和未来发展需要的适应学习相互协调起来。课内的规定学习即教材中固定知识点的学习,完成课内的规定学习只代表掌握了教材中的知识点。课内规定的学习是系统化知识点的体现。而面对实际需要解决的问题时,往往涉及的知识点范围是综合的,学生需要通过补充相关资料才能对问题有全面的了解,才能进行深入的分析、综合、判断,才能提出解决问题的办法。因此,学生需要拓展课后的补充学习。当学生认识到课内规定所学内容的局限性时,他们就会利用在线学习平台搜索自己所需的学习资料,扩展或补充目前所学的内容。

工业革命4.0的到来,过去高等教育体现的终结性教育变得不再可能。学生经历十多年寒窗苦读,走过高考独木桥,跨入了大学,就能保证毕业获得一份满意的工作,进而安度一生的时代已经过去。虽然高等教育为学生进入社会工作做好了专业准备,但学生还需要持续性学习。这是因为人工智能、大数据、区块链、云计

---

① Kuo Y C, Walker A E, Schroder K E E, et al. Interaction, Internet Self-Efficacy, and Self-Regulated Learning as Predictors of Student Satisfaction in Online Education Courses[J]. Internet & Higher Education,2014(20):35-50.

② 联合国教科文组织. 学会生存:教育世界的今天和明天[M]. 北京:教育科学出版社,1996.

算等新兴信息技术快速发展,世界格局的不断变化,由此引发知识的更新时间在不断缩短、产业也在不断升级。学生要想经受住社会快速发展对自己的考验,不仅要开展为就业做准备的专业学习,还需开展未来发展需要的适应学习,将两者协调起来,才能在激烈的社会职业竞争中适应变化,赢得发展。在线学习发展到现在,在线学习平台中具有海量的学习资源(包含了国内外著名高校的课内外的学习资源),这些学习资源既开放又易获取,既能为学生的专业学习提供支持,也能为学生未来发展需要提供训练机会。因此,在线学习应作为我国高校本科生必不可少的学习方式和生存方式,是实现可持续发展的重要手段。

(二) 确保"高质量交互"

虚拟(增强、混合)现实等新兴信息技术不断融入在线学习中,增强了学生的沉浸感和交互性。根据宋(Liyan Song)等人的观点,交互在大多数学习环境中都很重要,但它可能是在线课程中最重要的一个方面。[①] 因为在线课程中学生通过课堂讨论、提问、与教师和学生共享经验,可以最有效地促进学习。[②] 但由于交互存在质量高低的区别,交互的质量会影响在线学习的有效性。加里森等人指出,低水平的交互不会增强或促进更深层次的社会临场感,从而不能实现有效在线学习,它包括了更好的课程完成情况和学生学习效果,更高水平的学生满意度。[③] 因此,有效在线学习需要高质量的交流互动。按照加里森的观点,在线课程学习者通过将自己的个性投射到讨论中以共同建立学习社区,并将自己表现为"真实的人",这些属于高质量交互的过程。而要使自己表现为"真实的人",学生不仅要能够表达自己的情感、感觉和情绪,还能够与学习同伴共同参与讨论、分享学习观点和经验,从而建立并维持"归属感",构建"和而不同"的在线学习社区。也就是说,社会临场感对增加和改善互动有积极的影响,从而成就高质量的交互过程。从在线学习有效性的角度来看,要保证高质量交互,就必须重视以下三个方面:

1. 交互形式的多样性

学生在线学习时的交互是在时空分离的虚拟空间进行的,为了能更有效地表达清楚彼此的观点,需要形式多样的交互方式。传统课堂学习时,师生之间的交流

---

① Song L, Singleton E, et al. Improving Online Learning: Student Perceptions of Useful and Challenging Characteristics[J]. The Internet and Higher Education,2004,7(1):59-71.
② 陈明选,来智玲. 智能时代教学范式的转型与重构[J]. 现代远程教育研究,2020,32(4):19-26.
③ Garrison D R, Cleveland-Innes M. Facilitating Cognitive Presence in Online Learning: Interaction is Not Enough[J]. American Journal of Distance Education,2005,19(3):133-148.

互动能够实现面对面、同步的口头表达,学生只需要听和说就能完成师生、生生之间的交互。由于师生、生生在虚拟环境下不能面对面交流互动,由此会产生交互的疏离感。为了避免疏离感带来不好的在线学习体验,教师可以采用形式多样的交互来调动学生学习的积极性和主动性。而在线学习环境正好为多样化的交互提供了条件。学生不仅能采用语音表达,还可采用文字表达;不仅能同步交互,还可利用异步的交互进行补充。在多样化的交互过程中,学生不仅需要听和说,还需要读和写。这恰好锻炼了学生听、说、读、写的能力。比尔·佩尔茨认为"读"和"写"比"听"和"说"更有利于学习。① 异步互动天生具有自我反思功能,会更有利于学生实现深度学习。教师采用同步与异步相结合的多样化的交互形式,能有效地促进学生们的深度学习。② 因此,教师需要更好地引导学生妥善使用同步(面对面、QQ、微信、在线会议室/讨论区)和异步(邮件、留言区等)等多样化通信工具进行交互。

2. 交互内容的学术性

对大量网络信息交换的观察表明,日常"信息交换"只有交换,没有信息。③ 课堂上的交互不同于普通信息交换,它是在特定的学习环境下发生的。交互内容的学术性是指师—生、生—生交互中就作业、要解决的问题、案例、实验室活动等学术活动内容进行交流。而目前在在线学习过程中,如果没有严格的规定或没有得到教师的引导,学生们存在同时使用 QQ、微信、在线会议室聊天框等通信工具用于"非学术内容"的互动,即生活聊天之类的内容。这种"非学术内容"的互动往往内容庞杂、闲散、与课业无关,但学生需要花费较多时间和精力去关注和回复,这就会消耗学生的上课时间和精力,从而影响学生学习的注意力。对于实现学习目标来说,这是一种低水平的交互。要想让学生的交互内容从低水平向高水平转变,教师需要具有相当高超的教学技巧。他们要在交互过程中起到设计、指导、促进和监督作用,不仅要设计好具有问题导向的互动主题,还要指导、促进和监督交流互动的有序进行,保证交流互动的内容具有学术价值。不仅如此,教师还要引导交流互动在分析、综合、判断及解决问题的高阶学习中发挥作用,促进学生实现意义建构。

3. 交互的协作性

交互的协作性的重点是融合④。它是指在线学习过程中改变学生独立思考的

---

① 比尔·佩尔茨,郭文革. 我的网上教学三原则[J]. 开放教育研究,2007(6):30-38.
② Pelz B. Three Principles of Effective Online Pedagogy[J]. Online Learning,2019,8(3):103-116.
③ 李河. 从"代理"到"替代"的技术与正在"过时"的人类?[J]. 中国社会科学,2020(10):116-140,207.
④ Harasim L. Shift Happens: Online Education as a New Paradigm in Learning[J]. Internet & Higher Education,2000,3(1-2):41-61.

状态,强调师生、生生之间相互的信任和合作,从而形成在线学习社区。在线学习社区能够让学生在认知上相互联系和理解。如果学生承认彼此认知上的差异,又能相互联系和互动,那么他们就会有一个共同的信念,即学习目标需要通过共同的努力才能实现。在线学习社区还能够让师生、生生之间在情感上相互依存和信任,他们相信自己对彼此和在线学习社区都很重要。在与同伴一同探讨问题、分析问题、解决问题过程中获得社会情感上的激励,学生将感知到在线学习社区的集体凝聚力。如果学生们披露的个人信息越多,彼此之间将越了解,就越能相互交流、建立信任,寻求支持并因此获得学习满意的可能性就越大。因此,在线学习交互不仅教会学生如何思考、如何移情理解他人的观点和感受以及如何掌控情绪,还能够鼓励学生通过认知差异而努力达成融合,促进学生思考,提高学习成效。

(三) 促进学生深度学习

深度学习是指学生在学习实践中能够采用阐释、评价、判断、解决问题的办法,实现更深层次的意义建构。这个过程是学生批判性思维的过程,能够提升学生的认知水平。在线学习以建构主义为学习理论,在触发事件→探索→整合→解决问题过程中循环往复,实现动态的认知发展。在线学习具有对话和反思的内在属性,因此,深度学习是在线学习的最高目标。但目前教师在在线课堂中使用的许多教学策略实际上不利于深度学习,例如,在线讲座、PPT 播放、模仿教科书的知识笔记、繁重的作业等。[1] 这种教学策略是将结构化知识传授给学生,针对学生学习给出"正确"的答案。这个过程中,学生仅作为知识的接受者,没有批判过程、没有探究过程、没有理论联系实践过程,也即仅获得的是习得性知识本身。如此,学生在在线课程学习中,就很难进入到整合和解决问题的高阶认知阶段。

2022 年底,内容生成式 AI 产品 ChatGPT 在美国人工智能研究实验室成功问世,这是现代信息技术又一次突破和迭代,未来,还会出现更多的新产品。在社会各领域对此强烈回应之下,教育工作者对于教育变革也进行了持续的深思。如果教育者不能改变学习者的低阶思维习惯,教育者们所培养出的学习个体,很可能会输给这些拥有了适应时代变革特质的 AI 产品。有学者指出:"学生的学习精力有限,不能将有限的精力消耗在低阶思维阶段。教育者要鼓励学习者参与高阶思维活动,促进学习者以科学的学习方式获得成长。因为思维比知道重要、问题比答案重要、逻辑比罗列重要。"[2]为了更好地利用在线学习来实现学生的高阶学习,一方面,教师需要认真组织和设计教学过程。教师提出探究性问题,触发学生的好奇

---

[1] Capra T. A Qualitative Inquiry of Online Education from the Perspective of Community College Students[D]. Chicago:Concordia University,2012.
[2] 沈书生,祝智庭. ChatGPT 类产品:内在机制及其对学习评价的影响[J/OL]. (2023-03-12). https://doi-org-s.libproxy.xmu.edu.cn:443/10.13541/j.cnki.chinade.

心;另一方面,教师在教学过程中要促进学生之间的交流,督促学生们进行批判性思考,包括营造学习氛围,使用案例吸引更多的学生参与对话;明晰学生之间的共识和分歧;作出示范,直接指导和帮助他们寻求及达成共识;鼓励和承认学生在小组讨论中的贡献;回应和补充专业性问题;最后,教师总结讨论情况,确认学生建构意义的情况。唯有如此,学生在教师的指导下认知水平呈螺旋上升之后,不仅能增加他们从事探究真理的兴趣和信心,还能使其从中学会解决实际问题,实现高阶学习的终极目标。

二、在线学习需处理的几对关系

疫情背景下,方便灵活、个性化、互动、高质量、公平的在线学习诉求不断高涨,这为在线学习常态化提供了机遇。孙(Anna Sun)指出,有效的在线学习依赖于信息技术的快速发展、精心设计的课程内容、教师与学习者之间的积极互动、准备充分的老师、给予教师充分的支持培训以及创建在线学习社区意识。① 为了优化高校学生的在线学习,需要处理好信息技术与教学、教学治理与学生学习、教师教与学生学及学生与在线学习社区之间的关系。

(一) 信息技术与教学之间的融合关系

改革开放40多年,我国得益于"人口红利",各行各业得到了高速发展,但这个阶段已经过去,推动我国朝着高质量发展目标前进的最大动力的来源是"创新性人才"。培养创新人才需要高校开展教学改革。目前,信息技术已为社会其他领域带来广泛变化,由此可推,它也能为教学带来颠覆性的改变。但任何改革都是对立的力量相互妥协以达至某种平衡的结果。有学者指出教学与信息技术之间的关系不是"新瓶装旧酒"而是"新瓶装新酒"。② 虽然信息技术运用到教学活动中已有近30年的历史,但一直没有得到认可。不管是电子化学习、21世纪初的开放课件计划,还是自2012年起轰轰烈烈的MOOC,都想简单以信息技术这一教学媒介作为提高学习质量的决定性因素。这就面临着唯技术是瞻、交流互动不足、学习者持续性不强等尴尬际遇,最终在教育领域质疑声音盖住了支持声音。③ 虽然信息技术功能卓越,但如果不考虑教育教学规律,也会造成信息技术与教学活动"两张皮"的现象。新冠疫情应急期间,学生的在线学习虽然增加了直播、录播、在线研讨等学习

---

① Sun A, Chen X. Online Education and Its Effective Practice:a Research Review[J]. Journal of Information Technology Education Research,2016,15:157-190.
② 郭文革. 教育的"技术"发展史[J]. 北京大学教育评论,2011,9(3):137-157,192.
③ 潘懋元,别敦荣,陈斌,等. 2014年中国高等教育研究回顾与述评[J]. 高校教育管理,2015,9(2):1-7.

模式,但教师的教学组织形式却也只是线下教学的线上搬家,或任由学生自由发挥,或观看教师的"操作表演"。这还是一种以"教"为主的教学。因此,高校教学改革既要对信息技术保持开放的态度,又要捋清信息技术与教学之间的关系。

信息技术与教学应是一种融合的关系。这种关系需要教学活动由外向内地变革,既要营造在线教学环境,也要改变教学理念。数字化背景下的教学使得教师的教学行为与数字化之间变得密不可分。新生代学习个体的几乎所有生存空间表现出数字化的特征[①],因此,教师的教学环境也将体现出数字化特征。但需要注意的是,数字化的教学环境只是教学活动的手段和技术支撑,不能把它作为教学的目的。由于新的教学环境可通过各类在线学习平台为学生提供多样化的学习内容、满足个性化和多样化学习需求,还能提供多种交流互动的方式。因此,教学理念将以学生的学习及成长为中心来指导和实践教学。处理好信息技术与教学相融合的关系,落实到教学实践中就是变革教学组织形式、重组教学流程,将关注点从"技术""教"向学生的学习及成长转变,从而最终促进学生实现有意义的学习,这才是利用信息技术推动教学改革的最终目的。

(二) 教学治理与学生学习的支持关系

针对我国高校本科生在线学习过程中环境支持方面出现的问题,为了保证在线学习的顺利开展,促进学生获得良好的在线学习结果,需要处理好高校教学治理与学生学习之间的支持与被支持关系。根据在线学习的需要,高校管理部门为学生提供了网络、在线学习平台、在线学习指导及培训、政策保障、在线学习结果的评估与认证等支持服务。这些支持服务是在高校管理部门和其他相关机构从上到下、从内到外协调和配合之下实现的。首先,新冠疫情应急期间在线学习实践表明,全员在线学习造成了网络流畅度受阻。如果某一时间点上课人数较多,网络质量就会很差,那么,学生观看学习视频、下载学习资料、参与课程互动等学习活动都受到很大的影响。不容置疑,在线学习结果也因此将受到严重影响。其次,由于高校自建或购买的在线学习平台中课程的数量、类型和质量不同,会给学生带来不一样的在线学习体验。再次,为学生提供的在线学习指导与培训服务是否及时也将会影响学生能否更好地运用网络资源和使用好学习平台。复次,高校是否出台及推行在线学习常态化政策性文件决定了教师们是否敢于在一些特殊情况下灵活改变教学方式。最后,是否为学生提供公平、客观的在线学习结果的评估与认证将会影响学生是否继续选择在线学习。可以看出,如果没有高校学生处、教务处、教师工作部、信息技术部、网络运营商及在线学习平台商等管理部门和机构相互协调和

---

① 祝智庭,沈书生.数字韧性教育:赋能学生在日益复杂世界中幸福成长[J].现代远程教育研究,2020,32(4):3-10.

配合,学生的在线学习就不能获得良好的环境支持。进言之,这些部门和机构协调配合所提供的支持服务并不仅是提供与否的问题,更主要的是支持服务的质量问题。因此,只有为学生群体在线学习提供高质量的支持服务,才能保证在线学习推进工作得到他们的认可。

(三) 教师教与学生学之间的共生互学关系

教学理念由"以教师为中心"向"以学生为中心"的转变,教学的重点从教师的教转到学生的学,学习的重点从知识的被动接收转移到思想的形成和问题解决能力的实现。但教学理念的这一转变并不是让教师从内容专家变成病态地强调以学生为中心,而是通过搭建脚手架促进学生达到高阶学习阶段。教师教与学生学之间呈现出彼此成就、共生互学的关系。这是因为课堂上教师面对的是充满生命力的人,这些学生富有个性,会主动思考,将与教师共存、共在、共享和互动。而这种关系在在线学习过程中表现得更为突出。

一方面,在线学习资源非常丰富,传统课堂学习中教师所授的知识性学习内容已经数字化,学生只需点击鼠标就可即时获得。因而,学生更重要的任务是学会学习,实现高阶学习目标。而学生学习过程中,教师应该指导学生学会根据自己学习目标和自身特点来规划、实施、监控和反思学习过程,并支持、鼓励和促进学生积极主动地参与探究、互动和问题解决。教师始终在那里,而且是关键人物,他们一直组织、管理和监控着整个学习过程。①

另一方面,在线学习延展了教师与学生所组成的课堂。所谓课堂者,非谓有教室之谓也,有师生之谓也。有师生在,课堂就在。学生在哪里,课堂就延伸到哪里。② 人工智能、混合(虚拟、增强)现实、移动互联网等新兴信息技术为情景式、互动式、体验式、移动式的在线课堂提供了技术保障。③ 这样的在线课堂能够实现师生同步和异步的互动、激活师生参与其中的积极性、增强师生感知线上课堂的"真实"感。

教师通过转变多重角色来更好地处理教师教与学生学之间的关系。教师的角色不是被动的知识传播者,而是主动的课程设计和组织者、学习促进者和指导者、管理和协调者等。这种转变将为学生带来更好的在线学习体验。在教学中,教师是一位课程的设计和组织者。教师通过设计并组织课前、课中、课后的学习活动;根据学生的特点,设计好课程材料使用过程中的授课技巧,完善学生和教师之间使

---

① Garrison D R, Anderson T. 21世纪的网络学习:研究和实践框架[M]. 丁新,译. 上海:上海高教电子音像出版社,2008:66-67.
② 邱勇. 为创造人类美好未来贡献大学力量[N]. 人民日报. 2020-04-23(009).
③ 金慧,王梦钰,王陈欣. 促进教育创新的关键技术与应用实践:2015—2020《地平线报告》的分析与比较[J]. 远程教育杂志,2020,38(3):25-37.

用的互动交流方式。①

教师又是一位学习的促进和指导者。一方面,教师要培养学生独立思考、勇于探究的能力和习惯。支持学生带着探究精神去学习,对于学生所提出的问题应给予鼓励并及时提出反馈意见,引导并协助学生解决问题,促进学生实现高阶学习。对学生在问题探究过程中所遇到的失败、困难,教师要及时提供指导,不嘲讽学生出现的"低级"错误。另一方面,教师需要帮助学生思考和与他人合作。支持生生之间建立学术共同体的协作关系,并正确认识自己、明确发展目标。② 通过探究性作业,让所有学生都能加入其中,完成小组作业,并在评价过程中加以体现,予以落实。如果没有教师明确的指导,学生学习活动将被看作"独白";而如果学生能够得到教师的直接指导以开展有效讨论,并被要求在规定的时限内解决特定问题,在反思的过程中获得教师的反馈和鼓励,那么学生就能够更快地找到解决问题的办法。这样就会促进学生实现有效的、深度的学习,实现自我意义建构和增强集体的凝聚力。③

教师还是一位在线学习社区的管理和协调者。在知识密集型在线学习社区中,教师不再是简单的知识分配者。为了能让在线学习社区呈现出"高水平互动"和"真学习",教师需做好管理者的角色。教师还需要利用和协调好在线学习资源和现有的信息技术使学生参与到探究协作学习中。④ 只有教师做好管理和协调角色,学生们的学习进程、互动和交流才能更有效,从而达到预期的学习效果。

(四)学生与在线学习社区之间的统一关系

在线学习强调学生要在学术共同体中开展互动、探究、协作和反思,实现个人和集体意义建构。因此,学生学习要从独学走向群学(共学)、从个人建构走向合作建构,从而实现学生在探究中对话、在对话中分享、在分享中反思、在反思中建构、在建构中生成。学生的个人独立性与在线学习社区的集体性看似矛盾,一方的增

---

① Banna J, Lin M, Stewart M, et al. Interaction Matters: Strategies to Promote Engaged Learning in an Online Introductory Nutrition Course[J]. Journal of Online Learning & Teaching,2015,11(2):249-261.
② OECD. Teachers and School Leaders as Lifelong Learners[EB/OL]. (2019-06-19). http://www.oecd.org/education/talis-2018-results-volume-i-1d0bc92a-en.htm.
③ Garrison D R, Arbaugh J B. Researching the Community of Inquiry Framework: Review, Issues, and Future Directions[J]. The Internet and Higher Education,2007,10(3):157-172.
④ Viilo M, Seitamaa-Hakkarainen P, Hakkarainen K. Supporting the Technology-Enhanced Collaborative Inquiry and Design Project: a Teacher's Reflections on Practices[J]. Teachers & Teaching,2011,17(1):51-72.

强必然导致另一方的削弱,但如果处理好学生与在线学习社区之间的关系,将避免这一矛盾的产生。学生与在线学习社区之间应是一种统一的关系。因为一个充满活力的在线学习社区将同时拥有独立和合作。在线学习整合了个人和集体,在批判性探究过程中能够实现两者统一的属性转换。①

每一位学生都应该找到自己与在线学习社区的交互点,转变自身学习习惯并适应协作和共享。在线学习过程中由于缺乏教师的监督和面对面指导,学生需要适应自我调节学习和协作学习。一方面学生应能够独立获取学习资料和完成学习任务、自我监督学习进程和增强学习动力,还应自我评价和反思学习成效,更好地发挥自我的学习主体责任;另一方面学生应能够适应协作和知识共享。在线学习不是一个孤独的学习过程。在线研讨会、在线视频会、在线小组讨论、在线对话框等互动方式为在线学习社区提供了头脑风暴的机会。学生们在此过程中通过交换不同意见,在尊重彼此过程中整合意见、达成共识,实现知识共享。这给予学生与其他学生互动而有意识地、主动地参与协作学习的机会,也提供了一个评估自己的理解与接受他人观点的机会。② 由此,学生们能够在在线学习社区中实现参与、对话、协作、反思和知识共享并不断进步。

第二节 在线学习的优化路径

本节将解决如何优化在线学习的问题。首先,需要从宏观层面上考虑选择什么样的在线学习范式,是选择"纯在线学习""线下主导型、讲授式混合式学习"范式? 还是选择"线上线下完全融合型"范式? 无论是教育信息化2.0,还是互联网+,未来推动我国教育系统变革的重要力量是在线教育与传统教育的深度融合创新。③ 只有发展这种深度融合创新的在线学习范式才能从根本上实现教育变革。有学者将信息技术应用于教育教学中分为简单组合、结合、整合、融合四类。④ 线上线下融合的混合式学习并不是传统课堂学习与信息技术的简单混合,或使用信息技术来"替代""辅助"或"补充"课堂学习,更不是传统课堂学习的线上搬家或课

---

① Garrison D R, Anderson T. 21世纪的网络学习:研究和实践框架[M]. 丁新,译. 上海:上海高教电子音像出版社,2008:3.
② 安东尼·塞尔登,奥拉迪梅吉·阿比多耶. 第四次教育革命:人工智能如何改变教育[M]. 吕晓志,译. 北京:机械工业出版社,2019:32.
③ 胡钦太. 促进在线教育健康良性发展的多维审视[J]. 教育研究,2020,41(8):26-30.
④ 穆肃,温慧群. 适应学生的学习:不同复杂度的混合学习设计与实施[J]. 开放教育研究,2018,24(6):60-69.

外延伸。混合式学习是在线学习、移动学习与线下学习充分融合,其围绕学习目标和学习活动无缝地交织出现,从根本上变革了传统教学模式和方法的新的学习范式,为学生创造一种真正高度参与的个性化学习。当前,我国高等教育正在集中力量、加大力度实现"世界一流大学和一流学科"的愿景,这种新的学习范式冀望成为我国高等教育"弯道超车"的有效助推器。本书的量化结果还表明,学生在混合式学习中对环境支持、各种临场感的评分更高,并且在进行差异性分析时,混合式学习与纯在线学习范式对教学临场感和认知临场感的感知评价具有显著性差异。为此,在线学习应融合纯在线学习和传统课堂学习,形成线上线下完全融合型的混合式学习范式。这种混合式学习是灵活的、可变动的、有弹性的,能够真正满足灵活方便、个性化、自主、互动、高质量及公平的学习需求。

同时,需要从微观层面考虑如何设计混合式学习路径。本书将从教与学的空间维度、主体维度、模式维度及活动维度来探讨。

一、空间维度:创设混合式学习环境

创设灵活及具有时空延展性的混合式学习环境是优化在线学习的首要任务。混合式学习环境包括了物理学习空间和在线学习空间,而在线学习空间又分为个人学习空间和公共学习空间。传统的教室是物理学习空间的典型代表。在这个特定的物理教室空间中,学习活动在稳定的班级中进行。师—生、生—生之间开展面对面的交流互动,满足了学习者的社会性交互的情感需求。因为人的学习不仅需要理智,还需要情感活动来发展各种素质和能力。这样,学习活动就能够将人从混乱的日常生活、贫乏的理智、多愁善感、空洞的情感中解放出来。从本质上来说,意义的建构与形塑产生于人际互动之间。[①] 但这个传统物理课堂具有学习空间上的封闭格局的弱点,学习互动仅局限本班级的同学。为了给学习者提供更加灵活方便的学习环境,混合式学习环境的物理学习空间还包括图书馆、研讨室、寝室、咖啡馆、家等个人或公共场域。在这些新的物理学习空间中,学习者将通过网络连通教师、班级同学及更多的学习同伴。这些拓展的学习空间能够弥补传统课堂的封闭弱点,有效连接学习者的线上和线下学习,从而使学习者的学习环境的时空延展性更强,满足学习者与更多学习同伴互动交流的需求。

在在线学习空间中,学生不仅具有个人学习空间,还具有公共学习空间。个人学习空间能够有效开展个性化学习;师生还可以上传形式多样的学习资源(例如

---

① 迈克尔·欧克肖特.人文学习之声[M].孙磊,译.上海:上海译文出版社,2012:20.

PPT课件、微课视频或其他参考资料)到公共学习空间,供其他学习者下载学习。① 除此之外,学习者在在线公共空间可以实现信息共享、观点呈现和意义协商,并且能够有效记录和存储协商过程中产生的问题的解决措施和解决途径,从而形成对所有学习共同体成员开放的资源库。

如果教育者在空间维度为学习者创设混合式学习环境,将物理学习空间和在线学习空间相互融合,这就能够更好地体现出混合式学习环境的延展性、社会性和个性化。从中可以看出,混合式学习环境在设计和开展真实的学习活动和开放式的学习活动方面具有明显优势。因为它能利用不同学习空间的环境属性,融合传统课堂学习空间、拓展的个人和公共物理学习空间以及在线学习空间,能够延伸学习空间和支持多种学习模式的整合。

混合式学习扩展了学习空间,主要学习场所与途径也在变化。首先,原本用来传递书本知识的课堂变为"为学而教"的场所,主要用于学生集中交流、探究和解决问题。这种面对面的课堂学习环境是实现特定学习活动的最佳方式,如提问式教学、破冰、陈述、演讲、同步小组头脑风暴、沟通班级期望、概述个体责任、进行并回应小组汇报等;实践、实操类活动则更加适合现场学习。② 其次,拓展的个人和公共物理空间将通过在线学习空间为学生社会化交互提供主要场所与途径。再次,在线学习空间可承载原本课堂知识传递的功能。由于在线学习更加灵活,成本更低且更具多样性,以概念学习为重点的自学部分的对应学习活动就可以灵活采用线上课堂。学生能够更自如地自定步调来学习、实现异步小组讨论、书面批判性分析和思考型论述。这些都可以通过线上学习空间来达到最佳效果。因此,混合式学习环境使得线上、线下的学习活动相互支持、彼此呼应。例如,线下的学习任务和互动交流可以延伸到线上继续开展,线下教学时也可以对线上学习结果进行汇报、点评等。③ 因此,高校教务处、学生处、各二级学院和图书馆等相关部门可以为学生提供更多开放共享的、相互交流学习的空间;通过使用一些学习工具并将其作为桥梁,将线上、线下及现场学习活动空间连接起来,实现学习空间更灵活、更便捷,混合式学习处处存在。

---

① 李志河,周娜娜,秦一帆,等.网络学习空间下混合式学习共同体活动机制构建[J].中国电化教育,2019(9):104-111.
② 冯晓英,孙雨薇,曹洁婷."互联网+"时代的混合式学习:学习理论与教法学基础[J].中国远程教育,2019(2):7-16,92.
③ 冯晓英,曹洁婷,黄洛颖."互联网+"时代混合式学习设计的方法策略[J].中国远程教育,2020(8):25-32,54,77.

二、主体维度:构建混合式学习共同体

"学习共同体"(又称为"学习社区")是一个网状的、相互关联的、动态的社会群体系统结构。它融合了学习者、教师、学习资源和学习环境等要素,要素之间共同开展学习活动,实现知识集群。这个知识集群能够同时满足具有相互依赖性的利益双方需求,能够相互补充和相互增进共同的知识资产,并以知识存储和知识流动形式生成知识联盟,它具有明显的系统开放性、动态适应性和相互关联性。①

构建混合式学习共同体,最主要是要将教与学的主体调动起来,积极构建师生间的情感共同体、知识共同体和发展共同体②,其最终目的是促进学习者知识建构,实现深度学习。因此,混合式学习共同体并不是为了支持教师的教,而是为了支持学生的学,师生共同发力、共同规划并达成学习共同体。

(1) 帮助学习者获取情感依恋,减少孤立感或"竞争感"。在共同体中,学习者要遵守这个特殊社会群体的规则,共同为学习目标而努力。但学习者的情感依恋获取必不可少。虽然在学习过程中,学习者要具有独立的思辨能力和大胆质疑的批判精神,但他们必须充分尊重彼此,认真听取每一位学习同伴的观点,包容同伴的观点和看法,这样才能减少"竞争感"。教师合理使用同伴互助策略,提高他们的学习参与度,促进全体学生共同进步,有利于促进其对共同体的认同感和归属感,减少"孤立感"。更重要的是,如果共同体成员在线下有实际的接触,就能排除学习共同体成员间存在的孤独感。教师通过帮助学生获取情感依恋,促进更大范围的资源分享与知识建构,从而增加共同体的凝聚力。

(2) 向学生提供及时反馈,为其搭建支架。在混合式学习中,学习支架的作用至关重要。这是因为在线学习对学生自主学习能力要求高,教与学时空分离时会引发学习困难、学习焦虑、学习懈怠等。在混合式学习共同体中,教师不再是课堂的决策者和唯一传授者,而是学生学习活动的设计者和组织者,并通过搭建脚手架,从旁协助、引导和帮助学生开展学习活动。教师提供相应的学习资源,使学生获得习得性知识。教师鼓励学习者根据自己的能力主动承担共同体内相应的角色,促进、指导和支持学生完成自主学习和协作学习等学习任务,完成任务探究和问题解决,反馈学习过程中出现的问题,使学生取得较好的学习效果,从而获得成就感。如果教师不能提供更加细致、精准的学习支架,教师依旧是"舞台上的圣人",学生依旧是"台下的听客"、旁观者,从而导致学生在共同体中不能发挥其主观

---

① 武学超. 模式 3 知识生产的理论阐释:内涵、情境、特质与大学向度[J]. 科学学研究, 2014,32(9):1297-1305.

② 覃红霞,周建华,李政. 高校师生在线教学持续使用意愿的差异研究[J]. 高等教育研究, 2021,42(1):83-93.

能动性。

（3）建立一个可信的环境，让学习者拥有一种"班级归属感"。这种"班级归属感"具有身份认同和集体意向，并追求实现共同的目标。学习者会经历参与、认同和协商。其中参与意味着个体进入共同体开始学习，能够有效地参与到共享信息、互动交流、协商冲突、整合意见和达成共识中；认同意味着共同体让学习者有归属感，这是一种身份的认同，是共同体对学习者施加的影响；而协商意味着学习者之间在交流互动、冲突、协商过程中形塑共同体文化，从而形成共同体的凝聚力。由此，教师要发挥督促者、指导者、促进者等角色。首先，教师要鼓励和督促共同体成员遵守的行为准则，确保学习活动的开展不因自由而无序。其次，在活动中，教师需要将共同目标有效分解，并将任务和责任确定到个人，鼓励和促进学习者作出个人贡献并分享观点。因为学习具有一定的社会性，学习共同体以完成共同目标为导向，通过不断地讨论、对话、协商推进学习者知识建构。相关研究指出，学习者所开展的学习活动若要促进个人意义的建构，就要在社会情境中检验个人理解的正确与否，并在此情境中形成并应用新的思想。因此，教师应发挥好教学过程中的角色，使学生和学习同伴能够在在线学习社区中循序推进信息共享、互动交流、冲突协商、方案整合和评价反思，最终实现对知识的深层次建构和理解。在这个过程中，学生的回答可以推进实现共同的学习目标，并让学生应用自己的经验和知识来加强和拓展学习共同体的学习。

促进混合式学习共同体的构建被认为是在线学习的巨大潜力。本书的量化研究表明，社会临场感是影响在线学习结果的重要变量，变量之间的作用机制表明，其也是较为重要的中介变量。这表明，自主学习和协作学习不是冲突和对立的概念，他们是在批判性探究过程中实现统一和属性转换的根本要素。[①] 在线学习过程中，如果学生之间缺乏沟通和合作，会让学生产生孤独感，他们的主观自主性会减弱，从而影响到知识的理解与意义建构。而相互的同伴提问可以提高学生在线学习的参与度，增强学生学习的主观自主性。当学生提出沉思性的问题或提供重要的反馈时，就会在学习社区中发生有意义的探究、讨论和反思性思考。在以后的在线学习中，他们就会更加积极主动地参与其中。因此，教师应鼓励学生积极参与线上同步异步和线下同步的互动交流、课堂内外规定和非规定的协作学习，鼓励与他人一起搜索材料，讨论和共同解决问题。例如工、农、医等理工科专业更倾向于重视大团队合作，就为学生创建线上和线下学习社区提供了环境；人文社科专业可以在共享文档上进行协作，实现无缝协作和知识共享。如此，师生在混合式学习社区共同学习中深度交往、相互启发、教学相长、共同发展。

---

① Garrison D R, Anderson T. 21世纪的网络学习：研究和实践框架[M]. 丁新，译. 上海：上海高教电子音像出版社，2008：4.

三、模式维度:使用混合式学习模式

从学生的视角出发,学习模式是旨在帮助学生增强学习效果,使学生达到最佳学习状态的方法。混合式学习模式以信息技术为前提,以创新教学理念为指导,结合线上网络学习和线下课堂学习,发挥学生的自主性,依次推进教学目标、学习方式、教学设计等多方面的变革和优化。混合式学习模式的本质并不是支持教师的教,而是为了促进学生的学,为学生提供真正个性化的、有针对性的学习体验。这意味着教学目标由关注知识习得转向兴趣培养和能力发展[1];教学设计由关注"促进教师的教"转向了"促进学生的学",从而更好地帮助学生有效学习。[2]

很长一段时间,教学的最终目标是学科知识传授,相应的,学生的学习活动以学科逻辑为导向,以学科知识为主体,以基础知识和基本技能为培养目标,关注学生的知识习得。但随着时代对人才需求的变化,这就要求教育的中心和目标相应改变,将培养学生兴趣与能力、发展核心素养作为目标。[3] 混合式学习模式的教学目标由学科知识的习得转向为以学生学习为中心,培养学生兴趣、发展学生。教学目标转变的实质是转变相应的教学模式、教学策略和方法。在能力为本的驱动下,教学主要培养学生的核心能力。核心能力包括一般能力和学科特殊能力。其中一般能力包括如自主学习能力、交流沟通能力、协作能力、高水平的信息素养等;学科特殊能力包括如科学探究能力、学科思维能力、创新能力、复杂问题解决能力等。核心能力的提出,一方面需要教师跳出学科知识点的层面,透过内容看能力培养;另一方面需要教师找出学科知识内容背后隐含的方法、思想、思维及价值旨趣,并抽出最关键的能力或方法,培养学生的兴趣。如果说学科知识习得是现象,能力发展是本质,那么创设学习体验就是解决方案或手段。

只有针对学习者的在线学习体验来设计量身定制的课程,才能满足学习者的需求。[4] 杜威指出:"失败的教育是试图把经过精加工之后的知识探究的结果授予学生,而没有让学生自己去探索问题、参与探究过程、寻求解决方案。"让学生探索

---

[1] 赵涛.智慧技术支持下混合式学习模式建构与实践研究[J].中国电化教育,2021(9):137-142.

[2] 冯晓英,王瑞雪."互联网+"时代核心目标导向的混合式学习设计模式[J].中国远程教育,2019(7):19-26,92-93.

[3] 褚宏启.中国教育发展方式的转变:路径选择与内生发展[J].华东师范大学学报(教育科学版),2018,36(1):1-14,159.

[4] 冯锐,李晓华.教学设计新发展:面向复杂学习的整体性教学设计:荷兰开放大学 Jeroen J. G. van Merrienboer 教授访谈[J].中国电化教育,2009(2):1-4.

教材以外的信息是让他们参与学习的好方法,同时也能很好地展示课堂知识在实际中的应用。因此,教师需要支持学生自主探究的学习方式,在自主探究过程中实现知识建构。在此过程中,教师应结合网络条件和自身能力,将在线教学方法作为技术工具,将教学设计和学习者的学习体验相互作用起来。

在开展混合式学习模式的过程中,课程设计非常关键。因此,教师首先需要明确线上学习和线下学习分别包括哪些学习模式,在线学习采用同步在线学习(如直播)、异步在线学习(录播、MOOC)还是开放式学习。其次,教师还可以将探索性学习、自我调节学习、协作性学习、研讨课和其他学习活动应用到线上线下学习场景中,并明确这些学习活动是采用案例式教学、项目式教学、问题式,还是采用体验式教学。教师通过积极整合"合作"和"讨论"的教学设计,组织学习活动,引导、促进学生的学习,为学生的学习搭建支架,实现教与学一体、学与做一体。

四、活动维度:创造有意义的混合式学习经历

毋庸赘言,信息技术的广泛使用,使得习得性知识的获取和传递更加方便、灵活、个性化和多样化。这就需要高等教育根据时代对人才的要求以及学习者学习的现实需求等变化作出调整。为此,混合式学习以建构主义学习理论为指导,不断在发展变化中调整方略,为学生创造有意义的混合式学习经历。建构主义理论家声称,建构主义是一种认知与学习共享的心理学学习理论。无论学习发生在哪里,所有的学习都是与经验和环境相联系的。学习者根据个人经验和信息来解释世界,并通过观察和处理来学习,然后将信息个性化为个人知识。当学习者可以将所学内容进行情境化以立即应用并获得个人意义时,他们将学得最好。戴维·乔纳森教授指出,"有意义的学习"通常具有五种表征:学习者学习、操作与关注具有主动性;学习者能够清楚表述、批判、建构学习内容;学习者能够较为清晰、灵活地规划学习目标,且能通过反思学习目标的适切性来及时作出调整;学习者能够将复杂的现实生活、现实情境带入到学习场景中,在学习中解决现实问题;学习者能够保持开放、协作的心态,有意构建合作式学习环境。①

有意义的混合式学习经历通常是动态变化的且与现实紧密结合。建构主义学习理论指出,学习者需要在一定真实且复杂的情境中,经历一段自主探索的过程,再通过与学习同伴及教师协作和交流,实现与教师、学习同伴及学习内容的充分交互,从而实现意义建构。首先,教师需要融入科研项目和现实问题,创设问题情境,

---

① 任友群,朱广艳.有意义的学习源自问题解决:戴维·乔纳森教授访谈[J].中国电化教育,2009(1):6-10.

设计学习活动、提供学习资源、促进学习交互等帮助学生收获有效、高效的个性化学习目标。教师将科研项目和现实问题融入理论知识学习,以实践体验为过程,以问题解决为核心,以在线学习资源为支架,从而为学生的互动性、研究性和实践性学习提供丰富的学习经历。例如,创客、STEAM课程等。如果不与学生所经历的实践联系起来,不与社会生活联系起来,就唤醒不了学生对知识的探索之心,因而学生总觉得空洞乏味。大学生不能参与到"学习"中,进而就会影响其自主学习能力的提升,最终导致其在学习过程中放弃自己应尽的责任。其次,应利用新一代信息技术,为学生提供真实情境。由于空间、资源的限制,传统的课堂学习无法支持学习者进入一些真实情境。而在在线学习空间中,应用VR/AR资源、虚拟仿真实验室等新一代信息技术,学习者能够进入多种真实情境。通过让学生在真实的情境中学习,能更好地激发他们的学习兴趣和学习动机,提升学习的吸引力。当学生们认识到所学内容的价值,感受到学习的成就感时,学生的学习参与就会实现从兴趣、乐趣到志趣的转变。

应该将课程内容和现实联系在一起,这样学生听的可能性和积极性就会高一些,主要是提升学生的课堂参与,发现学习的乐趣吧。(XK-ND-16)

综上,教师需要在学习活动维度注重目标设计、问题设计、项目设计、过程设计、方式设计、管理设计和评价设计,实现有意义的混合式学习经历,最终实现学生全面自由可持续、批判性、创造性发展,使得混合式学习自然而然地发生和发展。

本 章 小 结

本章对我国高校本科生在线学习进行了反思,得出在线学习应遵循的原则和需处理的几对关系,目的是从根本上优化学生的在线学习。同时从空间维度、主体维度、模式维度和活动维度四个方面探讨了在线学习的优化路径。本章的主要结论如下:

(1) 在线学习应遵循促进学生主动学习、确保"高质量交互"和促进学生深度学习三条原则。只有让学生成为自主学习者和持续学习者,在多样性的交互形式、学术性的交互内容和协作性的交互目的中才能实现认知过程中整合和解决问题的深度学习目标。

(2) 在线学习需处理好信息技术与教师教学之间的融合关系、教学治理与学生学习的支持关系、教师教与学生学之间的共生互学关系和学生与在线学习社区之间的统一关系这四对关系。处理好这四对关系将能更好地满足学习者方便灵活、个性化、互动、高质量、公平等的在线学习诉求。

（3）在线学习的优化路径：首先，从宏观层面上考虑选择线上线下完全融合型的混合式学习范式。其次，从微观层面设计混合式学习的路径，分别为：从空间维度创设混合式学习环境、从主体维度构建混合式学习共同体、从模式维度构建混合式学习模式、从活动维度创造有意义的混合式学习经历。由此，本书解决了"如何优化"在线学习的问题。

第八章 研究结论、建议与展望

在线学习的出现和不断发展,为普通高校教育教学改革提供了方向。为了更好地分析我国高校本科生的在线学习现状及表现,本书以"探究社区理论"和"前提—过程—结果"模型为理论基础,构建出理论分析框架;运用混合研究方法,收集了定量和质性数据,目的是探索我国高校本科生在线学习的现状、在线学习的影响因素及作用机制。本书定量分析部分使用了自行研制的调查问卷"我国高校本科生在线学习调查问卷"。这份调查问卷通过网络平台向15所高校在校各年级、各专业本科生发放,共回收了11637份,排除没有采用混合式和纯在线学习的样本数据,最终共剩下9179份样本。为了确保数据的可靠性和有效性,研究数据通过了内部一致性、结构效度、聚敛效度和组合信度检验。本书具体使用了差异性分析、逐步多元回归和结构方程模型(SEM)来验证在线学习的差异性、在线学习体验的影响因素、在线学习结果的影响因素、在线学习变量之间的作用机制及作用路径在不同群组样本中是否存在差异。本书还包括一项质性分析,通过访谈确定学生对在线学习的态度和观点,解释量化结果背后的原因及补充量化研究结果,从而探索在线学习的优化路径。

第一节 主要研究结论

一、在线学习的现状及差异性

2020年以来的在线学习现状呈现出两个阶段:第一,新冠疫情应急阶段的在线学习,这个特殊时间点的在线学习虽然满足了"停课不停学"的目标,但它是一种应急性状态的必然选择。学生是在完全没有准备的情况下开展在线学习活动的。

第二,新冠疫情常态化后,在线学习进入常态化状态,其显示出真实的现状。通过描述性统计,展现出两阶段的在线学习现状;通过差异性分析,显示出不同在线学习范式、性别、生源地、年级、学科和高校类型在环境支持、在线学习体验和在线学习结果中有显著性差异。具体研究结论如下:

(一) 两个阶段的在线学习呈现出不同的状态

1. 新冠疫情应急期间在线学习满足了"停课不停学"的基本要求

通过对全国12个省(市)共57所高校(其中:22所双一流大学和35所地方高校)应急期间的在线教学质量报告,福建省70所高校、山东省78所高校超星平台在线教学数据统计报告的分析,得出新冠疫情应急期间我国高校本科生在线学习的表现如下:

(1) 在线学习环境支持基本满足在线学习的需求。由于在线学习环境支持是保障在线学习成功的先决条件,为学生提供有效的在线学习环境支持是高校、在线学习平台供应商及家庭的优先事项。得益于近20年信息技术的迅猛发展,也得益于我国在在线教育领域持续大力开展各种平台建设,新冠疫情应急期间,在线学习平台满足了学生的学习需求。这一期间,除了个别不适宜使用在线学习的课程之外,大部分高校将98%的教学任务搬到了线上,保证了教学计划的执行。各高校坚持"以学生中心、问题导向、持续改进"的工作原则,投入大量的人力、物力和财力,通过常规教学检查、技术团队辅导、多维教学运行监控,保障了在线学习的正常开展。

(2) 教师上线积极,发布活动丰富。57所高校的数据表明,疫情应急期间,平均每天都有360多人次的教师在网上教学和答疑解惑。福建省、山东省高校教师在线发布了包括课堂互动、作业、上传课程资源等在线学习活动。通过在线联动,教师精神饱满、充满激情,保证在线教学效果与面授课堂教学效果等效,数据显示,76.3%的教师对在线教学感到满意和非常满意。由此可知,在突发的情况下,教师已经开始接受并适应这一新的教学方式。

(3) 在线学习使学生互动更加频繁,并获得了丰富的学习资源。高校的数据显示,学生每日在线人数高达数十万。在虚拟学习空间,学生参与话题讨论、回帖、完成作业、小组讨论等互动活动更加频繁。在线互动为学生们提供了更多的交流的机会,同时,也拉近了师生之间的情感距离,减少了因新冠疫情引起的隔离感。

(4) 新冠疫情应急期间的在线学习结果主要通过满意度来衡量。据统计,90%以上的学生对这一阶段的在线学习总体情况、互动、学习指导、课程质量、在线学习效果等方面感到满意。这期间各高校在线教学质量报告的数据显示,我国各级教育管理部门、各所高校的一系列应急措施是成功的、有效的,是值得肯定的。但新冠疫情应急之下的在线学习是因危机而暂时采用的替代方案,因缺少严谨的远程教与学的设计,无法保证学习成效的实质等效。

2. 常态化下在线学习表现出真实的状态

根据教育部相关文件的划分,2020年6月以后,在线学习进入常态化。一方面,相比疫情应急期间学生采用的在线学习范式和在线学习模式,常态化背景下这两个方面发生了变化。应急期间,有96%的学生采用的是纯在线学习,而常态化后,只有7.23%的学生的学习范式是纯在线学习。本书的样本数据显示,有72.4%的学生采用了混合式学习,有20.37%的学生恢复了传统课堂学习。应急期间,使用最多的在线学习模式是直播,而常态化后,使用最多的是MOOC。但两个阶段相同的地方表现在,教师使用在线研讨和在线实验等模式都较少。通过总结和对比两阶段在线学习范式和在线学习模式的变化,本书得出,混合式学习是常态化后在线学习的主要范式,这与林(Jeanne Yuet Ching Lam)等人指出混合式学习被认为是21世纪在线学习的最佳解决方案相一致。且由于MOOC和直播两种模式的优势都非常明显,其在在线学习中的重要性越发凸显。

另一方面,我国高校本科生在线学习情况调查结果显示出环境支持现状、在线学习体验现状和在线学习结果。其一,网络提供商、在线学习平台商、高校等部门不断调整环境支持的供给,满足学生的在线学习需求,但需要注意的是,网络条件在其中的评分是最低的,也就是说这方面还有待提高。其二,教学临场感、认知临场感、社会临场感、自主性临场感、在线学习效果和在线学习满意度的评分都偏正面,可看出随着在线学习实践经验的不断积累,学生们能更好地获得在线学习中的认知、情感和行为方面的感知,由此提高其对在线学习结果的评价。

(二) 不同背景学生的在线学习显示出显著性差异

1. 不同在线学习范式存在显著性差异

对纯在线和混合式学习范式的差异性分析表明:① 采用混合式学习的学生对环境支持的评分更高,且具有显著性差异。这说明学生认为目前的环境支持更能满足混合式学习的需要。② 采用混合式学习的学生对在线学习体验的评分更高,其中教学临场感和认知临场感具有显著性差异。这说明,混合式学习的学生能够更好地感知教师的设计与组织、促进对话和直接指导,并在触发事件、整合及解决问题等认知方面表现得更好。③ 采用混合式学习的学生的满意度更高,而采用纯在线学习的学生的在线学习效果稍好一点,但都不具有显著性差异。这与贝利(Lori M. Bailey)的研究结果一致。他的研究表明,面对面、混合和纯在线教学方式在学生课程成绩、课程保留率和满意度上存在统计学意义上的差异。而在混合学习环境下,教师将在学习计划开发、设计以及学习指导和促进中发挥更积极的作用,使得教师与学生在教与学中成为平等的伙伴关系,共同推进学生实现知识意建构。①

本书访谈也表明,比起纯在线学习,学生们更希望接受的是混合式学习。因为混合式学习连接了线上和线下的学习,既增加了学习的灵活性和便利性,又能满足个人的学习需求。一方面混合式学习能让老师和学生实现线上与线下交流互动,满足学生所需的情感关怀,从而能更有效地创建探究学习社区;另一方面,混合式学习能有效地提高教师指导的频次和质量,更好地发挥教师作为促进者、指导者的角色。由此,教师促进学生在持续性反思和批判性对话中实现意义构建,从而实现高阶学习目标。因此,我国高校需要更加注重提供和改进混合式学习的服务。

2. 不同个体特征的学生的在线学习存在显著性差异

本书通过 T 检验和 F 检验,对不同个体特征的学生的在线学习差异性进行检验。结果显示,不同性别、生源地、年级、学科和高校类型的学生的在线学习均存在显著性差异。

(1) 不同性别的学生的在线学习具有显著性差异。具体表现在,首先,在认知临场感、自主性临场感、在线学习效果和在线学习满意度方面的评分表现为男生高于女生,且具有显著性差异。而社会临场感虽然也是男生高于女生,但没有显著性差异。凯伊(Robin Kay)的研究发现,美国范围内 40%～60%的研究表明在对计算机的态度、能力和使用方面,性别之间没有差异,而对在线学习的感知和体验有显著性差异,且男生的体验感评价高于女生。② 蔡(Meng-Jung Tsai)研究发现男性更注重认知中的探索。③ 这些研究与本书的研究结论一致。其次,在环境支持、教学临场感方面,虽然女生的感知评价高于男生,但不存在统计学意义的显著性差异。冈萨雷斯戈麦斯(Francisco González-Gómez)等人的研究也表明,老师的贡献对女生形成课程整体观更重要,在学习过程中,女学生比男学生更重视导师亲近性,能够通过各种方式与老师联系。④ 这也与本研究结论一致。

(2) 不同生源地、不同年级、不同学科专业和不同类型高校的学生的在线学习存在不同程度的差异。① 不同生源地、不同类型高校的学生在环境支持评价、教

---

① Bailey. Comparing Students' Learning Outcomes and Satisfaction in Online, Hybrid and Face-to-Face Education Courses[D]. Phliadelphia: Temple University, 2020.

② Kay R H. Exploring Gender Differences in Computer-Related Behavior: Past, Present and Future [M]. Social Information Technology: Connecting Society and Cultural Issues, 2008: 12-30.

③ Tsai M J, Tsai C C. Junior High School Students' Internet Usage and Self-Efficacy: a Re-examination of the Gender Gap[J]. Computers & Education, 2010, 54(4): 1182-1192.

④ GonzÁLez-GÓMez F, Guardiola J, et al. Gender Differences in E-learning Satisfaction [J]. Computers & Education, 2012, 58(1): 283-290.

学临场感、认知临场感、社会临场感、自主性临场感、在线学习效果和在线学习满意度上均有显著性差异。定量数据显示,农村生源地、新建地方本科高校的学生对环境支持、在线学习体验和在线学习结果的评价较低。这可能是由于我国城乡二元结构及区域发展不平衡造成的。② 不同年级的学生在环境支持、在线学习体验和在线学习满意度中具有显著性差异,而在线学习效果没有显著性差异。具体表现在随年级的升高,二、三年级学生对各方面的评分有所降低,而四年级学生对环境支持、各临场感和在线学习满意度的评分又有所增加。这也许和学生进入大学对待学习的态度有关。刚进入大学时,学生们对待在线学习的态度都会更加积极、更加认真,对各方面的体验感知评分相对要高。二、三年级学生的专业学习压力大、课外实践活动也增多,因此对在线学习的评分有所下降。而到毕业班时,因为专业学习压力没这么大了,学生们也开始采用在线学习开展各类证书应考培训、就业培训等,所以他们对在线学习各方面的评分又有所增加。③ 不同学科专业的学生只在教学临场感上存在显著性差异。这说明,不同学科专业的课程对在线教学过程中课程的设计与组织、教师促进学生理解、教师直接指导学习过程的期待和选择不一样。

（3）通过访谈了解到不同个体特征的学生存在在线学习差异性的原因。从学生们的回答中发现:① 居住在农村、边远地区的学生会因为家务、农活、网络条件不支持、天气恶劣引起的网络故障等问题影响其在线学习体验及结果。② 父母对在线学习的接受程度、学习设备支持程度会成为他们的阻力或动力。家长与学生之间对于在线学习的分歧会造成不必要的家庭矛盾,因此,对家长的引导也是非常重要的注意事项。③ 访谈结果也证实,学生们处于不同学科背景,对在线学习的选择也有很大的差异。学生表示,如果是人文社科类的专业,在线学习能有效拓展学生们的学习视野,补充丰富的学习资料,并能保障教师上课按照教学进度完成,避免课堂教学中教师"东拉西扯"的现象发生。而如果是理、工、农、医、艺术、体育等学科专业,因为有实验、实践和现场演示等环节,他们希望这类课程最好由线下教学教授。这样,他们就能够得到教师更直接、更快捷的指导和反馈。如果所有课程都一致性地采用纯在线学习范式,就会给他们带来消极的在线学习体验和在线学习结果。

综上,不同背景的学生对环境支持、在线学习体验、在线学习结果评价都存在显著性差异。国外的一些研究与本研究的结论也相同。吉布森(Angela M. Gibson)研究表明不同背景的学生的教学临场感、认知临场感和社会临场感有显著性差异。① 波尔(Jennifer De Boer)等人的研究也表明不同学生背景能拥有不同的在线学习所需的技术支持和学习设备,那些能够拥有充分的技术支持和充足的学习设备的学生能够更好地参与在线学习。② 科普(Rita Kop)也指出不同生活情境的学生参与在线学习活动的程度不同,进而导致不同的学习结果。③ 但无论怎样,在线学习的目的都是为了给学生提供更多的自主学习空间,以减少对教师的依赖,并培养他们的自主学习能力。因此,根据本研究结果,其一,各高校应针对不同背景的学生做好在线学习相应的支持和培训工作,更好地为学生提供适合的在线学习课程。其二,不同背景的学生在线学习的差异性表明各类型高校应根据自身发展目标,充分将信息技术作用于教育教学实践中,探索出适合数字化时代人才培养的新模式。其三,高校应统筹好整体规划、教学资源、师资队伍、技术支持与服务、管理体制、评价及认证等各方面工作④,从而为学生们提供校内外、个性化及多样化的在线学习,持续提高人才培养质量。

二、在线学习的影响因素和作用机制

本书使用了逐步多元回归和结构方程模型,探究环境支持、在线学习体验与在线学习结果之间的关系。结果显示:① 环境支持显著正向影响在线学习体验和在线学习结果;② 在线学习体验显著影响在线学习结果;③ 在线学习变量之间的作用机制中有中介效应,且不同学生群体的在线学习各变量作用机制中部分路径有显著性差异。

(一) 环境支持显著正向影响在线学习体验和在线学习结果

逐步多元回归分析显示,环境支持的四个方面都能显著正向影响在线学习体

---

① Gibson A M, Ice P, Mitchell R, et al. An Inquiry into Relationships Between Demographic Factors and Teaching, Social, and Cognitive Presence[J]. Internet Learning, 2012,1(1):7-17.

② Deboer J, Stump G S, et al. Bringing Student Backgrounds Online: MOOC User Demographics, Site Usage, and Online Learning[C/OL]. https://www.researchgate.net/profile/Jennifer-Deboer/publication/236973507_Understanding_MOOC_Students_and_Their_Behaviors/links/00b7d51e318e95c6fc000000/Understanding-MOOC-Students-and-Their-Behaviors.pdf.

③ Kop R, Fournier H, Mak JSF. A Pedagogy of a Bundance or a Pedagogy to Support Human Beings? Participant Support on Massive Open Online Courses[J]. International Review of Research in Open and Distance Learning,2011,12(7):74-93.

④ 黄荣怀,张进宝,经倩霞,等. 面向2030教育发展议程的全球教育信息化发展战略:解读《青岛宣言》教育目标行动框架[J]. 开放教育研究,2016,22(1):37-42.

验,其中学习平台质量、使用培训及政策支持的影响更大,而网络条件的影响较小。访谈还显示,父母的支持与理解,同学、老师的鼓励对学生获得良好的在线学习体验起到重要作用。

结果还显示,环境支持显著正向影响在线学习效果和在线学习满意度。也就是说如果学生选择在线学习时,有良好的学习平台和网络条件,能够得到学习平台使用培训及政策支持,那么他们将获得很好的在线学习效果并对在线学习满意度作出很高的评价。如果网络容量限制(卡顿)和下载缓慢会使学习者感到沮丧并影响学习进程。访谈结果也证实,学生认为在线学习好的一面正体现在学习时间和地点的灵活性、能有效拓展知识的学习。如果让学生能够持续性选择在线学习,他们最希望网络条件能够更好、学习平台的功能能够更完善。这与郭淑婷研究结论一致,该研究表明家庭收入、地理位置、网络的连接度会显著影响在线学习的结果。[1] 也与多米尼西(Gandolfo Dominici)的研究结果一致,他们通过访谈239个学生,得出资料下载、学习时间的灵活性,强制的测验与练习,用户友好的平台对于学生满意度来说非常重要。[2] 埃斯佩兰塔(Tala Michelle Karkar-Esperat)的研究运用了建构主义的视角,从问卷,半结构化访谈和焦点小组中收集在线学习的数据。研究显示,学生们认为在线学习平台的灵活性和便利性是在线学习结果的关键影响因素。[3] 但与在线学习体验对在线学习结果的影响效应相比,环境支持的直接影响效应较小。这更进一步说明,环境支持只能作为在线学习的基础和支撑条件,不能将"技术"凌驾于"学习"之上。越来越多的研究也表明,有效的在线学习不是由技术决定的,而是由学生主动地、积极地迈向高阶学习所决定的。只有教育观念的变化,加上环境支持才会带来教学的改革,从而更好地应用环境支持,促进学习革命。

(二) 在线学习体验显著影响在线学习结果

1. 教学临场感显著负向影响在线学习效果和满意度

逐步回归分析结果显示,教学临场感与在线学习效果和在线学习满意度存在着显著负向性影响。教学临场感评分越高,在线学习效果和在线学习满意度就越低。这与多米尼西研究结果一致,他们得出个人导师的临场感对于学生满意度来说不重要。但与卡普钦斯基(Lori Kupczynski)等研究得出在线学习中教学临场感

---

[1] 郭淑婷.基于文献回顾所构建的研究工具:远程学习体验框架结构[J].中国远程教育,2014(6):14-18.

[2] Dominici G, Palumbo F. How to Build an E-learning Product: Factors for Student/Customer Satisfaction[J]. Business Horizons,2013,56(1):87-96.

[3] Karkar E, Tala M. International Graduate Students' Challenges and Learning Experiences in Online Classes[J]. Journal of International Students,2018,8(4):1722-1735.

对学习成果具有正向显著性影响结论不一样。[1] 与以往的研究不同之处在于,本书涉及的是我国高校本科生的在线学习。由于开展在线学习学生的范围更广、数量更大、背景更多样化,反映出众多学生对在线学习过程中感知到的课程的设计与组织过程、教师促进理解的程度、教师直接指导的真实评价。从描述性统计分析来看,教学临场感比其他临场感的评分要高,但推断性统计却显示,其显著负向影响在线学习结果。

访谈解释了这个现象后面的原因:学生们觉得教师的在线教学就是复制或照搬传统面对面教学模式,一直在"讲",出现"以教师为中心""以讲授为主,全程PPT""缺乏趣味性""使用多个平台""缺乏互动和反馈""学生课堂参与率低"等问题。这说明,教师在线教学过程中"教"得太多,而促进、指导、监督、帮助学生"学得"太少。教师"给"得太多,并不会让学生的学习效果更好,也不会令学生对在线学习经历满意。也就是说,在线教学时,老师的角色和传统课堂一样,依旧是"舞台上的圣人"。学生们面对电脑,依旧和在面授课堂上一样,一直听老师在讲"PPT"。因此,学生们对教学临场感的评分较高,却没有正向影响在线学习结果,正是因为他们认为教师在其中一直处于"中心",讲得太多。贾格斯(Shanna Smith Jaggars)对社区学院学生在线和面对面课程学习研究表明,学生认为应该降低在线课程中老师的"讲课"程度,学生需要"自学"。[2] 所以,研究结果显示他们所感知到的教学临场感显著负向影响在线学习结果。从另一个角度来看,正是这样的研究发现,让高校和教师看到目前在线教学需要关注的焦点和改革的方向。教师花费了大量的时间和精力在"教"而不是促进和指导学生"学到"和"满意",即使教师都认为投入了太多时间和精力,却不能正向影响学生的在线学习结果,显示出在线教学的"虚假繁荣"。

有效的学习需要教师在教学过程中以学生为中心,促进学生学习。因为按传统的以教师为中心的教学模式将线下课程简单地搬到线上不能调动学生的学习积极性和主动性,也不能让他们学有所获。这样的学习是被动的。老师灌输、学生听讲是不能达到很好的学习效果的。因此,教师在设计与组织、指导学生学习过程中不仅应将课程按逻辑顺序组织起来让学生获得系统知识体系;更重要的是应以问题为导向,将前后知识点穿插运用到解决问题过程中,并妥善组织好学生课堂展示、讨论和小组合作,从而构筑起学生的知识图谱。[3] 只有兼顾知识体系构建和知

---

[1] Kupczynski L, Ice P, et al. Student Perceptions of the Relationship between Indicators of Teaching Presence and Success in Online Courses[J]. Journal of Interactive Online Learning,2010,9(1):23-43.

[2] Jaggars S S. Choosing Between Online and Face-to-Face Courses:Community College Student Voices[J]. American Journal of Distance Education,2014,28(1):27-38.

[3] 田洪鋆. 批判性思维与写作[M]. 北京:北京大学出版社,2020:56.

识图谱构建,才能够让学生既学习到系统的知识,又能够将知识点与实践相联系。教师在教学过程还要指导学生做好计划、实施、监督、评价和自我反思,以促进学生主观能动性的发挥。教学指导、对话、反馈和评估等过程应尽可能个性化,以适合学生独特的学习风格。这样的研究结果正好发出学生需要"以学生的学习和发展为中心"的信号。如果教师能够根据在线教学的特征,将教学设计、组织得更加科学,在教学过程中更好地扮演好指导者、促进者、监督者和管理者的角色,调动学生学习的主动性和积极性,那么,学生将能够通过在线课程学会自己学习和主动学习,也会使学生们获得更好的学习效果,由此,学生们才会对在线学习经历满意。

2. 认知、社会和自主性临场感显著正向影响在线学习效果及满意度

(1) 认知临场感被证实显著正向影响在线学习效果和在线学习满意度。量化结果显示,认知临场感对在线学习结果的直接影响较大,比社会临场感和教学临场感的影响大。认知临场感作为在线学习中通过探究与反思实现知识建构的过程,是学生获得良好的在线学习效果和在线学习满意度的重要途径。同样的研究在以往的研究中也有发现。例如詹尼斯(Maria Giannous)研究表明,认知临场感相比于社会临场感和教学临场感,它能更显著地影响学生在线学习满意度。[①] 绍卡伊(Amanda J. Rockinson-Szapkiw)等人还发现,学生感知的认知临场感水平越高,他们的课程分数越高,感知学习结果与学生的课程分数呈正相关。[②] 这是因为认知临场感是在线学习的核心,通过触发事件、探索、整合和解决问题四个阶段,学习者实现了意义建构。访谈过程中发现,在在线学习环境下,学生能够方便地查找文字或视频资料,更容易发现和探索学习中遇到的问题。在查阅资料的过程中,学生们的思路就打开了。有的同学还能将遇到的问题与所学学科知识联系起来,积极查阅资料、与同学开展头脑风暴,有的还会主动分享自己的想法,并听取其他同学不一样的观点。因此,学生将认知临场感视为影响他们在线学习结果的主要因素。但访谈发现,学生们很难实现整合和解决问题这两个高阶学习阶段。这是因为,一是学生线下学习的习惯还不适应在线学习社区的探究、协作学习;二是教师在此过程中没有发挥好促进者的角色,没有让他们的认知过程从触发事件、探索发展到整合和解决问题这两个高阶学习阶段;三是长期的考试评价强化了学生对标准答案、

---

① Giannous M, Kioumourtzoglou E. Cognitive, Social, and Teaching Presence as Predictors of Students' Satisfaction in Distance Learning[J]. Mediterranean Journal of Social Sciences,2016,7(2):439-447.

② Rockinsonszapkiw A J, Wendt J, Wighting M, et al. The Predictive Relationship among the Community of Inquiry Framework, Perceived Learning and Online, and Graduate Students' Course Grades in Online Synchronous and Asynchronous Courses [J]. International Review of Research in Open & Distance Learning,2016,17(3):18-34.

考试分数的追求，没有关注对复杂问题的探索和解决过程。但认知临场感中这种批判性反思及持续性对话的过程将能培养学生的高阶学习思维，这对于学生未来的职业生涯非常有帮助。具备这种高阶学习思维的同学的迁移能力更强，更能够应对不断变化的外部环境。因此，教师需要转变教学角色，对学生制定高阶学习目标，并促进和指导学生高阶学习目标的实现。

（2）社会临场感被证实显著正向影响学生在线学习效果和在线学习满意度。这说明，学生能够体验到较好的社会临场感，他们也将获得较好的在线学习效果和在线学习满意度。以往的研究结论都与本书研究结论一致。詹（Zehui Zhan）的研究表明增强社会临场感可能有助于改善整体学习体验，使学生学习更愉快；社会临场感对学生在线学习的满意度影响很大。[1] 平托（Mary Beth Pinto）的研究也发现，越是感觉自己是班级的一分子、越是感觉小组活动有趣、越想增加和其他同学互动，学生对在线学习越满意。[2] 由此可知，目前我国高校本科生已经了解到在线学习社区对在线学习成果的重要性。

（3）自主性临场感被证实显著正向影响学生在线学习效果和在线学习满意度。而且，自主性临场感比认知临场感、社会临场感和教学临场感的影响更大，这凸显了自主性临场感在在线学习中的作用。量化数据表明，学生拥有高度的自主性和积极性是至关重要的。那些能够拥有更好的时间管理技能和更好地理解课程要求的学生将获得更积极的体验。[3] 由此，将自主性临场感作为在线学习效果和在线学习满意度的预测变量变得越来越重要。学生们不断认识到诸如动机、自信、自主调节之类的个人心理特征在在线学习中的重要作用。如果学生能够有较高的自我效能感和自我调节学习能力，那么他们将感知到更好的在线学习效果以及对在线学习满意度作出更高的评价。不过访谈发现，学生在在线学习过程中所坚持的"我相信""我能""我会去做"主要利用外部激励来推动。这一方面是因为我国高校本科生评优评先、出国留学等评价机制是论成绩、论学分绩点。在在线学习过程中，学生们虽然知道培养学习兴趣和志趣的重要性，但不免带有功利性地去学习。另一方面可能是因为学生们在线学习的经验尚浅，较容易被一些非学习性因素所影响。例如，聊天软件、购物软件、游戏软件、视频软件等。因此，学生们往往通过

---

[1] Zhan Z, Mei H. Academic Self-Concept and Social Presence in Face-to-Face and Online Learning: Perceptions and Effects on Students' Learning Achievement and Satisfaction across Environments[J]. Computers & Education, 2013, 69:131-138.

[2] Pinto M B, Anderson W. A Little Knowledge Goes a Long Way: Student Expectation and Satisfaction with Hybrid Learning[J]. Journal of Instructional Pedagogies, 2013, 10(10):2034-2039.

[3] Zutshi S, O'Hare S, Rodafinos A. Experiences in MOOCs: the Perspective of Students[J]. American Journal of Distance Education, 2013, 27(4):218-227.

外部激励来设定学习目标、管理学习时间、监督和反思学习过程,从而改善在线学习结果。新冠疫情发生后,在全面推行在线学习的大背景下,学生们对此还处于摸索阶段,又时而带着焦虑情绪,难免需要外部动力的推动。但在线学习经验不断成熟后,学生们应该调动在线学习的内在动机,提高对在线学习的兴趣,促进自己更好地学习。今后,研究者在分析在线学习影响因素时需要考虑学习者积极的、主动的心理特征的影响。

(三) 在线学习变量之间的作用机制中有中介效应

就环境支持、在线学习体验和在线学习结果的关系而言,环境支持能直接作用于在线学习结果,但直接效应小于 0.1,不符合拟合要求,本书将其路径删除。因此,环境支持与在线学习结果之间主要通过中介变量来起作用。其中:

(1) 社会临场感在其中起了重要的中介作用,当加入自主性临场感后,社会临场感和自主性临场感的链式中介作用更大。即环境支持→社会临场感→自主性临场感→在线学习结果的中介效应值大于环境支持→社会临场感→在线学习结果的中介效应值。这说明,为学生构建在线学习社区非常重要,学生在在线学习社区中互动、交流和协作能够增强自主性临场感,这样,学生的在线学习结果就会更好。

(2) 教学临场感在环境支持和在线学习结果之间的中介效应为负,但当加入认知临场感后,其路径环境支持→教学临场感→认知临场感→在线学习结果的中介效应为正。这说明,学生在教师的指导、促进和及时反馈下,实现意义建构将能抵消教学临场感带来的负向中介效应,有效增强其在线学习效果。其他几条中介路径,因中介效应值小于 0.1,可忽略不计。

(3) 不同群组作用机制检验发现,部分作用路径存在显著性差异。因此,未来教师应该通过设计适当的学习任务,促进和指导学生主动地、积极地在学习共同体中发现问题、探索问题、分析问题,从而产生新知识或将知识运用到解决实践问题中,促进高阶学习思维的发展,实现意义构建,从而增加学生的认知临场感和自主性临场感,并更有效地增强学生的在线学习效果。在此过程中,高等教育管理部门层面、高校层面和教师层面需要关注不同学生群体的在线学习需求,并制定相关的政策来支持部分学生,助推他们的在线学习顺利进行。

但访谈显示,目前,我国高校本科生在线学习时,其社会临场感显示出敢于表达与距离感之间、在线学习社区的统一性与集体凝聚力之间的矛盾。这可能是因为一方面学生们对待在线学习还处于适应、接受、融入的初始阶段,他们还不能较强地感知到在线学习社区给予他们学习上的强大力量。另一方面,师生、生生之间的互动依赖人的情感需求,而只有声音或文字的交流互动不能取代面对面集声音、肢体动作、眼神于一体的面对面交流互动。通过冷冰冰的计算机开展的互动交流会造成师生之间、生生之间的距离感,难以实现炙热的情感互动。所以,学生们社会临场感中深度交流互动和集体凝聚力感受很少。这个结论与郑勤华等研究慕课学习体验得出的结果一致:虽然学习者的交互意愿较为强烈,但实际交互水平不高。[①] 这就说明,虽然在线学习的互动方式更多样,例如,直播课堂讨论区、微信群、QQ群、电子邮件等多种在线互动方式;也能有效调动那些害怕面对面互动的同学,隔着屏幕能让他们消除面对面产生的紧张拘束感。但在线环境中,过多的互动内容会造成交流效率低下。学生感到困惑只能主动在评论区或私聊询问,如果问题没有被及时看到,学生就得不到即时的反馈,那么,他们的思路也将被打乱。而且除非他们选择主动交流,否则教师将一无所知,学生会感到孤立无助。久而久之,这样的交流互动就会流于表面,很难形成集体凝聚力。而在传统的面对面学习环境中,如果学生感到困惑可以即刻举手获得教师和同学面对面的指导。学生是否弄懂、弄通也可以马上通过他们的面部表情等反馈给教师或同学,更好地感觉到班级里学习方面的凝聚力。这也是我国高校本科生在线学习需要加强和改进的地方。

因此,学生们更喜欢传统教学中能够面对面与同学交流,能够即时感受到老师语言与非语言的反馈。这一结论与克拉索的研究结论一致。也就是说即使学生敢于表达,但不一定是有效的、深度的交流互动,也由此导致缺乏集体归属感和凝聚力。所以,学生们对在线学习的未来展望是希望教师提供混合式学习环境,既可以参与在线学习,获得更多的学习资料,方便学生根据自己的时间来学习;还可以与教师和同学进行面对面的交流互动。在面对面交流过程中,教师的及时反馈能有效指导学生认知发展,并在交流互动中鼓励学生们分享学习经验和团队合作。学生们有了线下的感情积累,才有可能更好地构建探究学习社区,更好在在线学习环境下发挥社会临场感,从而更好地作用于在线学习结果。

综上,定量和质性分析的结果表明,在在线学习环境下,社会临场感、认知临场感和自主性临场感是影响在线学习效果和在线学习满意度最重要的变量,其次是环境支持。教学临场感会显著负向影响在线学习结果。也就是说,当保障好在线学习的外在支持条件后,例如网络服务、学习平台质量、使用培训及政策支持等,在线学习的最终成果取决于学生在在线学习社区中发挥自主学习能力和高阶的探究学习能力的程度。因为在这个过程中,在线学习需要学生与同学互动交流,形成探究学习社区,通过个人批判性反思、持续性互动和协作学习,实现更加有深度的意义构建。但开展在线学习并不一定能使学生实现高阶学习,需要教师发挥促进者、引导者、鼓励者和监督者的角色作用。一方面,教师要鼓励学生更好地完成在线课程,确定学生的理解水平,促进学生互动、协作及探究,实现高阶学习,引导学生成

[①] 郑勤华,于畅,陈丽. 基于学习者视角的MOOCs教学交互状况调查研究[J]. 中国电化教育,2016(6):77-85.

为具有自我调节学习能力的人。另一方面，教师还要监督学生学习任务的完成，并创建一个可行的反馈系统。如果教师能够清楚这一点，就能更好地设计和组织在线课程，调整教学策略，就能将学习的主动权交给学生。如果学生感知到较好的学习效果，就会对在线学习满意度持较高的评价，今后也就会持续采用在线学习的方式。

三、在线学习的优化路径：多维度协调组织

高校本科生的在线学习具有时空延展性、主体性、互动多维性及价值性等特征。优化学生在线学习，是为了让学生在未来的在线学习中能够乐意学、主动学、深度学和持续学。本书在对量化和质性研究结果进行反思后得出，我国高校本科生在线学习应遵循三条原则：促进学生主动学习，成为自主学习者和持续学习者；确保"高质量互动"，保证互动的多样性、学术性和协作性，促进互动结果深度有效；其最终目标是实现学生的深度学习。在这个过程中，需要处理好信息技术与教学的融合关系、教学治理与学生学习的支持关系、教师教与学生学的共生互学关系以及学生与在线学习社区的统一关系。

本书从构建创设混合式学习环境的空间维度、构建混合式学习共同体的主体维度、使用混合式学习模式的模式维度、创造有意义的在线学习经历的活动维度，提出多维度协调组织的优化路径。

（1）高校创设混合式学习环境的策略是构建物理学习空间、线上个人学习空间和公共学习空间。混合式学习环境是利用不同学习空间的环境属性，延伸学习时间和空间，支持多种学习模式的整合，提供更加开放、个性化的学习活动。

（2）高校构建混合式学习共同体的策略是构建学习环境、教师、学生、学习资源的共同体。构建混合式学习共同体，最主要的是要将教与学的主体调动起来，通过建立一个可信的环境，让学习者拥有一种"班级归属感"；向学生提供及时反馈，为其搭建支架；帮助学习者获取情感依恋，减少孤立感或"竞争感"三个方面来促进学习者知识建构，实现深度学习。

（3）高校构建混合式学习模式的策略是融合课堂学习、MOOC、直播、录播、在线实验、在线研讨等学习模式。混合式学习模式是将探索性学习、自我调节学习、协作学习应用到线上和线下学习场景中，还可采用案例式、项目式或体验式教学方法，整合"合作"和"讨论"的教学设计，组织学习活动。通过为学生的学习搭建支架、引导、促进学生的学习，实现教与学一体、学与做一体。

（4）创造有意义的混合式学习经历的策略是以现实问题及科研项目为载体，以实践体验为过程，以问题解决为核心，以在线学习资源为支架，以 VR、AR 等新兴信息技术所实现的真实情境为依托，在注重目标设计、问题设计、项目设计、过程

设计、方式设计、管理设计和评价设计的基础上开展学习活动,进而创造有意义的学习经历。

第二节 在线学习优化路径的建议

基于我国高校本科生在线学习研究,本书认为,在线学习具有时空延展性、主体性、交互多维度等基本特征,在线学习经历具有价值性。理想的在线学习的图景是:以培养学生核心能力及兴趣为根本目标,基于在线学习的基本特征和根本目标创设混合式学习环境、构建混合式学习共同体、创建混合式学习模式、创造有意义的混合式学习经历,促使学习者在"学习者—教学者—学习资源—学习环境"相互联结与相互作用的探究学习社区中进行探索、对话、反思,实现学习者高阶的意义构建。

基于在线学习的理想图景和现状,本书提出实现在线学习优化路径既依赖于教师与学生自身的提升,同时还取决于政府、高校、相关企业及相关非政府组织的通力支持,由此,提出以下三个方面的建议。

一、信息技术促进在线学习,强化高校教学治理多元主体协同合作

对于大多数学生来说,在线学习能够满足学生对个性化、灵活性的学习需求,学生可以按照自己的实际情况开展在线学习。因此,从技术和政策维度方面,网络服务商、在线学习平台供应商及高校需要想办法扭转因公共卫生事件给学生学习带来的挑战,为学生的专业教育、找工作、获得晋升、改变职业生涯等提供相关的课程。[1] 进一步调查发现,在线学习实践中政府、高校和一些社会组织机构需在网络服务、信息技术使用、政策支持、在线学习平台建设等方面做进一步优化。

(一)提高网络服务及信息技术的使用

由于我国高校传统的教学活动发生在教室中,教师和学生不需要任何介质就可以开展教学,实现面对面的交流和互动。而在线学习是在网络环境下,学习活动

---

[1] EDUCAUSE. 2020 EDUCAUSE Horizon Report:Teaching and Learning Edition[EB/OL].(2020-03-02). https://library. educause. edu/-/media/files/library/2020/3/2020_horizon_report_pdf.pdf? la = en&hash = 08A92C17998E8113BCB15DCA7BA1F467F303BA80.

需要借助计算机和网络才可得以实施,所以需进一步提高网络服务质量以及使用信息技术的熟练程度。

1. 增加网络和服务器投入、加大课程平台的网络扩容

针对新冠疫情发生后在线学习中网络服务质量评价一直不高的结果,建议政府可以建立协调机制,引导主要的网络运维服务商提供有力的网络支持,各高校按需求扩容。① 政府的责任包括提供高速稳定的网络,向校园推广 5G、IPv6 和新一代 WiFi 等网络技术,并加快网络基础设施的迭代升级。② 各高校按在线学习的需求进行网络扩容。通过提高网络传输速度,保障在线学习顺畅进行,最大化规避网络拥堵、平台崩溃带来的负面影响。

2. 将大数据、区块链、人工智能和学习分析技术等新兴信息技术应用于在线学习的全流程和全环节

各高校应制定出科学合理的在线学习标准:

一是继续充分使用大数据。有针对性地对学生上线数、平台访问数、运行课程总数、学生学习详情、师生互动情况等数据进行分析,及时向学院和教师反馈教学质量相关问题,保障课程的开设质量。将学生网上学习活动所留下的痕迹以大数据的形式保存起来,形成学生在线学习的"画像",为进一步分析学生在线学习提供客观数据支撑。

二是将区块链、人工智能运用到预测学生学习效果表现和学术风险中。为学生提前制定好干预策略,促进教育公平和包容性。

三是结合增强现实(AR)、虚拟现实(VR)、混合现实(MR)、可穿戴技术等新兴信息技术,并依托 5G 移动网络性能的重大突破,将更先进、更有沉浸感的技术融入课程中。为学生提供更富有创新性、灵活性、真实性、沉浸式、情境性和社会性的学习体验。

四是将学习分析技术运用到评估学习者需求和兴趣、推荐学习资源、提供学习规划和指南中。为学生遇到学习困难时提供调整策略,精准补充学生的学习要求,使他们主动地参与学习。① 但在技术使用过程中,人的作用的发挥是必要的。因此,需要更好地将人际互动和技术结合,以提供更强大的教学、认知和社会临场感。

(二)加强高校与企业及相关非政府组织的协调配合

如果高校不将在线学习纳入其未来计划,它将继续被视为高等教育中的利基

---

① 金慧,王梦钰,王陈欣. 促进教育创新的关键技术与应用实践:2015—2020《地平线报告》的分析与比较[J]. 远程教育杂志,2020,38(3):25-37.

市场(指的是被忽略或细分的数量较小的客户群)。① 所以,高校需加强与企业及相关非政府组织协调配合。

1. 高校应做好在线学习的规划与组织方案

2020年突发的新冠疫情给社会提了一个醒,各机构、各部门必须未雨绸缪做好相关方案,以应对如新冠疫情、地震或极端恶劣天气等突发事件。学校作为人员最集中的部门,一旦应急方案不完备,将严重影响正常的教学秩序,这不仅会带来教育问题,还会引出很多社会问题。因此,作为位于教育教学第一线的部门,高校应做好在线教学的规划与组织方案,以应对随时出现的突发事件。这个方案中应明确详细的教学安排和计划、资金分配、学习支持等方面。

2. 政府及高校应为弱势学生提供支持

为了防止数字排斥,政府和高校可以为那些低收入家庭、缺少必要在线学习设备或有学习障碍(焦虑)的弱势学生群体提供无线网络支持、购买在线学习所需的设备或建设公共的电子教室,并提供相应的情感支持。在遇到特殊情况(如新冠疫情)居家或封校时,应保障弱势学生的学习终端能够正常在线学习;监测弱势学生的学习状态,及时给予反馈,并在其有需要时提供咨询服务,保障学生在线学习的正常进行。

3. 高校需要进一步与企业相配合,形成多元供给的新型教育业态

一方面,高校需尽快完善校内课程资源中心、SPOC平台等,充分利用好校内在线课程资源。另一方面,高校需引进市场上稳定、成熟的视频直播和录播服务与校内学习平台衔接,形成集中和统一的在线学习平台。通过实现学生全部学习行为在统一的学习平台上,高校就能够更有效地监管学生学习过程以及更完整地将相关学习行为纳入考核评价体系中。

4. 高校应主动与企业技术开发人员沟通和合作,创建包容性更强的在线学习平台

在线学习平台的设计应使学生更容易创建个性化的学习空间,以增强包容性并提高所有学生的学习能力。① 相关企业在设计在线学习平台时需要考虑学生学习需求和学习期待,保证在线学习平台更加易于操作。通过设计用户友好的学习管理系统,让学生可以轻松地获取网上资料。如果学生执行在线任务越容易,他们使用在线学习应用程序和参与在线协作学习活动的能力就越强。② 在线学习平台的互动交流区域要符合学生们的学习习惯。网络在线互动程序(软件)的使用应更容易、更清晰和更有效,以实现在互动交流中培养学生的在线社区意识。

---

① Allen E I, Seaman J. Entering the Mainstream: the Quality and Extent of Online Education in the United State[R]. 2004.

总体而言,政府、企业、非政府组织和高校需协同努力,利用信息技术促进学生在线学习质量的有效提升。不仅要确保在线学习网络顺畅、学习过程数据化,提升在线学习质量评价科学化;还要构建统一、易操作、包容性强的在线学习平台,更方便有效地提供多样化的学习资源和内容;关注弱势学生的在线学习需求,等等。所有这些都是为了学生能够参与在线学习,获得良好的在线学习体验和在线学习结果。

二、在线学习融入课堂教学,加强高校教师在线教学技能培训

传统面对面教学模式单一,具有较严重的"满堂灌"和"一言堂"的缺点。这很大程度上将教学活动变成只有"教"没有"学"的过程。即便教学过程中使用了PPT课件,但讲授的知识点用当下的任何搜索引擎都能够马上获得。因此,从教师教学层面来说,应将在线学习融入课堂教学,使用混合式教学范式;发挥教师团队作用,持续提高教师在线教学技能水平。

(一)在线学习融入课堂教学,丰富课程全流程的技术含量

在在线教学过程中,教师应坚持以学生学习及发展为中心,为学生构建智能化和多样化的学习环境。[①] 创新教学模式,为学生提供便捷的在线学习方式。对于学生们来说,教师高品质的教学设计意味着能够促进学生优化学习方式,增加学习机会和可持续学习的可能性,获得更丰富生动的学习体验和更满意的学习结果。[②] 所以,教师要更多地考虑结合面对面教学和纯在线教学的优势,将传统教学变成混合式教学。但如何有效加入在线学习环节,需要教师具备一定的教学策略。

1. 教师应关注课程类型、教学目标及教学进度等客观条件来有效加入在线学习环节,改进教学策略

教学开始之前,教师要准确做好课程的定位,明确教学目标,精心做好课程的设计,结合课程类型的特点选择恰当的学习模式。比如钢琴、舞蹈、健美操等术科课程不仅需要观看视频,还需要面对面的教学示范、操作演练;一些考古之类的课程可以开展虚拟仿真;而数学完全需要向学生展示推演过程,就可以运用数字交互式白板,等等,从而给学生们提供有效的个性化学习支持。结合教学进度,教师增加丰富的音频、视频内容,增加活跃课堂气氛的小游戏等环节。不过,教师在设计

---

① 兰国帅,郭倩,张怡,等.欧盟教育者数字素养框架:要点解读与启示[J].现代远程教育研究,2020,32(6):23-32.
② 陈静静.指向深度学习的高品质学习设计[J].教育发展研究,2020,40(4):44-52.

在线课程时要减少一些干扰教学进度的东西。选择"少即是多",这样的教学设计才能为学生带来更积极的在线学习体验。①

2. 教师在课外辅导答疑以及管理与评估等环节渗透技术因素,丰富课程全流程的技术含量

刘易斯(Cassandra C. Lewis)采访了30位模范在线教师,他们认为最佳的在线教学包括提供建设性反馈,促进学生互动和参与。② 因此,教师要鼓励学生之间讨论学习话题、开展头脑风暴和反思彼此的回答或评论,上传PDF格式的工作表供学生访问。又因为教师的即时反馈和反应对学生的学习至关重要,所以教师促进课堂互动的环节既要在线下开展,以面对面方式反馈;又要在组织线上,以视频方式开展指导。也就是说,学生在课堂中既要说,即口头表达;还要写,即书面表达,这对增强学生批判性思维来说是非常重要的。③ 教师还要设计良好的评估方式,使用在线测试和程序代替笔和纸。评估已被证明是衡量学生学习结果有用的"促进个人反思的工具",也是学生与课程内容互动,更好地理解和参与课程的方式。教师应采用测验、自评、同伴评估、项目和任务等多样化和跟踪化的评估方式,促使学生进行更多的反思实践。例如,课堂中穿插在线小测验,课后在线练习自我评估等,帮助学生了解他们的"元认知",从而促进学生们能够及时调整学习策略,增强学习的效果。

(二)发挥教师团队作用,持续提高教师在线教学技能

相对而言,教师个人在在线教学中的局限性突显,这会给教师带来担忧。为了保障教学质量,应该发挥教师团队的作用。

1. 积极发挥团队建课的优势,打造更多优质的在线精品课程

数十年来,全世界成千上万的学生已经接受了在线学习,并从这种新的学习方式中受益。在线学习人数的不断增加,在线学习需进一步发展才能更好地满足学习者的需求。因此,教师要以新冠疫情应急期间全员在线学习的实践经验为契机,有计划、有目标地开展在线课程的建设和培育工作,并保证在任何突发情况到来之时,能够时刻做好再次纯在线学习的准备。教师之间应加强团队协作。这有利于

---

① Berner R T. Less is More: Designing an Online Course[N/OL]. (2004-04-13). https://www.learningdesign.psu.edu/assets/uploads/deos/deosnews13_4.pdf

② Lewis C C, Abdul-Hamid H. Implementing Effective Online Teaching Practices: Voices of Exemplary Faculty[J]. Innovative Higher Education,2006,31(2):83-98.

③ LeszczyNski P, Gotlib J, KopaNski Z, et al. Analysis of Web-based Learning Methods in Emergency Medicine: Randomized Controlled Trial[J]. Archives of Medical Science Ams,2018,14(3):687-694.

发挥团队建课优势,打造更多优质的示范课、名师名课和在线精品课程。高校还需将在线开放课程的建设纳入到教学工作量的计算中,充分调动老师们共同建课的积极性。

2. 举办专门的在线教学研讨会,让教师了解并准备好适应新的教学职责,并保证他们顺利地从面对面过渡到混合在线教学

在线教学不是技术与教学方法的简单叠加,而是一种面向更加复杂学习环境的技术与教学的融合式创新的教学方式。[①] 通过举办在线教学研讨会,能够让教师更加了解在线课程特征和结构,了解如何在这种学习环境中建立符合学生需求的教学方法,为教师相互探讨提供研讨平台。基于在线教学的长期实践,积累丰富经验后将给教师带来新的职位,如在线学习经验设计师和在线学习工程师。这些新的职位将促使教师更加以学生为中心和以更加包容的心态接受并实施在线教学。

3. 持续开展教师技能培训,这有助于教师在线教学技术能力的提升

使用在线学习平台课程并不意味着教师可以完全依靠技术开发人员为他们提供现成的在线课程。相反,教师应该能够识别和认识技术的优势和弱点,并为某一课程选择最合适的教学方式。但目前教师的在线教学技术水平参差不齐,部分教师面对在线学习平台及工具难以上手、无所适从。因此,应继续加强对教师使用各种在线学习平台和工具的培训,特别是高年龄段和很少使用电脑的教师。通过技能培训,帮助教师更好地将信息技术与教学相互融合,努力实现课堂教学方式的变革与创新。

综上,教师应根据课程类型、教学进度将在线学习融入课堂教学,使用混合式教学范式,激发学生在线学习的积极性、主动性和创造性。通过团队建课、研讨和集中培训来持续提高教师在线教学技能。

三、促进高校学生信息素养有效提升,引导其对在线学习的重视

世界正在经历百年未有之大变局,环境、疫情、地质灾害等突发事件时有发生。为了应对不可预测的外部因素,高校应提高学生的信息素养,对其强化在线学习重要性教育,促进其积极地开展在线学习。

---

① 葛文双,韩锡斌.数字时代教师教学能力的标准框架[J].现代远程教育研究,2017(1):59-67.

(一) 提高学生信息素养,为学生在线学习提供技术支撑

相比之下,互联网时代,知识不再稀缺,再也不能依靠教师机械地将知识"灌输"到学生的头脑中。学生需要自己积极主动地、有针对性探索知识,从而建构意义。在这一过程中,增强学生的信息素养非常重要。黄(Ruhua Huang)等人认为信息素养教育是信息检索的方法和技术,教学生如何使用包括个人电脑、iPad、手机获取互联网上的资源;教他们使用图书馆目录、数字学习平台、数据库、搜索引擎等其他工具来获取高质量的信息;①还要教他们技术软技能,例如,在线协作、沟通,以及适应新系统和流程的能力。在线互动和在线协作作为学生信息素养提升的核心,将培养学生在信息时代放眼世界的系统思考能力,培养其人文情怀、审美情趣、认知能力及创新能力。②但现实情况是学生的信息素养难以适应在线学习的需要。尽管高校本科生都是2000年以后出生的,都能掌握基本的信息技术技能及获取互联网上的资源,可他们对高质量信息的获取以及软技能的掌握存在明显不足。21世纪的世界处于大数据、人工智能、物联网技术等新兴信息技术迅速腾飞的时代,每个人面对浩如烟海的网络资源,需要拥有区分好与坏、事实与虚构、真信息与假信息的能力。由此,在在线学习过程中不仅需要学生会用信息技术,还需要学生用好信息技术,更应该知道如何有效协作、高质量交互以及实现深度意义建构。因此,高校教务处、学生处、信息技术服务中心、图书馆、学生学习发展中心及各二级学院等相关部门要设置相应的课程或讲座,提高学生的信息素养,以保证学生能够有效获取学习所必需的工具、资源及信息等,消除学生在线学习过程中产生的消极情绪。③

(二) 引导学生重视在线学习,促进其成为学习的主人

在我国在线教育的发展过程中,虽然MOOC的推广已经10余年,但自主选择在线学习的学生数量不多。因此,增强学生对在线学习的认同度,让学生成为学习的主人显得尤为重要。学生们对在线学习不重视主要是由于传统课程考核内容都出自教材中,学生们只要"一本书"就能够读完大学;抑或在线学习环境下的自由让学生们感觉不到紧张感。因此,教师一方面要在教学过程中适当扩展学习范围,补充一定的在线学习内容和学习任务,避免上课及考试内容都集中在一本教材或一个PPT课件上。教师在课程设计过程中,应将课程内容与现实问题结合起来,让

---

① Huang R, Li B, Zhou L. Information Literacy Instruction in Chinese Universities: MOOCs Versus the Traditional Approach[J]. Library Hi Tech,2016,34(2):286-300.
② 周洪宇. 迈向新时代教育信息化发展新阶段[J]. 中国教育学刊,2020(10):5.
③ 杨鑫,解月光. 智慧教学能力:智慧教育时代的教师能力向度[J]. 教育研究,2019,40(8):150-159.

学生更多地使用整合、解决问题等高阶认知路径,从而实现高阶学习目标。另一方面,针对学生在线学习时太自由的问题,教师应制定相应的制度,使学生学习态度端正,认真对待每一次在线学习。比如,规定课前学生自主学习、观看课件,完成课前考核评价;课中开展研讨、答疑、小组讨论,完成课堂考核;课后完成必要性的作业和课后考核评价。如果能够为学生们提供及时、精准的课前、课中和课后的学习指导、反馈和评价,规范在线学习纪律,就能使其尽快适应在线学习的特点,促使他们积极参与到每一次在线学习活动中。此外,高校和老师应与家长建立联系,提高学生父母对在线学习作用的认识。通过家校联合,为学生在线学习提供良好的学习氛围,让学生无论是在寝室、图书馆还是在家,都能学得好。这三个方面相互补充,帮助学生提升其对在线学习的认同度。

促进学生成为在线学习的主人刻不容缓。一是高校和教师可以通过能力倾向测试让学生掌握自己的自主学习能力及学习风格,为他们的在线学习做准备。学生要能认识到在线学习不仅需要教师的指导、同伴的共享和帮助,还需要更加积极地参与自己的学习管理,能够判断、选择、监督和评价,重视认识自我,进行自我识别。这意味着每个学生都需要更加了解并越来越多地利用自己的个人资源,包括心理特征的组成部分。[①] 为学生提供更多的自我评估的机会有助于他们判断自己的在线学习质量,减少对教师的依赖,增强学习表现。[②] 学生在大学四年间能够较好地认识到自己的能力,将为探索未来、迎接各种挑战提高自我效能感。二是举办丰富的在线活动,激发学生对在线学习的兴趣,增强学生对在线学习意义的认识。兴趣主要源于学生的天赋特质和优势智能,而意义则来源于文化价值观念的认同和内化。当兴趣和意义拧成一股绳就会形成学生的志趣,从而形成强大的内在发展动力。人无论是对外在事物的认识、探索和改造,还是对内在世界的接受、充实和完善,只有凭借自己内在动力才能真正实现。[③] 访谈结果显示,对于在线学习,学生们会通过像美食、游戏、物质奖励、奖学金和绩点等外部动力来激励自己。虽然外部动力也能激发学生们在线学习的动力,但这种动力始终是短暂的。只有激发学生的内在动力,才能让学生具有在线学习的良好品质及习惯。因此,教师需要去发现、培养和激活学生的志趣,促进他们走上幸福的、自我驱动的成长之路。

---

① Webster R. RAPAD: A Reflective and Participatory Methodology for E-learning and Lifelong Learning[M]. Hershey: IGI Global, 2008.
② Sakulwichitsintu S, Colbeck D, et al. Online Peer Learning: What Influences the Students Learning Experience[C]. IEEE International Conference on Advanced Learning Technologies, 2015, 7.
③ 陆根书,林毓锜. 论自主性和学生自主学习[J]. 高等工程教育研究, 1990(1): 19-22.

第三节 研究创新与展望

一、研究创新及贡献

本书通过量化和质性分析,全面系统地梳理了我国高校本科生在线学习的现状,探索出在线学习变量之间的关系,从而提出优化在线学习的策略。本书能为我国高等教育教学改革提供有益的参考。但由于在线学习牵涉包括网络服务供应商、在线学习平台提供商、政府行政部门、高校、教师、父母及学生等主体,开展在线学习研究是一个非常复杂的命题,这不是一本专著就能解决的。就本书研究而言,在参与新冠疫情应急期间在线教学研究课题并开展调查的基础上发现,由于学生从面对面到在线学习的突然转变,难以体现出学生在线学习的真实感受。因此,本书的创新之一在于跟踪我国高校本科生的在线学习,真实地反映出学生们的感受,并能够更清晰地看到未来在线学习的发展方向。创新之二是研究方法的创新。本书利用混合研究方法的解释性时序,系统性探究了我国高校本科生在线学习的差异性表现和变量之间的关系。创新之三是研究结论的创新。以往的研究表明教学临场感、认知临场感和社会临场感显著影响在线学习结果。但本书的结论还在此基础上有了新的发现。本研究表明自主性临场感和社会临场感是影响在线学习结果的重要影响因素,其中自主性临场感的影响最大,且社会临场感和自主性临场感的链式中介作用非常重要。这说明教学者应在学生在线学习时构建一个互动、开放、高效、协作、可信的在线学习社区,并促进和指导学生发挥其主观自主性,调动他们在线学习的积极性和主动性才能获得更好的在线学习结果。也就是说,学生实现高效的在线学习是在一个能开展持续性反思和批判性对话的在线学习社区中进行的。在这样的在线学习社区中,学生们才能更好地发挥自己在线学习的主动性和积极性,更好地促进自我的意义建构,获得更好的在线学习结果。

本书的贡献在于:一是启发各类高校未来应该重视混合式学习环境支持的建设,为混合式学习提供外部支撑条件。二是启发教师在线教学过程中应"以学生学习及发展为中心"来设计与组织课程,将多样化的在线学习模式融入课堂教学中。启发教师要发挥指导者和促进者角色,促进和指导学生们在在线学习社区中交流互动,提高学习共同体的凝聚力。三是启发学生要重视自身心理特征的作用,促进学生成为学习的主人公,能够积极主动地参与在线学习,并能够在学习社区中持续探究和对话,从而实现深度学习。

二、未来展望

在讨论在线学习对未来的影响时,有学者指出在线学习正在蓬勃发展,尤其是在高等教育领域,并且没有放缓的迹象。我们需要的教育不仅仅要提供基本的知识和技能,更要引导学生提高认识、提出想法并采取行动,帮助学生实现可持续发展。[①] 因此,关于在线学习的研究仍有很多工作要做,以改善学生的在线学习体验,使他们获得更好的在线学习结果。

(一) 学生在线学习的持续性研究是未来可能研究的一个领域

一方面,本书仅涉及疫情应急期间到常态化阶段一年的在线学习,由于时间跨度不够大,不能更好地展现出常态化阶段在线学习的真实情况。本书研究开展期间,社会层面还处于疫情多地散发状态。这一情况促使我国各高校为应对疫情的突然变化,鼓励和支持教师采用线上线下混合式教学。当高校所在区域有病例,教学活动就转移到线上,一旦解封,教学活动又恢复到线下。

因此,从本书调查数据来看,这一阶段混合式学习的比例远高于传统课堂学习。如果在疫情真正结束时再开展此项调查,可能会得出不同的调查结果。在当前信息化环境已经达到非常好的背景下,不论是管理者还是教师学生,大多希望尽可能地恢复线下学习。究其原因,问题可能出在三个方面:① 从教育管理角度看,目前的高校教学管理制度还是以线下教学管理为主,线下学习似乎更便于管理者组织开展教学监督管理,且高校缺乏有效推动混合式教学或在线学习的机制及制度。② 从高校教育者角度看,相当多的高校教育者教学投入度不高,同时缺乏混合式教学组织设计能力、信息素养能力、教学研究能力,难于自主设计与组织开展有效的混合式教学活动或在线学习活动。而通过信息技术实现的在线教学和混合式教学并不是技术与教学的简单拼凑,其最关键的环节在于教学设计,因此他们仍然坚持运用自己熟悉的线下传授式教学方式。③ 从高校学习者角度看,较多学生往往希望以较少的学习投入获得自己满意的学业成绩,混合式学习将会一定程度上增加学习者的学业负担,而且受各种条件制约其线上学习的质量也不一定高,因此他们会更倾向于线下学习。

总之,不论是管理者还是教师学生,大多希望尽可能地恢复线下学习,这说明我们更需要创新在线学习方式,探索在线学习策略,提高在线学习的课程开发、活

[①] Stefania Giannini. Build Back Better: Education Must Change after COVID-19 to Meet the Climate Crisis [EB/OL]. (2020-06-23). https://mp. weixin. qq. com/s/4v-viY846lKLY7vZmnaOPg.

动设计、活动实施、学习管理、学习评价等质量,以促进高校学生开展有效的、有意义的、高质量的在线学习活动。这就需要研究者持续关注。

另一方面,本书仅对我国高校本科生开展研究,高等教育中专科生、研究生等学生群体在在线学习中的表现,这些群体与本科生的在线学习的差异等问题都有待探索。因此,研究者需要持续关注我国高校学生在线学习的表现、差异及阶段性变化。如此,有关在线学习的研究才能积累更多的、持续性的研究结论,为在线学习的理论建构提供更加普适性的参考,为高等教育实践部门提供更加切合实际的改进策略。

(二) 未来在线学习研究还需要进一步关注元认知领域

认知临场感是建立在杜威批判性和反思性思维模型,以及维果斯基的社会建构主义学习观之上的。与认知临场感非常相关的领域是元认知的概念。元认知被定义为对知识的认识以及获取和实施知识的策略。元认知与各种学习环境中的学业成就有关。因此,未来有必要进一步了解元认知的作用,以及它与在线学习结果的关系。

(三) 还需研究混合式学习中不同的互动方式对学生高阶学习和学习共同体意识的影响

本书的量化结果表明,社会临场感能够显著正向影响在线学习结果,而且,社会临场感在变量之间起着重要的中介作用。在访谈过程中也发现,在线学习环境下的互动让一些原本较内向的学生更敢于表达自己。但即使这样,学生们还是希望面对面与教师和同学交流互动。这是因为在面对面过程中他们不仅能够及时向教师提问,获得即时反馈,还能够有眼神、肢体等交流。这对于较为关注情感方面的学生来说非常重要。所以,有必要进一步了解学生们在混合式学习中不同的互动方式对学生高阶学习的影响,比如虚拟环境下同步文字互动、同步语音互动、异步文字互动、异步语音互动,面对面环境下互动;进一步了解不同的互动方式对学生高阶学习和学习共同体意识的影响。

(四) 需要关注在线学业情绪对在线学习结果的影响

本书根据探究社区理论和"前提—过程—结果"模型构建分析框架开展研究,在线学习情绪并没有被纳入其中。但控制价值成就情绪理论指出,情绪(学业情绪)会影响学习结果。在线学习作为新的学习方式,学生们面对新的学习场域、学习资源和虚拟学习同伴时,会产生诸如享受、焦虑、无聊或平静等学业情绪。因此,未来的研究中可以将在线学业情绪纳入其中,关注学生在线学习不同阶段的学业情绪变化,关注学业情绪变化对在线学习体验和在线学习结果的影响,由此更深入地了解学生在线学习过程中自身发挥的重要作用。

附　录

附录一　我国高校本科生在线学习调查问卷

亲爱的同学：

　　您好！为了解高校本科生在线学习的情况,我们开展了这项调查。问卷实行匿名制,共分6个部分,答案无对错之分,结果仅供研究所用,请根据您的真实感受放心作答。完成调查问卷大概需要10分钟,恳请您抽空协助我们完成本次调查,非常感谢您的支持！

A. 基本信息

　　1. 您的性别:男;女
　　2. 您的年级:本科一年级;本科一年级;本科三年级;本科四年级(及其他毕业班)
　　3. 您所在的高校类别:"一流大学"建设高校;"一流学科"建设高校;省属重点高校;新建地方本科高校(1999年以后成立)
　　4. 您的专业所属学科:哲学;经济学;教育学;法学;文学;历史学;理学;工学;农学;医学;军事学;管理学;艺术学
　　5. 您的生源地:城镇;农村

B. 在线学习基本情况

　　1. 从2020—2021学年秋季学期(2020年9月)开始,您接受的课程的情况:
　　(1) 传统课堂学习及计算机辅助学习(学习过程中在线传播比例为30%以下);
　　(2) 混合式学习(学习过程中在线传播比例为30%~79%);

(3) 纯在线学习(学习过程中在线传播比例为80%以上)。

2. 混合式或纯在线学习的模式：MOOC；直播；录播；在线研讨；在线实验；其他

C. 在线学习环境支持

题 项	非常不好	比较不好	一般	比较好	非常好
学习平台质量评价					
网络条件质量评价					
学习平台使用及学习方法培训评价					
学校政策支持评价					

D. 在线学习体验

D-1 教学临场感

题 项	非常不同意	比较不同意	一般	比较同意	非常同意
教师清楚告知了学习活动的时间					
教师帮助学生持续地参与课程任务					
教师清楚告知了课程目标					
教师提供反馈以帮助学生了解自己的优缺点					
教师帮助学生理解课程主题思路					
教师帮助学生聚焦相关问题的讨论					
教师帮助学生参与到有效的对话中					
教师帮助学生辨别课程中一致和分歧的部分					
教师明确说明了如何参与课程学习					
教师的行为有助于形成学习共同体					
教师提供及时的反馈意见					
教师清楚告知了课程主题					
教师鼓励学生探索课程中的新概念					

D-2 认知临场感

题 项	非常不同意	比较不同意	一般	比较同意	非常同意
在线课程活动激发了我的好奇心					
我用各种信息去探索课程问题					
我能将知识应用到非课堂相关活动中					
反思和讨论帮助我理解课程基本概念					
我能形成可应用于实践的解决方案					
头脑风暴帮助我解决课程问题					
我能说出在线课程的评价方式及应用课程知识					
课程问题增加了我的兴趣					
在线讨论帮助我理解不同观点					
我积极探索课程问题					
学习帮助我建构和理解知识					
整合信息帮助我回答课程问题					

D-3 社会临场感

题 项	非常不同意	比较不同意	一般	比较同意	非常同意
与同学交流让我感到很舒服					
课堂上了解同学的情况让我获得归属感					
参与在线课程讨论让我感到很舒服					
在线交流让我感到很舒服					
我的观点得到同学的认可					
在线互动是参与社会交流的绝佳媒介					
课堂上我对一些同学有清晰的印象					
在线讨论帮助我发展合作精神					
与同学保持信任感,即使意见不一致也让我感到舒服					

D-4 自主性临场感

题项	非常不符	基本不符	一般	比较符合	非常符合
相信自己能取得好成绩					
相信自己能理解课程基本概念					
希望自己能表现出色					
相信自己能出色完成作业和测试					
肯定自己能掌握课程技能					
确定自己能理解最难的阅读资料					
认为自己会做得很好					
即使在线学习枯燥,我也会努力完成					
即使不喜欢,我也会努力取得好成绩					

E. 在线学习结果评价

题项	非常不同意	比较不同意	一般	比较同意	非常同意
在线课程的学习与面对面比较没有变化					
在线课程比面对面学到的知识更多					
在线课程的学习质量优于面对面					
我会把在线课程老师推荐给同学					
我会把在线课程推荐给同学					
我对在线课程感到非常满意					
将来我还会再次选择在线课程					

F. 主观题

关于在线学习,您还有什么想说的呢?(感受或建议均可,欢迎您留言)

附录二　我国高校本科生在线学习访谈提纲

1．受访者

_____

2．访谈者

_____

3．访谈时间

_____

4．访谈内容

开场白：×××同学，您好，我是×××，此次访谈是为了了解我国高校本科生在线学习的现状。访谈的结果仅用于学术研究，不会透露您的任何信息，请您放心回答。接下来的大部分时间就交给您，您可以畅所欲言，我将认真地倾听您的声音！

（1）谈起在线学习的经历，您能想到些什么？

（2）传统课堂学习、混合式学习和纯在线学习，您更喜欢哪种？为什么？

（3）让我们想一下，您对老师开展在线课程的设计与组织，促进课堂中的交流互动、学习指导的感受深吗？为什么？

（4）在线学习时，您认为与同学之间互动交流重要吗？您的感受是什么？为什么？

（5）您认为在线学习是否会让您更主动去探索问题，搜索更多的信息或资料来理解、分析相关知识点，最后找到解决问题的方法和策略？您的感受是什么？为什么？

（6）当在线学习遇到困难时，您会选择什么样的办法来鼓励和监督自己坚持下去，为什么？

（7）您的老师们经历了新冠疫情应急期间全方位、总动员式的在线教学实践，现在他们的教学方式主要是什么？

参考文献

[1] 韩锡斌,王玉萍,张铁道,等.迎接数字大学:纵论远程、混合与在线学习:翻译、解读与研究[M].北京:清华大学出版社,2016.

[2] 马志强.在线学习评价研究与发展[M].北京:中国社会科学出版社,2017.

[3] 兰国帅.21世纪在线学习:理论、实践与研究的框架[M].北京:中国社会科学出版社,2019.

[4] Garrison D R,Anderson T.21世纪的网络学习[M].丁新,译.上海:上海高教电子音像出版社,2008.

[5] 莱斯利·莫勒,杰森·B.休特.无限制的学习:下一代远程教育[M].王为杰,译.上海:华东师范大学出版社.2015.

[6] Anderson T,肖俊洪.探究社区与数字时代的教与学[J].中国远程教育,2018(3):34-44,80.

[7] 蔡红红.教师在线教学准备与学生学习效果的关系探究:学习者控制与学业情绪的中介作用[J].华东师范大学学报(教育科学版),2021,39(7):27-37.

[8] 陈武元,贾文军.大学生在线学习体验的影响因素探究[J].华东师范大学学报(教育科学版),2020,38(7):42-53.

[9] 邓国民,徐新斐,朱永海.混合学习环境下学习者的在线自我调节学习潜在剖面分析及行为过程挖掘[J].电化教育研究,2021,42(1):80-86.

[10] 高子砚,陆霞.自我调节学习理论视角下大学生混合学习的质性研究[J].中国教育信息化,2020(23):7-13.

[11] 郭建鹏,计国君.大学生学习体验与学习结果的关系:学生投入的中介作用[J].心理科学,2019,42(4):868-875.

[12] 韩锡斌,王玉萍,张铁道,等.远程、混合与在线学习驱动下的大学教育变革:国际在线教育研究报告《迎接数字大学》深度解读[J].现代远程教育研究,2015(5):3-11.

[13] 胡小平,谢作栩.疫情下高校在线教学的优势与挑战探析[J].中国高教研究,2020(4):18-22,58.

[14] 胡新华,周月.MOOC冲击下高校教师的因应策略:学习体验视角[J].现代教育技术,2014,24(12):19-25.

[15] 黄荣怀,汪燕,王欢欢,等.未来教育之教学新形态:弹性教学与主动学习[J].现代远程教育研究,2020,32(3):3-14.

[16] 克努兹·伊列雷斯,陈伦菊,盛群力.学习理论发展简史:上[J].数字教育,2020,6(1):86-92.

[17] 克努兹·伊列雷斯,陈伦菊,盛群力.学习理论发展简史:下[J].数字教育,2020,6(2):86-92.

[18] 兰国帅,钟秋菊,郭倩,等.自我效能、自我调节学习与探究社区模型的关系研究:基于网络学习空间中开展的混合教学实践[J].中国电化教育,2020(12):44-54.

[19] 李莹莹,张宏梅,张海洲.疫情期间大学生网络学习满意度模型建构与实证检验:基于上海市15所高校的调查[J].开放教育研究,2020(4):102-111.

[20] 马志强,刘亚琴,孔丽丽.网络探究学习社区理论与实证研究发展脉络[J].现代远程教育研究,2018,153(3):41-50.

[21] 邬大光.教育技术演进的回顾与思考:基于新冠肺炎疫情背景下高校在线教学的视角[J].中国高教研究,2020(4):1-6,11.

[22] 张婧鑫,姜强,赵蔚.在线学习社会临场感影响因素及学业预警研究:基于CoI理论视角[J].现代远距离教育,2019(4):38-47.

[23] 周建华,陈凤菊,李政.我国高校在线教学成效如何?:基于对21万本科生的调查[J].开放教育研究,2022,28(4):74-84.

[24] 陈梅芬.大规模在线课程用户体验与学习动机的关系研究[D].武汉:华中师范大学,2017.

[25] 胡靓菲. MOOCs平台课程学习体验与满意度研究[D]. 北京:北京邮电大学,2018.

[26] 李佳赟. 基于技术接受模型的MOOC学习体验影响因素研究[D]. 上海:华东师范大学,2017.

[27] 黄荣怀. 借势在线教育浪潮 深化教育教学变[EB/OL]. (2021-11-08). https://mp.weixin.qq.com/s/FkviQG5euYgWOdcZcsDnSg.

[28] 吴岩. 再也不可能、也不应该退回到疫情发生之前的教与学状态[EB/OL]. (2020-05-15). https://www.sohu.com/a/395433849_414933.

[29] 朱永新. 疫情下的在线教育:最大挑战不是技术,而是"育"[EB/OL]. (2020-02-26). http://www.ailab.cn/html/3635336.html.

[30] 祝智庭. "后慕课"时期的在线学习新样式[N]. 中国教育报. 2014-05-21(11).

[31] Moore M G. The Theory of Transactional Distance[M]. The Handbook of Distance Education,2012.

[32] Abuhassna H, Al-Rahmi W M. Examining Students' Satisfaction and Learning Autonomy Through Web-Based Courses[J]. International Journal of Advanced Trends in Computer Science and Engineering,2020,9(1):356-370.

[33] Abuhassna H, Al-Rahmi W M, Yahya N, et al. Development of a New Model on Utilizing Online Learning Platforms to Improve Students' Academic Achievements and Satisfaction[J]. International Journal of Higher Education,2020,17(38):1-23.

[34] Alexander S, Golja T. Using Students' Experiences to Derive Quality in an E-learning System: an Institution's Perspective[J]. Educational Technology & Society,2007,10(2):17-33.

[35] Alqurashi E. Predicting Student Satisfaction and Perceived Learning Within Online Learning Environments[J]. Distance Education,2019,41(1):133-148.

[36] Arbaugh J B. Does the Community of Inquiry Framework Predict Outcomes in Online MBA Courses? [J]. International Review of Research in Open & Distance Learning,2008,9(2):1-21.

[37] Eom S B, Ashill N. The Determinants of Students' Perceived Learning Outcomes and Satisfaction in University Online Education: An Update[J]. Decision Sciences Journal of Innovative Education,2016,14(2):185-215.

[38] Eom S B, Josephwen II, Ashill N. The Determinants of Students' Perceived Learning Outcomes and Satisfaction in University Online Education: an Empirical Investigation [J]. Decision Sciences Journal of Innovative Education, 2006, 4(2): 215-235.

[39] Garrison D R, Anderson T, Archer W. The First Decade of the Community of Inquiry Framework: a Retrospective[J]. The Internet and Higher Education, 2010, 13(1-2): 5-9.

[40] Garrison D R, Norman D V. Blended Learning in Higher Education: Framework, Principles, and Guidelines[J]. Journal of Physical Therapy Education, 2008, 25(1): 135-137.

[41] Shea P, Hayes S. Online Learner Self-Regulation: Learning Presence Viewed Through Quantitative Content and Social Network Analysis[J]. International Review of Research in Open & Distance Learning, 2013, 14(3): 427-461.

[42] Alaulamie L A. Teaching Presence, Social Presence, and Cognitive Presence as Predictors of Students' Satisfaction in an Online Program at a Saudi University[D]. Columbus: Ohio University, 2014.

[43] Alqurashi E. Self-Efficacy and the Interaction Model as Predictors of Student Satisfaction and Perceived Learning in Online Learning Environments[D]. Pittsburgh, PA: Duquesne University, 2017.

[44] Bailey. Comparing Students' Learning Outcomes and Satisfaction in Online, Hybrid And Face-to-Face Education Courses[D]. Philadelphia: Temple University, 2020.

[45] Khalid N M. Factors Affecting Course Satisfaction of Online Malaysian University Students[D]. Fort Collins: Colorado State University, 2014.

[46] Manion J L. A Mixed Methods Investigation of Student Achievement and Satisfaction in Traditional Versus Online Learning Environments[D]. Saint Charles: Lindenwood University, 2019.

[47] Allen E I, Seaman J, Poulin R, et al. Online Report Card: Tracking Online Education in the United States[R]. Newburyport, MA: Babson Survey Research Group, 2016.

[48] CoI. About the Framework[EB/OL]. (2021-11-08). http://thecommunityofinquiry.org/coi.

[49] Ebersole J. The Myths of Online Learning[EB/OL]. (2012-08-24). http://www.forbes.com/sites/johnebersole/2012/08/24/the-myths-of-onlinE-learning/.

[50] Hodges C, Moore S, Lockee B, et al. The Difference Between Emergency Remote Teaching and Online Learning: Educause Review[EB/OL]. (2020-03-27). https://er.educause.edu/articles/2020/3/the-difference-between-emergency-remote-teaching-and-online-learning.

[51] Novak K, Anderson M. How to Choose Words that Motivate Students During Online Learning[EB/OL]. (2021-03-03). https://www.edutopia.org/article/how-choose-words-motivate-students-during-online-learning.

[52] UNESCO. COVID-19 Educational Disruption and Response[EB/OL]. (2021-04-10). https://en.unesco.org/covid19/educationresponse.

[53] UNESCO. Future of Education [EB/OL]. (2021-11-01). https://en.unesco.org/futuresofeducation/.

[54] Friedman T. Our New Historical Divide: B.C. and A.C.: the World Before Corona and the World After[M]. New York Times, 2020-03-17.

后　　记

　　王国维曾在《人间词话》中谈道，但凡做学问必须经历三重境界：第一重"衣带渐宽终不悔，为伊消得人憔悴"，意指做学问本为辛苦之事，需经历"苦其心志，劳其筋骨，饿其体肤，空乏其身，行拂乱其所为"的磨炼过程，且意志坚韧、无怨无悔；第二重"昨夜西风凋碧树，独上高楼，望断天涯路"，只有历尽痛苦与煎熬，才能领悟常人不知的哲理，达至他人未及的境界；第三重"众里寻他千百度，蓦然回首，那人却在灯火阑珊处"，你翘首以盼、苦苦追寻，真理却于一瞬现于眼前，喜悦、欣喜与满足溢于言表。显然，这场以教育为马的学术向上之旅充满坎坷，只有具备强大心智、定力及勇气的个体，才能冲破"阈限"。我深知，虽然完成了本书，但自己的学术之路其实才刚开始，路漫漫其修远兮，吾将上下而求索。这一选择，我不仅无怨无悔，而且越发喜爱。

　　翻阅自己学术成长之"书"，"每一页"都历历在目。对我来说，学术探索是一场情感丰富、多面性强的学习和情绪体验，那些如焦虑、怀疑、孤独等我都一一深刻体验过。通过自我反思，我领悟到，学术成长之路是一条向上的发展之路，这个过程必须经历若干艰难险阻才能完成蜕变。那种想朝夕之间就获得成功、想什么都要顾全的想法是极其不成熟的。有时内心充满了挣扎，放弃的念头几乎每天都在大脑中盘旋。但再仔细想一想，如果就这么轻易地放弃，那下一次遇到困难时我还是会习惯性放弃。因此，既然当时选择了学术道路，我就要敢于迎接挑战、敢于突破自我、敢于跳出舒适圈,通过学术之路的历练,实现自我突破。

尽管学术成长过程充满了挑战,但现在回过头来看,自己的学术进步渐进而迭代,我把它称为"跋山涉水""步步惊心""打怪升级"。因为在这一过程中,自己的专业知识积累、独立科研能力、创新思维能力、系统思考能力、论文写作能力、学术实践能力、研究方法掌握等都得到显著提升,心性品质也得到良好形塑。如果跟上一阶段比较的话,自己算是有了质的突破,一种质的飞跃。

而这种质的飞跃其实是在家人、老师、领导、同学及朋友的关心和支持之下,方才实现的。因为当陷入学业困境时,除了自我调节之外,外在的支持尤为关键。因此,必须着墨对那些帮助、关心、支持过我的家人、老师、领导、同学及朋友表达内心最真挚的谢意。

感谢潘懋元先生。在厦门大学教育研究院求学五载,流逝的是求学岁月,不变的是追随先生的学术脚步。至今还清晰地记得先生在课堂上对我的表扬。对我来说,能得到高等教育学奠基人的认可是莫大的荣幸。追思先生,感恩先生。先生性格乐观豁达、爱生如子、道德情操高尚,学术严于律己、勤于问道、志于创新,是所有人都拥戴的好老师。先生之风,山高水长。未来的工作和学习中,唯谨记先生教诲,继续学其教育思想、习其教育之法、感其教育之真、悟其教育之爱来报答先生。

感谢我的导师邬大光教授。邬老师是一位全年无休、每天笔耕不辍的勤奋学者,他的学术精神让我佩服。我一直在相对自由和绝对自由的师门里成长着。说是绝对自由,这是邬老师给予我最大的"恩赐",因为我可以选择自己喜欢的研究主题和研究方向尽情探索。其实,邬老师每次都会在师门沙龙上提出很多值得研究的主题,因此在我们师门,不怕没有研究主题,就怕你不去研究。但如果你不感兴趣,不用躲着藏着,而是可以大胆表达出来。邬老师每次都会回复:"我提的想法如果感兴趣就加入,我不会强制……你选的这个主题,你喜欢你可以做下去……"当听到这个回复之后,我的内心充满了感激。而相对自由却表现在学术研究的投入上。说来巧、更是神,现在依然搞不明白,每当师门里哪一位同学想要"溜号"时,邬老师的沙龙一定会"紧急"召开。"溜号"是偶然性的,而沙龙也未有定期。两者却不时地相碰到一起。我,当然也是被"捉"到好几次。这真是巧了！神了！其实,邬老师就是希望每一位学生都能踏实地、认真地、持续地做好研究,因为只有慢慢"熏"才能有好的研究成果。

感谢师母。师母总是以和蔼的"母亲"角色出现在我们面前,给我们带来温暖、快乐和感动。师母在生活上的哲学需要师门中的每一位"小朋友"花一生的时间去学习。

感谢厦门大学教育研究院别敦荣老师、史秋衡老师、徐岚老师、陈斌老师、王璞老师,社会与人类学院陈福平老师,在他们的指导下我开始系统学习高等教育学相关课程和量化统计方法。这些课程的修读为撰写本书提供了坚实的理论支撑和方法指导,老师们的谆谆教导我一直铭记于心。感谢刘振天老师、赵婷婷老师、郭建鹏老师、李澄锋老师、吴薇老师在写作中给的建议,让本书内容质量有了更大的提升。

感谢谢作栩老师。谢老师虽然已经退休,却一直给予我关心和帮助,指导我如何进行研究,提高学术水平,并多次为我提出修改意见。谢老师的这些辛苦我都记在心里,学生不才,只有以后好好工作以报答谢老师的帮助。

感谢郑宏老师。郑宏老师就像知心姐姐一样在身边不停地给予我力量。她总告诉我的是:"你很棒的、你行的、你要有自信、你要相信你自己、你已经做得很好了……"正是郑老师的这些鼓励的话语支撑着我勇敢前行。

感谢陈鹏老师。陈老师博学多才、勤学踏实、乐于助人。在本书进入最终修改环节的时候,正是与陈老师多次交流、讨论,并由其多次直接指导,本书的最终稿完成才能这么顺利。

感谢魏艳老师,感谢厦门大学教育研究院的陈若凝老师、郑雯倩老师、冯波老师、吕铖老师等,在他们的细心关照和帮助下,我每一步才会走得这么顺利。

感谢唐琴、谢娟、徐东波、邢家伟、廖霞、蔡菁菁、常虹、段肖阳、谢玲、萧然、王亚克同学，大家一起在研究的过程中相互勉励、相互监督。感谢厦门大学教师发展中心的薛成龙老师、吴凡老师、刘明瑞老师和所有的同学，感谢贾佳师姐，感谢郭瀛霞、郭玉婷和贾文军同学一直以来的陪伴。

感谢在发放调查问卷和访谈的过程中、在研究处于攻坚克难过程中，众多恩师、领导、同学、同门及其他热心教师和朋友的帮助。他们分别是：南开大学王知津教授；华南师范大学恩师高波教授；黑龙江大学恩师黄丽霞教授、恩师郑建华，同学薛茂男和杨志和；兰州大学卢彩晨老师、李雄鹰老师；厦门大学林致诚老师、孟蒙老师、张帧帧老师、胡艳婷师妹；湖南师范大学蔺海沣老师；浙江师范大学沈忠华老师；忻州师范学院任丽婵师姐；安徽师范大学滕曼曼师姐；河北师范大学刘海涛师兄；南京晓庄学院李秀琴老师；成都电子科技大学何晋老师；三亚学院隋珊珊老师；西华师范大学王方国老师；宁波科技学院王廷老师、林建良老师；四川文理学院杨春梅老师；深圳大学陈武林老师；贵州商学院苏福老师；六盘水师范学院周斯弼书记、程绪权校长、张龙副校长、田宏兵老师、向红老师、赵碧玫老师、张贵州老师、李信韬老师、陕振沛老师、张鹏老师、刘平清老师、江伟老师、马爱元老师、朱淼老师、彭鸿老师和杨乙元老师；朋友朱思翔及家人、周颖、魏剑虹、六朵小花等。还要感谢填写问卷的11637位同学和接受访谈的16位同学，正是有了他们的支持本书才得以面世。

感谢那些虽然不相识，更未曾谋面，但很有缘的国外研究者。一位又一位的女性研究者，不仅和我研究一样的主题，她们的背后同样有先生和女儿在默默地支持才最终顺利完成学术研究。每当读到她们的文字，不禁让我感慨：原来处于地球不同地方的我们，因为同样的梦想、同样的追求，彼此之间实现了超越时空的连线。

感谢在天堂一直看着我成长的父亲，感谢母亲、大姐胡梅和大姐夫张小龙、二姐胡晶和二姐夫仇辉、弟弟胡浩文和弟媳赵小婉、三爷爷胡友生、表哥陈克明等家人的关心、支持和帮助。感谢爱人何元勋先生和女儿何卿菀小朋友一直以来的守护和关爱。还有那些默默支持、关心我的其他家人和朋友们。

  谨以此文,向所有关心和支持我的家人、老师、领导、同学及朋友们致以最崇高的敬意和最真挚的感谢!